财经类专业"十四五"规划教材·智能化新形态教材

大数据技术在财务中的应用

主　编／石小兵　谷小城　胡成科
副主编／张兴福　高　亚　王　艳
组　编／厦门网中网软件有限公司

立信会计出版社
LIXIN ACCOUNTING PUBLISHING HOUSE

图书在版编目(CIP)数据

大数据技术在财务中的应用 / 石小兵，谷小城，胡成科主编. --上海：立信会计出版社，2024.11.
ISBN 978-7-5429-7701-4

Ⅰ. F275

中国国家版本馆 CIP 数据核字第 2024ZG9450 号

策划编辑　　王斯龙　汤　晏
责任编辑　　汤　晏
美术编辑　　吴博闻

大数据技术在财务中的应用

DASHUJU JISHU ZAI CAIWU ZHONG DE YINGYONG

出版发行	立信会计出版社
地　　址	上海市中山西路 2230 号　　邮政编码　200235
电　　话	(021)64411389　　传　真　(021)64411325
网　　址	www.lixinph.com　　电子邮箱　lixinaph2019@126.com
网上书店	http：//lixin.jd.com　　http：//lxkjcbs.tmall.com
经　　销	各地新华书店
印　　刷	浙江临安曙光印务有限公司
开　　本	787 毫米×1092 毫米　　1/16
印　　张	16.75
字　　数	365 千字
版　　次	2024 年 11 月第 1 版
印　　次	2024 年 11 月第 1 次
书　　号	ISBN 978-7-5429-7701-4/F
定　　价	49.00 元

如有印订差错，请与本社联系调换

前　言

在当今这个数据驱动的时代，大数据技术已经渗透到各个行业，改变了我们分析问题、做决策的方式。财务领域作为信息处理和决策支持的关键领域，尤其需要借助大数据技术来提升其效率和准确性。这本《大数据技术在财务中的应用》及其配套课程应运而生，旨在桥接大数据技术与财务实务之间的知识与技能差距，培养能够在财务领域中灵活运用大数据技术的复合型人才。通过这本书和配套课程的学习，综合型或财经型高等院校、高等职业技术学校、高等应用型本科院校的学生，能够有效地将大数据技术运用于财务领域，提高工作效率和决策质量，为其未来发展奠定坚实的基础。

数字化转型是当前企业财务领域的一个热点话题。《"十四五"大数据产业发展规划》和《关于中央企业加快建设世界一流财务管理体系的指导意见》均强调，推动企业加强大数据、人工智能等新技术的应用，促进财务管理向数字化、智能化转型，是新时代企业发展的必经之路，也是其长远发展必不可少的技术储备过程。党的二十大报告强调了创新、协调、绿色、开放、共享的发展理念，为我们财务管理的创新提供了理论指导和实践路径。大数据技术的引入，正是这一理念在财务领域的具体体现。本书主要分为三部分：第一部分简述了 Python 的在财务领域的应用背景。第二部分介绍了 Python 基础应用，包括 Python 语法、Pandas 基础、Python 数据采集、清洗、可视化等。第三部分深入讲解 Python 在具体财务会计任务中的运用，如使用 Python 计算工资、进行职工薪酬分析、进行收入与发票核对、进行固定资产折旧、计算货币时间价值、进行本量利分析等，通过实例讲解如何使用 Python 解决财务问题。

本书具有全面性、实践性和创新性，提供多样化的学习资源，包括丰富的教材、案例分析、最新研究成果以及编程工具和软件，具体包括以下几点特色：

（1）大数据技术与会计专业的深度融合。在传统课程体系的基础上，本书将 Python 等大数据处理技术融入专业教学，推动学科结构向信息化、智能化转型，帮助学生掌握前沿技能，适应未来会计行业的发展需求。

(2)云端技术的便捷访问。本书采用先进的云端技术部署,打破时间和空间的限制,使学生能够随时随地访问学习材料和工具,极大地提升了学习的灵活性和高效性。

(3)理论与实践的紧密结合。本书内容设计科学合理,从基础到高级知识点全面覆盖,同时紧密结合会计实务和专业知识,通过丰富的案例分析和实践项目,强化学生的理论应用能力和实战技能。

(4)数据可视化技能的培养。本书特别注重数据可视化技能的教学,通过教授学生如何运用可视化工具呈现数据分析结果,帮助他们更直观地理解数据,提升学生决策能力和业务洞察力。

为了提高教学效果并减轻教师的备课负担,本书有一系列教师资源的配套,包括PPT课件、试题库、课程标准、教学视频、案例、代码等。为了帮助学生更好地理解和掌握课程内容,本书配套了全面的学习资源,包括教学视频、章节练习题与解答、学习进度跟踪工具、实时在线辅导、案例代码等。

本书编写团队由具有丰富财务数智化实践经验和教学经验的专家组成。他们不仅拥有良好的师德师风,还具备强烈的教学改革意识和高度的信息化素养。本书由石小兵、谷小城、胡成科担任主编,张兴福、高亚、王艳担任副主编。石小兵负责本书的体系策划、审核定稿和项目一、项目二的编写;谷小城负责项目三、项目四的编写;胡成科负责项目五、项目六的编写;张兴福负责项目七的编写,高亚负责项目八的编写、王艳负责项目九、项目十的编写。在本书的编写过程中,厦门网中网软件有限公司给予了大力的支持,在此表示由衷感谢。

本书如有错漏之处,恳请广大读者批评指正(联系邮箱:zhangyx@netinnet.cn)。

课程概述

目 录

项目一　Python 概述 ……………………………………………………… 1
任务一　Python 的应用背景："数智财务"转型 …………………………… 1
任务二　Python 环境搭建及初使用 ………………………………………… 5

项目二　Python 语法 ……………………………………………………… 13
任务一　变量 …………………………………………………………………… 14
任务二　基础数据类型 ………………………………………………………… 16
任务三　高级数据类型 ………………………………………………………… 23
任务四　条件—分支语句的应用 ……………………………………………… 28
任务五　循环语句的应用 ……………………………………………………… 32
任务六　函数及其参数的应用 ………………………………………………… 41
任务七　模块的应用 …………………………………………………………… 48
练习 ……………………………………………………………………………… 67

项目三　Pandas 基础 ……………………………………………………… 73
任务一　Pandas 数据结构 …………………………………………………… 73
任务二　DataFrame 数据结构 ……………………………………………… 79
任务三　DataFrame 高级操作 ……………………………………………… 86
任务四　Series 数据结构 …………………………………………………… 88
任务五　Pandas 文件操作 …………………………………………………… 92
任务六　Pandas 的综合运用 ………………………………………………… 97
练习 ……………………………………………………………………………… 116

项目四　Python 数据采集、清洗、可视化 …………………………… 119
任务一　数据接口采集数据 …………………………………………………… 119
任务二　网络爬虫的概念与应用 ……………………………………………… 125
任务三　缺失值处理 …………………………………………………………… 129
任务四　重复值处理 …………………………………………………………… 132

任务五	异常值处理	134
任务六	Matplotlib 初级应用	139
任务七	Matplotlib 高级应用（一）	142
任务八	Matplotlib 高级应用（二）	152
任务九	Pyecharts 初级应用	158
任务十	Pyecharts 高级应用	164
练习		169

项目五　使用 Python 计算工资　174

任务一	环境搭建及数据准备	174
任务二	计算应纳税所得额	177
任务三	计算个人所得税	181
任务四	计算实发工资	183
练习		184

项目六　使用 Python 进行职工薪酬分析　188

任务一	环境搭建及数据准备	188
任务二	按部门及项目分类分析	191
练习		194

项目七　使用 Python 进行收入与发票核对　197

任务一	环境搭建及数据准备	197
任务二	筛选凭证并计算开票数据	201
任务三	识别并筛选不符数据	203
练习		207

项目八　使用 Python 进行固定资产折旧　211

任务一	环境搭建及数据准备	211
任务二	计算折旧月数	214
任务三	计算账面价值	216
练习		218

项目九　使用 Python 计算货币时间价值　222

| 任务一 | 环境搭建及数据准备 | 222 |
| 任务二 | 计算时间价值 | 227 |

  任务三 计算投资金额 ……………………………………………………………… 230
  练习 ………………………………………………………………………………… 233

项目十 使用 Python 进行本量利分析 ……………………………………………… 237
  任务一 基础知识及函数定义 …………………………………………………… 237
  任务二 盈亏平衡及安全边际分析 ………………………………………………… 243
  任务三 目标预估 ……………………………………………………………………… 248
  任务四 敏感性分析 …………………………………………………………………… 250
  练习 ………………………………………………………………………………… 256

项目一

Python 概述

◆ 知识目标

1. 了解 Python 如何作为数字经济中的关键工具,支持数据驱动的决策和自动化流程。

2. 认识搭建一个高效 Python 工作环境对于数据分析、财务建模和自动化财务流程的影响。

3. 学习 Python 的基本语法结构、常用数据类型和操作符,以及如何使用 Jupyter Notebook 等工具进行代码编写和数据探索。

◆ 能力目标

1. 能够独立安装和配置 Python 开发环境,包括 Anaconda 和 Jupyter Notebook,为财务数据分析和编程实践打下基础。

2. 能够运用 Python 进行基本的数据处理和分析任务,如数据清洗、转换和可视化,以支持财务决策。

3. 能够通过 Python 编程解决财务领域的具体问题,如自动化报告生成、数据分析和预测建模。

◆ 素养目标

1. 适应数字经济对财务专业人才的新要求,包括对 Python 编程和数据分析的掌握。

2. 在 Python 学习和应用过程中,培养学生持续学习的态度,以跟上技术发展的步伐。

3. 鼓励学生在财务数据处理中创新性地应用 Python,提升数据处理效率和质量。

任务一　Python 的应用背景:"数智财务"转型

大数据推动数字经济发展

一、大数据推动数字经济发展

1. 数字经济基本介绍

数字经济以数据、知识和信息为关键生产要素,以数字技术变革为核心生产力,强调数字技术与实体经济的融合,不断提升传统产业的数字化和智能化水平。据中国信息通信研究院发布的《中国城市数字经济发展报告(2023)》,截至2023年年末,我国数字经济规模超过50万亿元,总量稳居世界第二,占GDP比重提升至41.5%,数字经济与实体经济融合愈发紧密,成为支持我国经济持续发展的重要力量。

2. 数字经济的特征

(1) 数据成为新的生产要素:在数字经济时代,数据成为关键的生产要素,类似于土地、劳动、资本和技术在以往经济形态中的作用。

(2) 基础设施形态发生改变:数字经济需要对传统基础设施进行数字化改造,加大云计算、5G、移动互联网等基础设施建设的投入。

(3) 供给侧与需求侧融合:数字技术的发展使得供给侧与需求侧逐渐融合,实现供需动态匹配成为可能。

通过深入了解数字经济的背景、政策支持和特征,我们可以更好地理解大数据技术在财务领域的应用价值和实践意义,为财务专业人才的数智化转型奠定坚实的基础。

二、"数智财务"转型的背景

数字经济促进"数智财务"

在数字经济的浪潮中,数据已成为最宝贵的资源之一。随着技术的进步,企业从数据采集到分析的能力都得到了显著提升,使得数据的价值愈发凸显。特别是财务数据,它不仅量大质优,而且构建了一套成熟的规则和逻辑体系,成为企业决策的坚强后盾。在这个基础上,财务部门的作用也在逐渐转变,从传统的会计和管控职能,向为企业业务提供深入的咨询支持和成为企业价值增长的架构师转型。

三、财务数据的作用

在数字经济时代,财务数据的作用正在经历前所未有的扩展和提升,主要体现在以下两个方面。

(1) 数据维度的扩展:财务数据不再局限于传统的报表数字,它开始涵盖宏观经济、组织行为、供应链管理、消费者偏好等多维度的信息,为企业提供全方位的数据支持。

(2) 工作方式的变革:随着财务工作的自动化、智能化和数字化,财务数据被赋予了更强的生命力。财务人员利用这些数据,不仅能为企业管理和发展寻求最佳解决方案,而且能够深入参与业务运营和规划,提供关于投资和投资回报率的建议。

四、数智财务的发展

云计算、人工智能、区块链、物联网和移动互联网等技术,正推动着财务向"数智财务"的转型,主要包括财务流程再造和财务范围扩展。

(1) 财务流程再造:智能财务信息系统利用云计算、API等技术,实现了系统间的高效集成。例如,银企互联系统能自动完成收款、付款等财务流程,智能核算系统能自动生成会计凭证和税务报表，智能审核系统能自动完成费用审核和预算统计。

（2）财务范围扩展：数字技术使财务部门不仅能搜集和处理企业内部的数据，还能接触到大量外部数据。这种数据的整合能力使财务部门成为企业的"导航仪"，帮助企业评估市场趋势，制定战略决策。

随着财务角色的演变，财务部门不仅在传统的财务管理方面发挥作用，而且在促进企业整体战略规划和执行中扮演了更加关键的角色。通过深入理解财务数据的潜力和应用数智技术的前沿实践，财务专业人士不仅能够提高工作效率，更能在数字化转型的浪潮中，引领企业走向更加广阔的发展道路。

五、数智技术与财务转型

随着数字技术的迅猛发展，数智财务已成为财务领域的新兴趋势，其中，云计算、大数据、人工智能、区块链和物联网等数智技术发挥了至关重要的作用。

1. 云计算

云计算通过互联网连接所有的计算应用和信息资源，为多用户提供随时访问、分享、管理和使用的服务。云计算的应用在财务领域体现为：

（1）信息共享的拓展：促进与合作伙伴、供应商和客户之间的实时数据共享，提高会计处理的效率。

（2）成本节约：云化财务软件降低了企业的初期建设和后期维护成本。

（3）流程优化：实时整理数据和信息，提升财务数据的准确性和可靠性。

（4）远程工作支持：允许财务团队通过网络在任何地点工作，突破时间和空间的限制。

2. 大数据

大数据的特征为海量、多样、实时、准确，主要优势在财务领域体现为：

（1）数据质量提升：全面的数据采集提高了财务数据的质量和应用价值。

（2）管理效率的提高：通过数据分析优化财务管理流程，提升企业决策效率。

（3）管理维度的扩展：利用大数据分析深入理解业务趋势，提供多维度的财务洞察。

（4）风险降低：通过数据分析预测风险，为风险管理提供支持。

3. 人工智能

人工智能通过模仿人类思考和学习方式，优化和自动化财务流程，其主要影响包括：

（1）工作强度降低：自动化处理大量基础工作，减轻财务人员负担。

（2）工作准确性提高：自动审核减少人为错误，提升财务工作的准确性。

（3）决策支持：通过深度学习和数据分析，为财务决策提供智能化支持。

4. 区块链

区块链技术通过分布式账本增加了数据的透明度和安全性，其在财务领域的应用体现在：

（1）投资决策的理性化：通过透明可追溯的数据支持更理性的投资决策。

(2) 融资效率提升：增加信任度，提高融资额度，降低融资成本。
(3) 资金配置优化：通过透明的数据流，优化资金分配和管理。

5．物联网

物联网将互联网的应用范围扩展到任何物品和场景，对财务领域的主要影响体现在：

(1) 供应链整合：将企业供应链业务整合到信息平台，实现环节间的信息共享。
(2) 数据处理同步：实时收集、处理和传递信息，大幅缩短财务工作周期。

通过这些数智技术的应用，财务领域正在经历一场深刻的变革。财务部门从行使传统的记录和报告职能的部门，转型为提供深度业务洞察和策略支持的核心部门，数智财务不仅提高了工作效率和准确性，还为企业创造了更大的价值。

六、数智化人才需求

"数智财务"需要"数智化人才"

1．企业面临的数智化财务人才需求挑战

数字化变革研究揭示了当前企业在数字化转型过程中面临的人才挑战：

(1) 颠覆行业认知：数字化将会颠覆许多企业的行业认知，并对此没有做好充分准备。
(2) 人才库竞争力：尽管一些企业认为他们的人才库具有竞争力，实际上在数字化领域却常常力不从心。
(3) 组织结构不适应：缺乏适应新环境运作的正确组织结构。
(4) 新人才需求：面对数字化挑战，需要建立一支全新的人才队伍。
(5) 领导力缺失：没有合适的领导者来指导数字化转型，缺乏数字化技能的领导者更有可能在短期内离开。

2．企业数字化转型所需的五类数智化人才

(1) 数字化战略主管：负责制定和执行公司的数字化战略。
(2) 技术实践专家：深谙最新技术，能够将技术应用到实际工作中。
(3) 转译员：桥接技术人员和非技术人员之间的沟通，确保技术解决方案符合业务需求。
(4) 数据化专业人才：精通数据分析，利用数据支持决策制定。
(5) 组织保障人员：确保组织结构、文化和流程支持数字化转型。

3．数智化财务人才能力新要求

为了适应数智化财务的新趋势，财务人才应具备以下核心能力：

(1) 形势洞察：能够准确理解行业趋势和宏观经济环境。
(2) 战略思维：具备战略规划能力，为企业的长远发展提供指导。
(3) 生态协同：理解并推动企业与外部生态系统的协同合作。
(4) 人才构建：培养和吸引数字化转型所需的关键人才。
(5) 数据运营：利用数据分析优化财务流程和提升决策质量。
(6) 科技赋能：理解和应用最新科技，推动财务自动化和智能化。

(7) 组织领导：推动组织文化和结构的转型，以适应数字化环境。

(8) 业财融合：深入业务运营，提供财务视角下的策略建议。

(9) 财资整合：优化资本结构，提升资金使用效率。

(10) 金融善用：灵活运用金融工具支持企业发展。

(11) 风控合规：确保财务活动符合法律法规和企业政策。

"数智财务"的发展要求财务人才不仅要掌握传统的财务知识和技能，还必须具备跨领域的数字化能力。通过持续学习和实践，财务专业人士可以为企业的数字化转型贡献重要力量。

任务二　Python 环境搭建及初使用

一、Python 环境搭建

Python 环境搭建

1. Python 环境搭建介绍

在当前的数字化和数智化转型浪潮中，Python 作为一门强大的编程语言，因其易学易用、功能强大且社区支持丰富，在数据分析、财务建模、自动化财务流程等多个领域中扮演了重要角色。无论是进行复杂的数据处理任务，还是开发高效的自动化工具，Python 都能提供强大的支持。因此，搭建一个适合自己的 Python 工作环境是进行财务分析和处理的第一步。

一个高效的 Python 工作环境不仅能够提升开发效率，还能促进团队协作和知识共享。为了满足这些需求，本任务将介绍如何通过安装 Anaconda 和使用 Jupyter Notebook 来搭建一个灵活、强大且易于管理的 Python 环境。

2. 安装 Anaconda 详细指南

Anaconda 是一个广受欢迎的 Python 和 R 语言的分发版，专为大规模数据处理、预测分析和科学计算而设计，极大地简化了包管理和部署的过程。以下是详细的 Anaconda 安装指南，旨在帮助用户无缝搭建一个适合科学计算和数据分析的 Python 环境。

步骤 1：下载 Anaconda。

访问官方网站：打开浏览器，访问 Anaconda 的官方网站。这里提供了 Anaconda 的最新版本下载，同时兼顾了 Windows、MacOS 和 Linux 三大主流操作系统。

选择版本：根据用户的操作系统，选择适当的安装包下载。Anaconda 支持多个版本的 Python，但通常建议下载默认提供的 Python 3 版本，因为它包含了最新的功能。

下载安装包：点击"下载"按钮后，安装包将开始下载。文件较大，下载时间可能会根据用户的网络速度而有所不同。

步骤 2：安装 Anaconda。

启动安装程序：下载完成后，找到下载的安装包并双击"启动"按钮安装程序。

阅读并接受许可协议：安装过程中需要用户阅读并同意 Anaconda 的许可协议。

选择安装位置：安装器允许用户选择 Anaconda 的安装位置。可以使用默认路径，或者选择一个方便的位置。对于多用户的系统，根据用户的需求选择"为所有用户安装"或"仅为当前用户安装"。

配置环境变量：安装过程中推荐选中"将 Anaconda 添加到我的 PATH 环境变量"选项。这使得用户可以在命令行中直接运行 python 和 conda 命令。注意：虽然 Anaconda 官方建议不将 Anaconda 添加到 PATH 以避免与系统中其他 Python 版本冲突，但对于初学者和单一 Python 环境用户而言，添加到 PATH 通常会更便捷。

安装：点击"安装"按钮开始安装。根据计算机性能，安装过程可能需要几分钟到十几分钟不等。

步骤 3：验证安装。

打开命令行或终端：安装完成后，打开命令行窗口（Windows 中为 CMD 或 PowerShell，MacOS 和 Linux 中为 Terminal）。

检查 Python 版本：输入命令"python--version"，按"Enter"键。如果安装成功，系统将显示安装的 Python 版本号。

检查 Conda 版本：输入命令"conda--version"并按"Enter"键，确认 Conda 也已成功安装。

列出已安装的包：输入命令"conda list"，系统将列出所有已安装的包。这一步不仅验证了 Anaconda 的安装，还让用户初步了解了 Anaconda 环境中已有的工具和库。

通过上述步骤，用户已经成功安装了 Anaconda，并为进一步的 Python 学习和开发工作做好了准备。Anaconda 提供的包管理和虚拟环境功能将为用户在未来的学习和项目开发中提供帮助。在 Anaconda 中进入 Python 界面如图 1-1 所示。

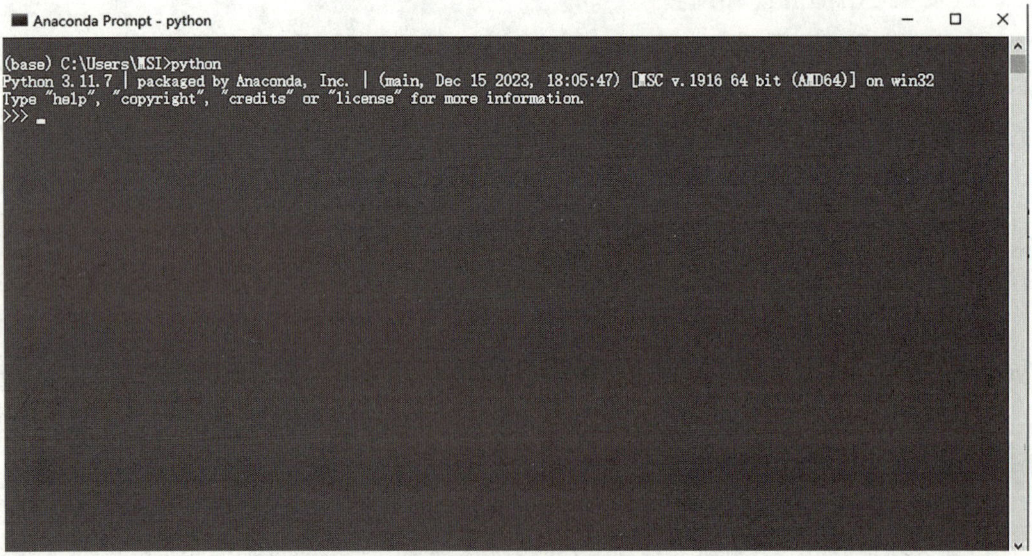

图 1-1　在 Anaconda 中进入 Python 界面

3. 安装和启动 Jupyter Notebook

Jupyter Notebook 是一个开放源代码的 Web 应用程序,让用户可以创建和共享包含实时代码、方程、可视化以及文本的文档。它支持多种编程语言,是数据分析、科学研究、教育和学习中不可或缺的工具之一。通过 Anaconda 安装 Jupyter Notebook 可以极大地简化安装过程,让用户快速启动并运行。

1) 安装 Jupyter Notebook

由于 Anaconda 自带了 Jupyter Notebook,在安装 Anaconda 之后,用户通常不需要单独安装 Jupyter Notebook。但是,如果用户需要确保 Jupyter Notebook 是最新版本,或者在某些情况下需要单独安装或更新,可以遵循以下步骤:

打开 Anaconda Navigator(可选):Anaconda Navigator 是一个图形界面,使得管理包和环境更加直观。用户可以通过启动 Navigator 来安装 Jupyter Notebook,只需找到 Jupyter Notebook 图标并点击"安装"或"更新"按钮。

使用 Conda 命令进行安装:用户也可以通过打开命令行或终端,使用 Conda 命令来安装或更新 Jupyter Notebook。键入以下命令即可安装或更新到最新版本:

```
1. conda install jupyter
```

或者,如果已安装,更新到最新版本。

```
1. conda update jupyter
```

2) 启动 Jupyter Notebook

一旦安装完成,启动 Jupyter Notebook 非常简单。

打开命令行或终端:使用用户的系统提供的命令行工具。

启动 Jupyter Notebook:在命令行或终端中输入以下命令并按 Enter 键:

```
1. jupyter notebook
```

这条命令会启动 Jupyter Notebook 服务器,并且通常会自动在用户的默认 Web 浏览器中打开 Jupyter Notebook 的主界面。如果没有自动打开,用户通常可以通过访问 http://localhost:8888(或命令行中指示的其他端口)手动访问 Jupyter Notebook 界面,如图 1-2 所示。

或者直接点击 Anaconda 中的 Jupyter Notebook 图标进入,如图 1-3 所示。

4. Jupyter Notebook 中的常用操作

Jupyter Notebook 是一个非常强大的工具,可以用于数据分析、编程教育、科学计算等多种用途。它支持实时代码执行、可视化展示、文档编写等功能,极大地方便了开发者和研究人员的工作。下面将介绍 Jupyter Notebook 中的一些常用操作,帮助学生更有效地使用这个工具。

图1-2 在Anaconda Prompt中输入jupyter notebook界面

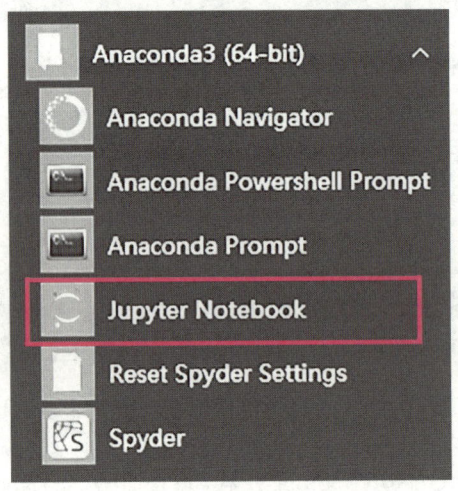

图1-3 Jupyter Notebook图标

1)创建新的Notebook

在Jupyter Notebook的主界面,点击右上角的"New"按钮,然后在下拉菜单中选择"Python 3"(或用户希望使用的其他内核),就可以创建一个新的Notebook。新建的Notebook默认命名为"Untitled.ipynb",用户可以随时重命名。操作如图1-4所示。

2)编写和执行代码

编写代码:在Notebook中,代码是在单独的"cell"中编写的。用户可以直接在cell中输入Python代码。如果用户需要添加更多的代码行,可以按"Enter"键移动到下一行。

图 1-4 创建新的 Notebook 方法

执行代码：编写完代码后，用户可以通过点击工具栏的"Run"按钮，或者按"Shift＋Enter"键来执行当前的 cell。执行结果会直接在 cell 下方显示。

3）使用 Markdown 进行文档编写

Jupyter Notebook 支持 Markdown，这是一种轻量级标记语言，用户可以用它来添加格式化文本、链接、图片和列表等。要创建一个 Markdown cell，只需在工具栏的下拉菜单中先将 cell 的类型从"Code"更改为"Markdown"，然后在该 cell 中输入 Markdown 语法的文本。执行 Markdown cell（使用"Shift＋Enter"键）将渲染为格式化文本。

4）导入和可视化数据

导入数据：用户可以使用 Python 的标准库或第三方库（如 Pandas）来导入数据。例如，使用 Pandas 的 read_csv() 函数来导入 CSV 文件。

可视化数据：Jupyter Notebook 支持多种数据可视化工具，如 Matplotlib、Seaborn 和 Plotly 等。通过在 Notebook 中直接编写和执行代码，用户可以生成图表和其他数据可视化元素，这些元素将直接嵌入 Notebook 中。

5）导出和分享 Notebook

Jupyter Notebook 支持将 Notebook 导出为多种格式，包括 HTML、PDF、Markdown 等。用户可以通过"File">"Download as"选择希望的格式来导出 Notebook，以便分享给其他人或用于报告和演示。

6）使用魔法命令

Jupyter Notebook 中的魔法命令是一些以％或％％开头的特殊命令，用于提供额外的功能。例如，％Matplotlib inline 魔法命令可以让 Matplotlib 生成的图形直接嵌入 Notebook 中，而％timeit 可以测量某个语句的执行时间。

7）查看和安装扩展

Jupyter Notebook 社区开发了许多有用的扩展，如 Notebook 扩展（nbextensions），它们提供了额外的功能和工具来优化用户的工作流程。用户可以通过 Anaconda 或 Pip 安装这些扩展，并通过 Jupyter 的扩展管理器进行配置和管理。

5. Jupyter Notebook 的两种模式

Jupyter Notebook 提供了一系列的快捷键，可以大大提高工作效率。这些快捷键分为两种模式下的快捷键:命令模式(按 Esc 键进入)和编辑模式(按 Enter 键进入编辑状态的 cell)。

1)命令模式

命令模式允许用户通过键盘快捷键对 cell 进行快速操作,如添加、删除、移动 cell,以及改变 cell 的类型。当用户处于命令模式时,cell 边框显示为蓝色,并且不能直接在 cell 中输入文本。要进入命令模式,用户可以点击 cell 的边缘或者按下 Esc 键。在命令模式下,用户无法直接编辑 cell 的内容,但可以使用快捷键执行许多操作,如使用 A 键在当前选中的 cell 上方插入新 cell,或者使用 DD(连续按两次"D"键)删除当前选中的 cell。命令模式下快捷键的功能说明如表 1-1 所示。

表 1-1 命令模式下的快捷键(按"Esc"键激活)

命令	功能说明
A:	在当前 cell 上方插入一个新 cell
B:	在当前 cell 下方插入一个新 cell
M:	将当前 cell 转换为 Markdown 类型
Y:	将当前 cell 转换为代码类型
DD:	(连续按两次 D 键):删除当前选中的 cell
Z:	撤销删除 cell
Shift+Up 或 Shift+Down:	扩展选中的 cell 范围
Shift+M:	合并选中的多个 cell
C:	复制当前 cell
X:	剪切当前 cell
V:	在当前 cell 下方粘贴复制或剪切的 cell
Shift+V:	在当前 cell 上方粘贴复制或剪切的 cell
L:	为当前 cell 的代码行添加或移除行号
Ctrl+S:	保存 Notebook

2)编辑模式

编辑模式允许用户直接在 cell 中输入文本,无论是编写代码还是 Markdown 文本。当 cell 处于编辑模式时,其边框显示为绿色,并且可以看到一个光标在 cell 中闪烁,指示用户可以开始输入。要进入编辑模式,只需双击一个 cell,或者在选中的 cell 上按 Enter 键。在编辑模式下,用户可以利用快捷键进行文本编辑操作,如"Ctrl+Z"键撤销输入,"Ctrl+Shift+Z"键或"Ctrl+Y"键重做输入,以及使用"Tab"键进行代码自动补全或缩进调整。编辑模式下快捷键的功能说明如表 1-2 所示。

表 1-2 编辑模式下的快捷键（在 cell 内按"Enter"键激活）

命令	功能说明
Ctrl+Enter：	运行当前 cell，并保持在当前 cell
Shift+Enter：	运行当前 cell，并移动到下一个 cell
Alt+Enter：	运行当前 cell，并在下方插入一个新的 cell
Tab：	代码补全或缩进
Shift+Tab：	显示当前操作的文档字符串，连按可展开更多信息
Ctrl+Z：	撤销
Ctrl+A：	全选 cell 中的文本
Ctrl+X/C/V：	剪切/复制/粘贴选中的文本
Ctrl+Shift+K：	删除当前行

这些快捷键能帮助用户更快地在 Notebook 中导航和编辑，提高工作效率。建议用户在使用 Jupyter Notebook 时尝试并熟练运用这些快捷键，充分利用其功能。

二、Python 初使用

我们将正式开始 Python 编程之旅。Python 是一种广泛使用的高级编程语言，以其简洁明了的语法和强大的功能而闻名。无论是编程新手还是有经验的开发者，Python 都是一个不错的选择。我们将从基本的打印命令开始，逐步深入到变量、基本数据类型、操作符等核心概念。

1. 使用 print() 函数

在 Python 中，print() 函数是最基本也是最常用的一个函数，它可以输出字符串、数字或其他对象到标准输出设备（通常是屏幕）。

Hello, Python

```
1. print("Hello, Python!")
```

当运行上述代码时，屏幕上会显示"Hello, Python!"。这是开始学习任何一门编程语言时的传统，也是验证编程环境是否正确设置的简单方式。

当我们执行 print("Hello, Python!")这行代码时，我们实际上在做以下几件事情，

（1）调用函数：print()是 Python 内置的一个函数，用来将信息输出到控制台。这里，我们调用了这个函数。

（2）传递参数：在括号中，我们给 print()函数传递了一个参数，即字符串 Hello, Python!。参数就是函数执行某个任务时所需的信息。在这个例子中，"Hello, Python!"是我们希望 print()函数输出的信息。

（3）执行输出：当 print()函数被调用时，它会执行其定义的任务，即在控制台上显示它的参数。因此，字符串"Hello, Python!"被显示在屏幕上，如图 1-5 所示。

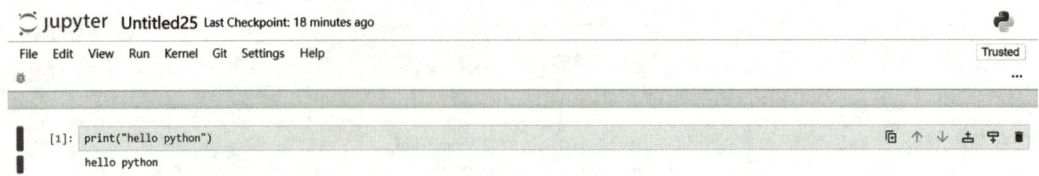

图 1-5　函数输出结果

关于 Python 的详细内容我们将在后续进行介绍。

拓展阅读

人工智能大模型将赋能千行百业

项目二

Python 语法

◇知识目标

1. 掌握 Python 变量的定义与使用方法,包括变量命名、类型及其基本操作。
2. 理解并应用 Python 的基础数据类型(整数、浮点数、字符串、布尔值)及其特性。
3. 深入学习 Python 的高级数据结构(列表、元组、字典、集合),以及它们的使用场景和操作技巧。
4. 熟练使用 Python 的条件与分支语句(if-else),以及循环结构(for 循环、while 循环)来解决具体问题。

◇能力目标

1. 能够熟练运用 Python 变量和基础数据类型,解决基本的编程问题和数据处理任务。
2. 能够利用 Python 的高级数据类型和数据结构,高效进行数据的存储、检索和管理。
3. 能够编写逻辑判断和循环控制结构,处理复杂的数据流和批量数据处理任务。
4. 能够设计和实现 Python 函数,提高代码的复用性和模块化,以及通过模块化管理和复用已有代码。

◇素养目标

1. 培养学生编写逻辑清晰、格式规范的 Python 代码的习惯,注重代码的可读性和维护性。
2. 通过解决编程问题,提升学生逻辑思考和问题分析的能力,学会从不同角度审视问题。
3. 发展学生自主学习的能力,能够主动探索和学习 Python 的新特性和高级技术。
4. 加强学生团队合作和交流能力,在编程项目中与他人协作,共同寻找解决方案和改进代码。

任务一　变　量

一、变量介绍

在 Python 编程中,变量的概念与日常生活中的"容器"有着异曲同工之妙。正如在资产负债表中,通过会计科目与金额的对应关系来呈现企业的资产状况,如果没有这样结构化的方式进行呈现,这些金额就仅仅是一串串没有财务意义的数字。同理,在 Python 代码中,变量扮演着"容器"的角色,专门用来存储程序中的数据。通过变量,我们能够赋予数据意义,使得数据在程序中的运用变得有目的、有意义。本任务的目标是让读者理解变量的含义,掌握变量赋值的作用和方法,并熟悉变量命名的规则。

变量的含义可以理解为数据的命名存储位置。在程序执行过程中,变量中的数据可以被读取和修改。这就如同数据"贴上标签",使得我们能够通过这个标签找到数据并使用它。变量的使用极大地提高了代码的可读性和可维护性。

变量赋值是编程中最基本也是最重要的概念之一。在 Python 中,赋值操作使用等号"="来完成。等号左边是变量名,右边是要赋给变量的值。例如,我们定义了一个变量 money 并给它赋值为 100:

```
1. money = 100
2. print(money)
```

这个操作的意义在于,我们创建了一个名为 money 的变量,并将数字 100 存储在这个变量中。当我们通过 print(money)打印变量 money 的值时,输出结果为 100。

接下来,通过一个实际例子来进一步理解变量的使用:

```
1. # 定义变量存放公司的资产和负债
2. assets = 20000
3. liabilities = 8888
4. # 计算并定义变量存放所有者权益
5. equity = assets - liabilities
6. # 输出公司的资产、负债和所有者权益
7. print("公司资产:", assets)
8. print("公司负债:", liabilities)
9. print("所有者权益:", equity)
```

在这个例子中,我们定义了三个变量:assets、liabilities 和 equity,分别用来存储公司的资产、负债和所有者权益。通过计算资产减去负债得到所有者权益,再分别输出这些值,我们清晰地展示了公司的财务状况。

【例题 2-1】　假设在 Python 程序中,我们想要存储一个学生的分数,然后输出这个分

数。下列选项中,正确地完成了这一任务的是(   )。

A.

```
1. score = 95
2. print(score)
```

B.

```
1. 95 = score
2. print(score)
```

Python 的一个重要特性是,变量可以被赋予任意类型的数据,并且一个变量可以反复被赋新值,新的赋值会覆盖原来的值。这意味着变量的数据类型和值是可以改变的。例如:

```
1. asset = 500    # 第一次赋值
2. asset = 800    # 第二次赋值,覆盖之前的值
```

在这里,变量 asset 先被赋值为 500,然后被重新赋值为 800。第二次赋值后,asset 的值变为 800,原来的值 500 被覆盖。

【例题 2-2】 在 Python 中,如果我们需要更新一个变量的值,应该如何操作?假设原始的变量 price 的值为 100,我们需要将其更新为 120。以下哪个代码段正确实现了这个操作?

A.

```
1. price = 100
2. price = 120
3. print(price)
```

B.

```
1. price == 100
2. price == 120
3. print(price)
```

二、Python 变量命名规则

在 Python 中,变量名的命名需要遵循以下基本规则:

(1) 区分大小写:在 Python 中,大写字母和小写字母被视为不同的字符。因此,变量名 Python 和 PYTHON 代表了两个完全不同的变量。这一规则强调了命名的严谨性,要求开发者在引用变量时保持一致的大小写使用。

(2) 命名字符选择:变量名可以采用字母、下划线(_)、数字以及其他字符(如汉字)的组合来命名,但有一个重要的限制——变量名的首字符不能是数字。例如,_myVar、var1、学生都是有效的变量名,而 1var 则不是有效的,因为它以数字开头。

(3) 避免空格和特殊符号:变量名中不能包含空格、特殊符号(如 ∗、# 等)。这些字符

在 Python 语言中有特殊的用途,如果用于变量命名,会引发语法错误。因此,变量名如 xm 是合法的,而 x m、x*m、X♯则不是。

（4）避免使用 Python 关键字：Python 有一系列保留的关键字,这些关键字具有特殊的编程意义,不能用作变量名。例如,False、None、True、And 等。尝试将这些关键字作为变量名将导致语法错误。

【例题 2-3】 下列选项中能够作为一个有效的 Python 变量名的是（　　）。

A. 2nd_place　　　　　　　　B. second_place
C. second-place　　　　　　　D. second place

【例题 2-4】 下列选项中不能作为 Python 变量名的是（　　）。

A. my_class　　　　　　　　B. for
C. data_value　　　　　　　D. index

三、变量命名的最佳实践

尽管遵守上述规则可以避免语法错误,但要编写易于理解和维护的代码,还需要进一步考虑变量命名的最佳实践。

（1）有意义的命名：选择有意义的变量名,可以使代码更容易被他人理解。变量名应该能够反映出变量的用途或所存储数据的性质。例如,使用 amount 来表示"金额",比使用抽象的 a 或 var 更加直观。

（2）避免缩写：除非缩写非常通用且易于理解,否则尽量避免使用缩写。缩写可能会导致代码难以理解,特别是对于那些不熟悉项目或领域的人来说。

（3）使用下划线分隔单词：在 Python 社区,常见的命名约定是使用下划线_来分隔变量名中的单词,这种方式称为蛇形命名（snake_case）。例如,student_name 比 studentName（驼峰命名）更符合 Python 的命名习惯。

（4）避免使用单一字母变量：除非在某些特定的小范围内（如循环变量或异常简单的临时变量）,尽量避免使用单一字母作为变量名。单字母变量名缺乏描述性,难以使人理解其用途。

【例题 2-5】 考虑到变量命名的最佳实践,最推荐的用于表示"用户的年龄"的变量名是（　　）。

A. u_age　　　　B. age　　　　C. userAge　　　　D. user_age

任务二　基础数据类型

一、基础数据类型介绍

Python 中的基础数据类型包括整数（intergers）、浮点型（float point numbers）、字符串

(strings)、布尔值(booleans)。这些类型为存储和处理不同类型的数据提供了必要的工具，也覆盖了财务工作中的大部分数据需求，如科目的发生额、余额等。下面我们分别介绍数值类型和字符串类型。

二、数值类型

1. 创建、查询与运算

在 Python 中，数值类型的创建非常直接，只需用"="赋值给变量即可。例如，定义一个整数变量和一个浮点数变量：

```python
Copy code
integer = 123
decimal = 55.78
```

当忘记了变量的数据类型时，可以使用 Python 的内置函数 type() 查看变量的数据类型：

```python
Copy code
print(type(integer))    # < class 'int'>
print(type(decimal))    # < class 'float'>

```

在数值处理的过程中，Python 提供了一系列的算术运算、赋值运算和比较运算符，这些工具在财务分析、数据处理等领域有着广泛的应用。通过这些运算符，可以对数据进行各种数学处理，从而得到有用的信息和结果。下面详细介绍这些运算符的使用方法和场景。

（1）算术运算：在 Python 中，基本的算术运算包括加法、减法、乘法、除法、求余和乘方。这些运算符允许我们对数值进行基本的数学操作。以下是一些基本示例：

```python
Copy code
a = 6
b = 10
# 加法
print(a + b)   # 输出: 16
# 减法
print(b - a)   # 输出: 4
# 乘法
print(a * b)   # 输出: 60
# 除法
print(a / b)   # 输出: 0.6
# 求余
print(b % a)   # 输出: 4
```

```
15. # 乘方
16. print(b ** a)   # 输出：1000000
17.
```

（2）赋值运算：赋值运算符用于为变量赋值。Python还支持复合赋值运算符，这些运算符结合了算术运算和赋值运算，可以更方便地对变量进行操作和更新。以下是一些基本示例：

```
1. a = 6
2. b = 10
3. c = a + b
4. print(c)   # 输出：16
5.
6. # 加法赋值运算+=
7. c += a   # 等价于 c = c + a
8. print(c)   # 输出：22
9.
10. # 减法赋值运算-=
11. c - = a   # 等价于 c = c - a
12. print(c)   # 输出：16
13.
14. # 乘法赋值运算*=
15. c * = a   # 等价于 c = c * a
16. print(c)   # 输出：96
17.
18. # 除法赋值运算/=
19. c /= a   # 等价于 c = c / a
20. print(c)   # 输出：16.0
21.
22. # 求余赋值运算% =
23. c % = a   # 等价于 c = c % a
24. print(c)   # 输出：4.0
25.
26. # 乘方赋值运算**=
27. c **= a   # 等价于 c = c ** a
28. print(c)   # 输出：4096.0
29.
```

（3）比较运算：比较运算符用于比较两个值之间的关系，包括等于、不等于、大于、小于、大于等于和小于等于。这些运算符在条件语句和循环中尤为重要，因为它们可以帮助我们根据数值的比较结果来控制程序的流程。以下是一些基本示例：

```
1. a = 6
2. b = 10
3. # 等于
4. print(a == b)   # 输出：False
5. # 不等于
```

```
6. print(a != b)   # 输出: True
7. # 大于
8. print(a > b)    # 输出: False
9. # 小于
10. print(a < b)   # 输出: True
11. # 大于等于
12. print(a >= b)  # 输出: False
13. # 小于等于
14. print(a <= b)  # 输出: True
15.
```

通过以上的示例,我们可以看到,Python 中的算术运算、赋值运算和比较运算提供了强大的工具来处理和分析数值数据。在财务分析、数据处理等多种场合,这些基本的数学运算都是不可或缺的基础技能。掌握这些运算符的使用,可以帮助我们有效地处理财务数据,从而在数字经济时代中取得成功。

(4) 逻辑运算:在 Python 中,逻辑运算符包括 and(与)、or(或)和 not(非)。这些运算符用于连接布尔表达式(即表达式的结果为 True 或 False)并返回一个布尔值。逻辑运算符在处理条件判断时非常有用,尤其是当需要基于多个条件决定程序的执行流程时。

```
1. a = True
2. b = False
3. # and 为与运算,只有 a 与 b 都为 True 时,a and b 才返回 True,否则返回 False
4. print(a and b)   # 输出: False
5. # or 为或运算,只有 a 与 b 都为 False 时,a or b 才返回 False,否则返回 True
6. print(a or b)    # 输出: True
7. # not 为非运算,如果 a 为 True,not a 为 False;如果 a 为 False,not a 为 True
8. print(not a)     # 输出: False
9.
```

【例题 2-6】 给定以下 Python 代码:

```
1. python
2. Copy code
3. a = True
4. b = False
5. print(a and b, a or b, not a)
6.
```

下列选项中,正确的输出结果是(   )。

A. True True False 　　　　　　B. False True False
C. False True True 　　　　　　D. True False True

(5) 成员运算:成员运算符 in 和 not in 用于判断一个值是否在序列中(如字符串、列表、元组等)。这对于检查某个元素是否存在于集合中非常有用,常用于条件判断和循环控制中。

```
1. # 成员运算符示例
2. x = "py"
3. y = "python"
4. # 判断 x 字符串是否为 y 字符串的一部分
5. print(x in y)    # 输出：True
6. # 判断 x 字符串是否不在 y 字符串中
7. print(x not in y)    # 输出：False
8.
```

【例题 2-7】 给定以下代码：

```
1. word = "hello"
2. letter = "e"
3. print(letter in word)
4.
```

下列选项中，正确的输出结果是（　　）。

A．True　　　　B．False　　　　C．报错　　　　D．无输出

（6）身份运算：身份运算符 is 和 is not 用于判断两个变量是否引用自同一个对象。这在处理对象比较时特别有用，尤其是当需要区分对象的同一性（是否为同一个对象）而不仅仅是相等性（值是否相等）时。

```
1. # 身份运算符示例
2. x = "python 的财务应用"
3. y = "python 的会计应用"
4. # 判断 x 和 y 是否是同一个对象
5. print(x is y)    # 输出：False
6. # 判断 x 和 y 是否不是同一个对象
7. print(x is not y)    # 输出：True
```

【例题 2-8】 给定以下 Python 代码：

```
1. x = [1, 2, 3]
2. y = [1, 2, 3]
3. print(x is y)
4.
```

下列选项中，正确的输出结果是（　　）。

A．True　　　　B．False　　　　C．报错　　　　D．无输出

2．数值类型的常用函数

Python 提供了一系列内置函数，用于处理数值类型的数据，这些函数对于数据分析和处理非常有用。

（1）数据类型转换：int()用于将变量转换为整型，float()用于将变量转换为浮点型。

（2）绝对值：abs(x)返回变量 x 的绝对值。

数值类型的
常用函数

（3）最大值/最小值：max(x1, x2, …)和 min(x1, x2, …)分别返回给定参数的最大值和最小值。

（4）四舍五入：round(x, n)返回浮点数 x 的四舍五入值，n 代表小数点后的位数。

```
1.  # 数据类型转换
2.  print(int(10.6))     # 输出：10
3.  print(float(10))     # 输出：10.0
4.
5.  # 绝对值
6.  print(abs(- 10))     # 输出：10
7.
8.  # 最大值/最小值
9.  print(max(1, 2, 3))  # 输出：3
10. print(min(1, 2, 3))  # 输出：1
11.
12. # 四舍五入
13. print(round(3.14159, 2))   # 输出：3.14
14.
```

通过掌握逻辑运算、成员运算、身份运算以及数值类型的常用函数，我们可以更加高效地处理 Python 中的数值数据。这些基础知识和技能对于进行数据分析、财务计算等任务至关重要，特别是在数字经济和数智财务转型的背景下。

三、字符串类型

1. 字符串的定义

在 Python 中，字符串是由一系列字符组成的数据类型，可以包含字母、数字、符号等任意文本。字符串在 Python 中是不可变的，意味着一旦创建，其内容就不能更改。字符串可以用单引号(')或双引号(")定义，如果字符串本身包含单引号或双引号，可以通过在引号前加反斜杠(\)来进行转义。

```
1. string = "打印\"资产负债表\""
2. print(string)   # 输出：打印"资产负债表"
3.
```

2. 字符串常规操作

Python 提供了丰富的字符串操作方法，包括拼接、重复、索引和切片等。

```
1. a = "Hello"
2. b = "Python"
3. # 拼接字符串，注意只能将字符串与字符串进行拼接
4. print(a + b)   # 输出：HelloPython
5. # 重复输出字符串
```

```
6. print(a * 2)   # 输出：HelloHello
7. # 通过索引获取字符串中字符
8. print(a[4])    # 输出：o
9. # 截取字符串中的一部分，注意括号前闭后开
10. print(a[1:4]) # 输出：ell
11.
```

3. 格式化字符串方法

格式化字符串是将变量插入到字符串中的一种方式，Python 提供了多种格式化字符串的方法。使用占位符(%)示例如下：

格式化字符串方法

```
1. print("我叫%s,今年%d 岁,我的身高是%.2f 厘米" % ("张三", 26, 177.50))
2. 使用 format()方法：
3.
4. python
5. Copy code
6. print("我叫{},今年{}岁,我的身高是{:.2f}厘米".format("张三", 26, 177.50))
7.
```

 **案例练习**

对于案例"本年 1 月共有 31 天"的格式化输出，可以使用哪些方法？

解析：

方法一：使用占位符：

```
1. print("本年 1 月共有%d 天"% (31))
2.
```

方法二：使用 format()方法：

```
1. print("本年 1 月共有{}天".format(31))
2.
```

【例题 2-9】 如何在 Python 字符串中正确地包含双引号"Hello, World!"？

A. "Hello, World!"   B. ' Hello, World!'
C. "Hello, World!\""   D. ' Hello, "World"!'

【例题 2-10】 给定变量 days ＝ 31,哪种格式化字符串的方式正确输出"本年 1 月共有 31 天"？

A. "本年 1 月共有%d 天"％ days
B. "本年 1 月共有{days}天".format(days＝days)
C. "本年 1 月共有{0}天".format(days)
D. f"本年 1 月共有{days}天"

任务三　高级数据类型

一、高级数据类型介绍

在 Python 中,除了基础类型,还有一些高级数据类型,它们通常是通过组合或扩展基础类型来实现的,包括列表(lists)、元组(tuples)、字典(dictionaries)和集合(sets)。例如,列表是可变的,这意味着我们可以添加、删除或更改列表中的元素。通过本任务的学习,我们将掌握列表的基本操作,包括添加、删除、排序等,以及如何进行列表的拼接和重复输出等操作。

二、列表

1. 列表的定义和创建

列表是 Python 中一种用于存储序列数据的数据结构,它可以包含零个或多个元素,这些元素可以是相同类型或不同类型的数据。列表在 Python 中是用方括号([])定义的,元素之间用逗号","进行分隔。

列表的创建方式如下:

```python
1. # 创建一个空列表
2. empty_list = []
3.
4. # 创建一个包含多种类型元素的列表
5. mixed_list = [1, "Hello", 3.14, True]
6.
7. # 创建一个数字列表
8. number_list = [1, 2, 3, 4, 5]
9.
```

2. 索引访问列表元素

在列表中,每个元素都有一个位置编号,称为索引。Python 中的索引从 0 开始,所以第一个元素的索引是 0,第二个元素的索引是 1,依此类推。通过索引,我们可以访问列表中的任意元素。

```python
1. # 使用索引访问列表元素
2. print(mixed_list[0])    # 输出: 1
3. print(mixed_list[1])    # 输出: Hello
4.
```

Python 也支持负索引,即从列表末尾开始反向计数。例如,-1 表示最后一个元素,-2

表示倒数第二个元素。

```
1. # 使用负索引
2. print(mixed_list[-1])   # 输出: True
3. print(mixed_list[-2])   # 输出: 3.14
4.
```

3. 列表切片

列表切片是访问列表中一段连续区域元素的方式，通过切片操作，可以轻松获取列表的一个子集。

```
1. # 列表切片
2. print(number_list[1:4])   # 输出: [2, 3, 4]
3.
```

切片操作 list[start:end] 会返回从 start 索引开始到 end 索引（但不包括 end 索引）的列表部分。

通过上述介绍，我们了解了列表的基本定义、创建方法以及如何通过索引和切片来访问和获取列表中的元素。这些都是学习列表操作之前的重要基础知识，理解这些概念将帮助我们更好地掌握列表的各种操作，从而在实际编程中更加灵活地使用列表来处理数据。

4. 列表的操作

列表提供了多种方法来进行操作，是 Python 中非常灵活的数据结构。

（1）添加元素：使用 append() 方法可以在列表末尾追加一个元素。

```
1. list1 = [1, 2]
2. list1.append(3)
3. print(list1)   # 输出: [1, 2, 3]
4.
```

使用 insert() 方法可以在列表的指定位置插入一个元素。

```
1. list1.insert(1, 3)
2. print(list1)   # 输出: [1, 3, 2]
3.
```

使用 extend() 方法可以将一个列表中的所有元素添加到另一个列表的末尾。

```
1. list2 = [3, 4]
2. list1.extend(list2)
3. print(list1)   # 输出: [1, 2, 3, 4]
4.
```

（2）删除元素：使用 pop() 方法可以移除列表中的一个元素（默认移除最后一个元素），

并返回该元素的值。

```
1. popElement = list1.pop()
2. print(popElement)   # 输出：4
3. print(list1)   # 输出：[1, 2, 3]
4.
```

使用 remove() 方法可以移除列表中第一个匹配的元素。

```
1. python
2. Copy code
3. list1.remove(1)
4. print(list1)   # 输出：[2, 3]
5.
```

（3）排序：使用 sort() 方法可以对列表进行排序。

```
1. list1 = [3, 1, 2]
2. list1.sort()
3. print(list1)   # 输出：[1, 2, 3]
4.
```

（4）列表拼接与重复输出：列表拼接可以通过使用加号"＋"来实现两个列表的合并。

```
1. list1 = ['库存现金', '银行存款', '应收账款']
2. list2 = ['短期借款', '应付账款']
3. print(list1 + list2)   # 输出：['库存现金', '银行存款', '应收账款', '短期借款', '应付账款']
4. 列表重复输出可以通过乘号*来实现列表的重复。
5. print(list1 * 2)   # 输出：['库存现金', '银行存款', '应收账款', '库存现金', '银行存款', '应收账款']
6.
```

（5）列表元素的访问与修改：通过索引访问列表元素。

```
1. print(list1[2])   # 输出：应收账款
2.
```

如果尝试访问不存在的索引，Python 会抛出 IndexError。

```
1. # print(list1[4])   # 抛出 IndexError
2.
```

修改列表中的元素。

```
1. list1[2] = '固定资产'
2. print(list1)   # 输出：['库存现金', '银行存款', '固定资产']
3.
```

列表截取可以通过切片操作来实现。

```
1. print(list1[0:2])   # 输出：['库存现金', '银行存款']
2.
```

三、字典介绍

在 Python 中，字典是一种非常灵活且功能强大的数据结构，用于存储键值对的集合。每个键值对将一个键映射到一个值，键可以是任意不可变类型，比如数字、字符串或元组。字典是无序的集合，但自 Python 3.7 版本起，字典被实现为有序（按插入顺序）的集合。接下来，我们将学习字典的定义、访问、操作等基本知识。

1. 字典的定义和索引

（1）字典的定义：字典在 Python 中通过一对大括号 { } 创建，使用逗号,分隔各个键值对，键和值之间用冒号":"分隔。

```
1. # 创建一个空字典
2. empty_dict = {}
3.
4. # 创建一个包含会计科目的字典
5. account_dict = {'1001': '库存现金', '1002': '银行存款'}
6.
```

（2）字典的索引：在字典中，我们可以通过键来访问对应的值，这一过程称为索引。

```
1. # 访问字典的值
2. print(account_dict['1001'])   # 输出：库存现金
3.
```

尝试访问字典中不存在的键时，Python 会抛出 KeyError。

2. 字典的操作

访问字典的值：通过键可以访问字典中对应的值。

```
1. dic = {'1001': '库存现金', '1002': '银行存款'}
2. print(dic['1001'])   # 通过键'1001'访问对应的会计科目
3.
```

【例题 2-11】 给定字典 dic = {'1001': '库存现金', '1002': '银行存款'}，如何访问键'1001'对应的值？

A．dic[1001]   B．dic['1001']

C．dic.get(1001)   D．dic.get('1001')

（1）新增字典元素：可以直接通过新的键赋值来添加新的键值对。

```
1. dic['2001'] = '短期借款'   # 新增会计科目 2001: 短期借款
2. print(dic)
3.
```

【例题 2-12】 给定字典 dic = {'1001':'库存现金', '1002':'银行存款'},如何在字典中新增键值对'2001':'短期借款'?

　　A. dic.add('2001', '短期借款')

　　B. dic['2001'] = '短期借款'

　　C. dic.append('2001':'短期借款')

　　D. dic.insert('2001', '短期借款')

（2）修改字典元素:通过已存在的键赋予新的值来修改字典中的元素。

```
1. dic['1002'] = '其他货币资金'   # 通过键'1002'修改对应的会计科目
2. print(dic)
3.
```

【例题 2-13】 给定字典 dic = {'1001':'库存现金', '1002':'银行存款', '2001':'短期借款'},如何删除键为'2001'的键值对?

　　A. dic.remove('2001')　　　　　　B. dic.delete('2001')

　　C. del dic['2001']　　　　　　　　D. dic.pop('2001')

（3）删除字典元素:使用 del 关键字可以删除字典中的特定元素。

```
1. del dic['1002']   # 删除会计科目 1002: 银行存款
2. print(dic)
3.
```

（4）删除整个字典:使用 del 关键字也可以删除整个字典,但之后再访问该字典就会引发错误。

```
1. # del dic   # 删除字典
2. # print(dic)   # 这将引发错误,因为 dic 已经被删除
3.
```

（5）以列表返回字典中的元素:

keys()方法返回字典中所有键的列表。

values()方法返回字典中所有值的列表。

items()方法返回字典中所有键值对的列表。

```
1. dic = {'1001': '库存现金', '1002': '银行存款'}
2. print(dic.keys())     # 输出字典所有键
3. print(dic.values())   # 输出字典所有值
4. print(dic.items())    # 输出字典所有键值对
5.
```

任务四　条件—分支语句的应用

一、条件—分支语句的应用介绍

条件—分支语句是编程中用于执行基于一定条件的决策的结构。Python 使用 if-else 和 if-elif-else 语句来实现条件判断。通过这些结构，程序能够根据不同的条件执行不同的代码块。

二、if-else 条件语句

if-else 条件语句

if-else 语句是最基本的条件判断结构。它允许程序根据条件的真假执行两个不同的代码块。其中，if 后的条件为 True 时执行 if 下的代码块，为 False 时执行 else 下的代码块。

（1）示例：设备分类。

Tta 公司新购进一台设备，单价为 5 000 元。根据设备单价判断设备分类的程序如下：

```
1. # 定义变量设备单价并赋值
2. price = 5000
3. # 如果设备单价大于2000元
4. if price > 2000:
5.     # 输出"设备应分类为固定资产"
6.     print('设备应分类为固定资产')
7. # 如果设备单价小于等于2000元
8. else:
9.     # 输出"设备应分类为低值易耗品"
10.    print('设备应分类为低值易耗品')
11.
```

（2）场景分析：由于新购进设备的单价大于 2 000 元，满足第一个条件，输出"设备应分类为固定资产"。如果将设备单价改为 800 元，程序将输出"设备应分类为低值易耗品"。

三、if-elif-else 条件语句

if-elif-else 条件语句

if-elif-else 语句用于处理多条件判断的情况，可以有一个或多个 elif 块，用来检查多个条件。当某个条件为 True 时，对应的代码块将被执行，且整个 if-elif-else 结构中只有一个代码块会被执行。

（1）示例：学生成绩评定。

```
1. score = 85
2. if score > 90:
3.     print("学生成绩为:优秀")
```

```
4. elif score >= 80:
5.     print("学生成绩为:良好")
6. elif score > 70:
7.     print("学生成绩为:中等")
8. elif score >= 60:
9.     print("学生成绩为:及格")
10. else:
11.     print("学生成绩为:不及格")
12.
```

（2）场景分析:学生的分数为 85 分,满足第二个条件(score >= 80),所以输出"学生成绩为:良好"。

案例练习:设备折旧计算

Tta 公司新购进一台设备,单价为 50 000 元,资产类型为生产设备。根据固定资产的折旧政策计算月折旧额。

```
1. # 设备单价和资产类型
2. price = 50000
3. asset_type = '生产设备'
4. # 折旧年限和残值率
5. depreciation_years = 10
6. residual_rate = 5
7.
8. # 计算月折旧额
9. monthly_depreciation = (price * (1 - residual_rate / 100)) / (depreciation_years * 12)
10. print(f"设备的月折旧额为:{monthly_depreciation:.2f}元")
```

通过本例,我们可以看到条件判断在实际编程中的应用,它能够根据不同的条件执行相应的操作,使程序具有决策能力。掌握 if-else 和 if-elif-else 结构是学习 Python 编程的基础之一,对于处理各种条件逻辑非常重要。

【例题 2-14】 如果新购设备的价格为 1 500 元,以下的 Python 代码段将输出'设备应分类为低值易耗品'。

```
1. price = 1500
2. if price > 2000:
3.     print('设备应分类为固定资产')
4. else:
5.     print('设备应分类为低值易耗品')
6.
```

【例题 2-15】 如果一个学生的分数是 85 分,以下的 Python 代码将输出"学生成绩为:良好"。

```
1. score = 85
2. if score > 90:
3.     print("学生成绩为:优秀")
4. elif score > 80:
5.     print("学生成绩为:良好")
6. elif score > 70:
7.     print("学生成绩为:中等")
8. elif score >= 60:
9.     print("学生成绩为:及格")
10. else:
11.     print("学生成绩为:不及格")
```

在编程中,经常需要根据不同的条件执行不同的代码块。Python 通过 if-elif-else 语句提供了一种灵活的条件判断机制,允许程序基于一系列的条件执行相应的操作。

四、条件分支语句语法格式

if-elif-else 结构的基本语法如下:

```
1. if 条件 1:
2.     条件 1 成立要做的事情
3. elif 条件 2:
4.     条件 2 成立要做的事情
5. elif 条件 3:
6.     条件 3 成立要做的事情
7. else:
8.     以上条件都不满足时要做的事情
9.
```

这种结构先检查 if 后的条件,如果该条件为 True,则执行该条件下的代码块,然后跳过剩余的 elif 和 else 部分。如果 if 后的条件为 False,则依次检查每个 elif 后的条件,直到找到一个为 True 的条件,执行对应的代码块。如果所有的 if 和 elif 条件都不满足,那么将执行 else 部分的代码。

五、常见问题及注意事项

(1) 缩进控制结构:Python 使用缩进来定义代码块。标准的缩进是 4 个空格,不正确的缩进会导致 IndentationError 错误。

(2) 语句格式:if、elif、else 语句后面都需要跟一个冒号":",这表示接下来是一个代码块。条件后面不需要括号,这与一些其他编程语言不同。

(3) elif 和 else 的使用:elif 和 else 必须与 if 语句一起使用。elif 用于提供额外的条件判断,而 else 用于处理上述所有条件都不满足的情况。

(4) 条件判断的执行顺序:if 语句按照从上到下顺序判断条件。一旦某个条件满足,就执行该条件下的代码块,并跳过剩余的条件判断。因此,条件的顺序和逻辑设计非常重要。

【例题 2-16】 设定一个简单的成绩评定系统,根据学生的成绩输出其等级。

```
1. score = 75
2. if score > 90:
3.     print("成绩为:优秀")
4. elif score >= 80:
5.     print("成绩为:良好")
6. elif score >= 70:
7.     print("成绩为:中等")
8. elif score >= 60:
9.     print("成绩为:及格")
10. else:
11.     print("成绩为:不及格")
```

【例题 2-17】 基础条件判断:假设有一个变量 temperature 表示温度。编写一段代码,如果温度超过 30 度,则输出"太热了";如果温度低于 10 度,则输出"太冷了";否则输出"温度适宜"。

```
1. temperature = 25    # 可以修改这个值来测试不同的输出
2. if temperature > 30:
3.     print("太热了")
4. elif temperature < 10:
5.     print("太冷了")
6. else:
7.     print("温度适宜")
```

【例题 2-18】 多条件复合判断:编写一段代码,用于判断一个人的体重是否健康。如果 BMI(体质指数)小于 18.5,则输出"体重过轻";如果 BMI 在 18.5 到 24.9 之间(含 18.5 和 24.9),则输出"体重正常";如果 BMI 在 25 到 29.9 之间(含 25),则输出"体重过重";如果 BMI 大于等于 30,则输出"肥胖"。已知 BMI 的计算公式为:BMI = 体重(千克)/ 身高^2(米)。

```
1. weight = 70    # 体重(千克)
2. height = 1.75    # 身高(米)
3. bmi = weight / (height ** 2)
4. if bmi < 18.5:
5.     print("体重过轻")
6. elif 18.5 <= bmi <= 24.9:
7.     print("体重正常")
8. elif 25 <= bmi <= 29.9:
9.     print("体重过重")
10. else:
11.     print("肥胖")
```

【例题 2-19】 下列关于 Python 分支结构的描述中,错误的是(   )。

A. if-else 结构是可以嵌套的

B. 缩进是 Python 分支语句的语法部分,缩进不正确会影响分支功能

C. if 语句会判断 if 后面的逻辑表达式,当表达式为真时,执行 if 后的语句块
D. Python 分支结构使用保留字 if、elif 和 else 来实现,每个 if 后面必须有 elif 或 else

【例题 2-20】 关于 for 循环和 while 循环,以下表述正确的是(　　)。
A. while 语句的循环体至少无条件执行一次,for 语句的循环体可能一次都不执行
B. while 语句只能用于循环次数未知的循环,for 语句只能用于循环次数已知的循环
C. while 语句只能用于可迭代变量,for 语句可以用任意表达式表示条件
D. 很多情况下,for 语句和 while 语句可以等价使用

任务五　循环语句的应用

一、循环语句介绍

循环语句是编程中用来重复执行一段代码直到满足特定条件的一种基本结构。Python 中的 while 循环和 for-in 循环是 Python 提供的两种基本循环结构。

二、While 循环

1. 语法格式

while 循环的基本语法如下：

```
1. while 条件:
2.     满足条件时要执行的代码
3.
```

在这个结构中,while 后面的条件被评估；如果条件为真(True),则执行随后的代码块；完成代码块后,条件再次被检查；如果仍为真,则再次执行代码块。这个过程重复进行,直到条件为假(False),退出循环。

2. while 循环示例

计数器循环示例：

```
1. counter = 0   # 初始化计数器
2. while counter < 100:   # 循环条件
3.     counter + = 1   # 更新计数器
4.     print("我爱我的祖国", counter)   # 执行的操作
5.
```

在这个示例中,程序会打印出"我爱我的祖国"及其后的计数,从 1 数到 100。

【例题 2-21】 理解 while 循环基本用法:下列选项中,正确描述了使用 while 循环输出数字 1 到 5 的过程的是(　　)。

A.
```
1. count = 1
2. while count < 5:
3.     print(count)
4.
```

B.
```
1. count = 1
2. while count <= 5:
3.     print(count)
4.     count = count + 1
5.
```

C.
```
1. count = 0
2. while count < 5:
3.     print(count)
4.
```

D.
```
1. count = 1
2. while count <= 5:
3.     print(count)
4.
```

【例题 2-22】 输出整数 1 至 10 并计算和：使用 while 循环依次输出整数 1 至 10，并计算出它们的总和。

```
1. # 定义一个初始值为 1 的变量
2. count = 1
3. # 定义一个变量来存放累加的总和
4. total_sum = 0
5. # 写一个 while 循环进行遍历求和
6. while count <= 10:
7.     print(count)    # 打印当前的整数
8.     total_sum + = count    # 累加当前的整数
9.     count + = 1    # 准备下一个整数
10. # 打印总和
11. print("总和为:", total_sum)
12.
```

【例题 2-23】 使用 while 循环处理条件：如果想要使用 while 循环持续读取用户输入直到用户输入"exit"，应该如何编写代码？

A.

```
1. message = ""
2. while message ! = "exit":
3.     message = input("请输入（输入'exit'退出）: ")
4.
```

B.

```
1. message = input("请输入（输入'exit'退出）: ")
2. while message ! = "exit":
3.     print(message)
4.
```

C.

```
1. message = "exit"
2. while message == "exit":
3.     message = input("请输入（输入'exit'退出）: ")
4.
```

D.

```
1. message = ""
2. while message == "exit":
3.     message = input("请输入（输入'exit'退出）: ")
```

3. 无限循环

while 循环是编程中处理重复任务的强大工具之一，但使用时需要特别注意避免创建无限循环。无限循环是指循环条件永远为真的循环，这会导致程序陷入永久执行状态，只能强制终止。为防止无限循环，确保循环的条件能够在某个点变为假，从而使循环能够正常结束。

示例：避免无限循环。

```
1. # 错误示例：无限循环
2. # count = 1
3. # while count > 0:   # 这个条件永远为真
4. #     print("这将永远执行")
5.
6. # 正确的做法：确保循环有结束条件
7. count = 1
8. while count <= 5:
9.     print(f"计数到 {count}")
10.    count + = 1   # 更新条件，确保循环最终结束
11.
```

在这个正确的示例中,count 变量初始值为 1,并且每次循环后递增。循环条件检查 count 是否小于或等于 5,确保在 count 变为 6 时循环结束,避免了无限循环。

4. 使用 while 循环处理用户输入

while 循环在处理不确定次数的任务时特别有用,如下面的例子所示,我们使用 while 循环等待用户输入直到满足特定条件。

示例:等待用户输入特定文字。

使用 while 循环处理用户输入

```
1. # 等待用户输入直到输入"退出"
2. prompt = "\n请输入一些文字(输入'退出'结束): "
3. message = ""
4. while message != '退出':
5.     message = input(prompt)
6.     if message != '退出':
7.         print(f"你输入了: {message}")
8.
```

在这个示例中,我们提示用户输入文字,然后在循环中处理这些输入。如果用户输入的不是"退出",程序将打印输入的消息并继续等待新的输入。一旦用户输入"退出",循环条件变为假,循环结束。

while 循环还可以用于处理动态变化的数据结构,如列表。

示例:从列表中移除特定元素。

```
1. # 有一个包含宠物名字的列表,我们需要移除所有的'猫'
2. pets = ['狗', '猫', '鱼', '猫', '兔子', '猫']
3. print("原始列表:", pets)
4. while '猫' in pets:
5.     pets.remove('猫')
6. print("修改后的列表:", pets)
7.
```

这个例子演示了如何使用 while 循环检查列表中是否存在特定元素(在这里是'猫'),并在找到这样的元素时将其移除。循环继续执行,直到列表中不再有'猫'为止。

通过这些示例,我们可以看到 while 循环在处理需要重复执行直到满足特定条件的任务时的灵活性。正确使用 while 循环能够让我们的程序更加高效且易于维护。

三、for-in 循环

for-in 循环是 Python 中用于遍历序列(如列表、字符串、元组)或其他可迭代对象的一种循环。与 while 循环不同,for-in 循环对于迭代固定数量的元素特别有用,因为它可以直接在序列上进行迭代,无需手动管理迭代的索引或条件。

for-in 循环

for-in 循环的基本语法如下:

```
1. for 变量 in 序列:
2.     满足条件时要执行的代码
```

在这个结构中,for 后面跟着的变量会依次取得序列中的每个元素,然后对每个元素执行代码块中的操作。

示例:

(1) 遍历列表中的元素。

```
1. schoolList = ["清华大学", "北京大学", "南开大学", "复旦大学", "厦门大学"]
2. for school in schoolList:
3.     print(school)
4.
```

(2) 遍历字典中的键和值。

```
1. student = {"name": "小明", "age": "15", "sex": "男"}
2. for key in student:
3.     print(key, ":", student[key])
4.
```

在遍历字典时,默认情况下是遍历字典的键。如果要遍历字典的值或同时遍历键和值,可以使用 student.values() 或 student.items() 方法。

【例题 2-24】 计算固定资产净值:假设 Tata 公司有一台设备原值为 200 000 元,预计使用年限 10 年,预计残值率为 5%。使用直线法计算折旧,并根据给定条件计算未来 12 个月的固定资产净值。

```
1. # 定义变量设备原价并赋值
2. original_value = 200000
3. # 定义变量残值率并赋值
4. residual_rate = 0.05
5. # 定义变量上月累计折旧并赋值
6. accumulated_depreciation = 178916.29
7. # 循环计算未来12个月的固定资产净值
8. for i in range(1, 13):
9.     monthly_depreciation = (original_value * (1 - residual_rate)) / (10 * 12)
10.    if original_value - accumulated_depreciation - (original_value * residual_rate) < 0:
11.        monthly_depreciation = original_value - accumulated_depreciation - (original_value * residual_rate)
12.    net_value = original_value - accumulated_depreciation - monthly_depreciation
13.    print(f"第{i}月的固定资产净值为: {net_value:.2f}")
14.    accumulated_depreciation += monthly_depreciation
```

在这个例子中,我们使用 for-in 循环遍历 12 个月,每个月根据直线法计算当月的折旧额,并更新累计折旧和固定资产净值。如果固定资产净值减去残值小于 0,则按照特定公式调整当月的折旧额。

通过这个例子,我们可以看到 for-in 循环在处理一系列数据和执行重复任务时的实用性。它简化了迭代过程,使代码更加简洁易读。在日常编程中,合理使用 for-in 循环可以有效提高编码效率和代码的可维护性。

【例题 2-25】 遍历列表中的元素,给定一个学生姓名列表 student_names =〔' Alice', 'Bob', 'Charlie', 'David', 'Eve'〕,使用 for-in 循环打印出列表中每个学生的姓名及其在列表中的位置(从 1 开始编号)。例如,第一个学生的输出应为"Alice is student 1"。

```
1. student_names = ['Alice', 'Bob', 'Charlie', 'David', 'Eve']
2. # 在这里编写 for-in 循环
```

请从以下选项中选择正确的代码段来完成这个任务:

A.

```
1. for name in student_names:
2.     print(name, "is student", student_names.index(name) +1)
3.
```

B.

```
1. for i, name in enumerate(student_names, start = 1):
2.     print(name, "is student", i)
3.
```

C.

```
1. for i in range(len(student_names)):
2.     print(student_names[i], "is student", i)
3.
```

D.

```
1. i = 1
2. for name in student_names:
3.     print(name, "is student", i)
4.     i + = 1
```

四、while 循环与 for-in 循环的比较

在 Python 编程中,循环是实现重复执行代码的关键结构之一。while 循环和 for-in 循环是 Python 提供的两种基本循环结构,它们在不同的场景下各有优势。

1. while 循环

(1)用法:while 循环用于在给定条件为真(True)时重复执行一组语句。它主要用于处

理未知次数的循环。例如,当我们不知道需要执行循环的确切次数,但有一个结束条件时。

(2)语法格式:

```
1. while 条件:
2.     满足条件时要执行的代码
```

(3)特点:需要手动控制循环条件的变化,以避免进入无限循环。适用于循环次数不确定或者依赖于某些条件变化的场景。

2. for-in 循环

(1)用法:for-in 循环用于遍历任何序列(如列表、字符串、元组等)或其他可迭代对象,对序列中的每个元素执行代码块。

(2)语法格式:

```
1. for 变量 in 序列:
2.     满足条件时要执行的代码
```

(3)特点:直接在序列上进行迭代,无需手动控制迭代的开始和结束。特别适合处理已知次数的循环或直接对序列进行操作的场景。

额外工具:enumerate()函数用于同时获取序列中元素及其索引;range()函数生成一个数字序列,常用于 for-in 循环中。

3. while 循环与 for-in 循环的差异

(1)循环控制:while 循环依赖于条件表达式,需要在循环体内修改条件变量以避免无限循环;而 for-in 循环则直接遍历序列或迭代器,不需要显式的循环控制变量。

(2)适用场景:while 循环更适用于循环次数不确定或条件变化的场景;for-in 循环则更适合遍历序列或集合中的元素。

在实际编程中,选择 while 循环还是 for-in 循环取决于具体任务的需求和个人偏好。理解这两种循环的工作原理和适用场景,可以帮助你更有效地利用 Python 的循环结构解决问题。

4. 示例:比较 while 循环和 for-in 循环的使用场景和差异。

场景描述:假设我们要处理一个任务,打印出一个列表中所有的正整数,并计算它们的和。这个列表可能包含正数、负数及非数值类型的元素。

(1)使用 for-in 循环的例子(带注释)。

```
1. # 初始化包含多种类型元素的列表
2. elements = [1, 2, -3, 'a', 4, -5, 'b', 6]
3. # 初始化总和变量为 0
4. total_sum = 0
5. # 使用 for-in 循环遍历列表中的每个元素
6. for element in elements:
7.     # 检查元素是否为正整数
```

```
 8.     if isinstance(element, int) and element > 0:
 9.         # 如果是,打印该元素
10.         print(element)
11.         # 并将其值累加到 total_sum 变量
12.         total_sum + = element
13. # 循环结束后,打印所有正整数的总和
14. print("正整数的总和为:", total_sum)
15.
```

这个例子展示了如何使用 for-in 循环遍历列表中的元素,并进行条件检查和累加操作。

(2) 使用 while 循环的例子(带注释)。

```
 1. # 初始化列表和总和变量
 2. elements = [1, 2, -3, 'a', 4, -5, 'b', 6]
 3. total_sum = 0
 4. # 初始化索引变量为 0,用于遍历列表
 5. index = 0
 6. # 使用 while 循环,条件是索引小于列表长度
 7. while index < len(elements):
 8.     # 获取当前索引对应的元素
 9.     element = elements[index]
10.     # 检查当前元素是否为正整数
11.     if isinstance(element, int) and element > 0:
12.         # 如果是,打印该元素
13.         print(element)
14.         # 并将其值累加到 total_sum 变量
15.         total_sum + = element
16.     # 处理完当前元素后,索引递增,准备检查下一个元素
17.     index + = 1
18. # 循环结束后,打印所有正整数的总和
19. print("正整数的总和为:", total_sum)
```

在这个 while 循环的例子中,我们手动管理一个索引变量 index 来遍历列表,并执行与 for-in 循环相同的逻辑。注释详细说明了每一步的作用,帮助理解循环的流程和条件判断。

以上两个例子展示了 for-in 循环和 while 循环在遍历列表和条件检查方面的应用。for-in 循环由于其简洁性和直接性,在遍历序列时通常是更好的选择。而 while 循环提供了更多的控制灵活性,特别是在循环次数不确定或循环条件较为复杂的情况下。通过合理选择和使用这两种循环,可以有效地处理各种重复执行任务的编程需求。

五、break 和 continue 的用法及区别

在 Python 中,break 和 continue 是控制循环流程的两种重要语句。它们用于在特定条件下中断当前循环的正常流程,但各自的用途和效果有所不同。

1. break:中断循环

break 语句用于完全终止当前循环,无论是 while 循环还是 for-in 循环。当循环遇到

break 和 continue 的用法及区别

break 语句时,会立即停止该循环的执行,并退出循环体。

示例 1:累加到特定条件。

```
# 1 至 100 个依次相加,到第多少个数时,总和大于 1000
1. sum = 0
2. counter = 0
3. while counter < 100:    # 循环 100 次
4.     counter + = 1
5.     sum + = counter   # 数字加总
6.     if sum > 1000:
7.         # 总和大于 1000,中断循环
8.         break
9. print("到第", counter, "个数时,总和大于 1000,此时总和为:", sum)
10.
```

示例 2:遍历到特定元素停止。

```
1. fruitList = ["苹果", "香蕉", "西瓜", "菠萝", "榴莲", "柚子", "奇异果"]
2. favorite = "菠萝"   # 最喜欢的水果
3. for fruit in fruitList:
4.     print(fruit)    # 输出列表中的水果
5.     if favorite == fruit:
6.         # 到最喜欢的水果时停止循环输出
7.         break
8.
```

2. continue:跳出当前循环迭代

与 break 不同,continue 语句不会完全终止循环,而是结束当前的迭代过程,直接跳到下一次循环的条件判断。

示例 1:计算偶数的总和。

```
1. # 计算 1 至 100 中偶数之和
2. sum = 0
3. counter = 0
4. while counter < 100:
5.     counter + = 1
6.     if counter %2 == 1:    # 当前数字对 2 取余数为 1,则为奇数
7.         # 奇数跳过本次循环
8.         continue
9.     sum + = counter
10. print("1 至 100 中偶数之和为:", sum)
11.
```

示例 2:输出列表中小于 50 的数字。

```
1. # 输出列表中小于 50 的数字
2. numList = [10, 55, 30, 83, 40, 60, 25, 70, 35]
```

```
3. for num in numList:
4.     if num >= 50:
5.         continue
6.     print(num)
7.
```

break 语句用于在循环中提前退出。continue 语句用于跳过当前循环的剩余部分,直接开始下一次循环。正确使用这些语句可以使循环逻辑更加灵活,更好地控制程序的执行流程。

【例题 2-26】 下列关于 break 语句的描述中,正确的是( )。

A. break 语句用于跳过当前循环的剩余代码,继续执行下一次循环

B. break 语句只能用于 while 循环中,不能用于 for-in 循环

C. break 语句会立即终止包含它的最内层循环,并开始执行循环之后的代码

D. 使用 break 语句后,程序会从循环的开始处继续执行

【例题 2-27】 在遍历一个列表时,如果想要忽略列表中的某些特定元素并继续遍历其他元素,应该使用( )语句。

A. break　　　　B. continue　　　　C. pass　　　　D. return

任务六　函数及其参数的应用

一、函数介绍

在 Python 中,函数是组织好的,可重复使用的,用来实现单一或相关联功能的代码段。它们可以提高代码的模块化和代码的重复利用率。Python 提供了许多内置函数,也允许创建自定义函数。

1. 函数的定义

函数是用来封装特定功能的代码块,它可以接收输入参数并返回结果。函数的使用可以使程序更加简洁、易于阅读和维护。

示例:定义一个简单的函数来计算两个数的和。

函数介绍

```
1. def add(a, b):
2.     return a + b
3. # 调用函数
4. result = add(3, 5)
5. print(result)   # 输出: 8
6.
```

2. 函数的用法

函数通过定义 def 关键字开始,后跟函数名和圆括号(),圆括号之间可以添加参数。函

数的第一行可以选择性地使用文档字符串用于存储函数的简要描述。

示例：使用文档字符串。

```
1. def greet(name):
2.     """
3.     This function greets to the person passed in as a parameter
4.     """
5.     print("Hello, " +name +"!")
6. greet("John")   #调用定义好的函数
7.
```

【例题 2-28】 下列关于 Python 函数定义和调用的描述中，正确的是（   ）。

A. 函数可以定义但不可以被调用

B. 函数定义时的参数称为实参，函数调用时的参数称为形参

C. 函数调用时，可以使用不同于定义时的参数名称

D. 函数定义后，可以通过函数名和一对圆括号来调用它

3. 常用的内置函数

Python 提供了许多内置函数，使得常见任务变得简单。

print()：打印输出。

len()：返回项目的长度。

type()：返回对象的类型。

int()，float()，str()：类型转换。

input()：获取用户输入。

示例：使用内置函数。

```
1. # 使用 len()计算列表长度
2. my_list = [1, 2, 3]
3. print(len(my_list))   # 输出：3
4. # 使用 type()查看变量类型
5. print(type(my_list))   # 输出：< class 'list'>
6. # 使用 int()将字符串转换为整数
7. print(int("123"))   # 输出：123
```

4. 函数的调用

函数调用意味着执行定义函数的代码。调用函数时，如果函数需要参数，必须传递相同数量的参数。

示例：调用需要参数的函数。

```
1. def multiply(x, y):
2.     return x *y
3. # 调用 multiply 函数
4. print(multiply(4, 5))   # 输出：20
```

【例题 2-29】 下列选项中,正确地使用了 Python 的内置函数来计算列表[1, 2, 3, 4, 5]长度的是(　　)。

A. print(length([1, 2, 3, 4, 5]))

B. print(len([1, 2, 3, 4, 5]))

C. print(size([1, 2, 3, 4, 5]))

D. print(count([1, 2, 3, 4, 5]))

5. 常用内置函数的扩展介绍

sorted():对序列进行排序。

max(),min():返回序列中的最大值和最小值。

sum():计算序列中所有元素的总和。

示例:使用 sorted(),max(),min()和 sum()。

```
1. numbers = [3, 1, 4, 1, 5, 9, 2]
2. # 使用 sorted()排序
3. print(sorted(numbers))    # 输出:[1, 1, 2, 3, 4, 5, 9]
4. # 使用 max()和 min()找出最大值和最小值
5. print(max(numbers))    # 输出:9
6. print(min(numbers))    # 输出:1
7. # 使用 sum()计算总和
8. print(sum(numbers))    # 输出:25
```

通过这些例子,我们可以看到函数在 Python 中的强大功能。从简单的数学运算到数据类型转换,再到序列操作,函数都扮演着重要的角色。掌握函数的使用是成为一名高效 Python 程序员的关键步骤。

【例题 2-30】 给定以下函数定义,函数调用正确的是(　　)。

```
1. def greet(name, message):
2.     print("Hello", name +',', message)
3.
```

A. greet("John")

B. greet("Hello", "John")

C. greet(name="John", message="Good morning")

D. greet("Good morning", name="John")

二、参数介绍

在 Python 中,函数的参数提供了一种将数据传递给函数的方式,使函数能够处理不同的数据并执行相应的操作。参数可以大大增加函数的灵活性和通用性。在 Python 中,有三种主要的参数类型:位置参数、关键字参数和默认参数。通过理解这些参数的使用,我们可

参数介绍

以更有效地设计和调用函数。

1. 位置参数

位置参数是最基本的参数类型,它们根据参数在函数定义中的位置被赋值。调用函数时,必须按照定义时的顺序提供相应的参数值。

示例:

```
1. def fv(x, n):
2.     return x * n    # 简单的函数体示例
3. # 调用函数,按照定义的顺序传递参数
4. result = fv(1500, 36)
5. print("结果是:", result)
6.
```

在这个例子中,fv 函数定义了两个位置参数 x 和 n,调用时必须按顺序传递这两个参数的值。

【例题 2-31】 给定以下函数定义和调用,正确的输出是(　　)。

```
1. def print_info(name, age):
2.     print(f"Name: {name}, Age: {age}")
3. print_info("Alice", 30)
4.
```

A. Name:30, Age:Alice　　　　　　B. Name:Alice, Age:30
C. 报错,因为参数类型不匹配　　　D. 报错,因为参数顺序不正确

2. 关键字参数

关键字参数允许在调用函数时通过参数名指定参数值,这意味着不必按照参数在函数定义中的顺序。

示例:

```
1. def fv(x, n):
2.     return x * n
3. # 使用关键字参数调用函数,不必遵循参数的位置顺序
4. result = fv(n = 36, x = 1500)
5. print("结果是:", result)
6.
```

使用关键字参数,可以清晰地指明每个参数的意图,增加代码的可读性。

3. 默认参数

默认参数允许在函数定义时为参数指定一个默认值。如果在调用函数时没有提供该参数的值,则使用默认值。

示例：

```
1. def fv(x, n, i = 0.035):
2.     return x * n * i
3. # 调用函数时未提供第三个参数,将使用默认值 0.035
4. print(fv(1500, 36))
5. # 调用函数时提供了所有参数,覆盖了默认值
6. print(fv(1500, 36, 0.08))
7.
```

默认参数使得函数调用更加灵活,可以根据需要省略一些参数。

【例题 2-32】 给定以下函数定义,调用函数后的正确输出是(　　)。

```
1. def greet(name, message = "Good morning"):
2.     print(f"Hello, {name}, {message}")
3. greet("John")
4. greet("John", "How do you do?")
5.
```

A.

Hello, John, Good morning

Hello, John, How do you do?

B.

Hello, John

Hello, John, How do you do?

C.

报错,因为没有提供 message 参数

D.

Hello, Good morning, John

Hello, How do you do?, John

4. 综合示例

结合以上三种参数类型,我们可以创建更加灵活和强大的函数。

```
1. # 定义一个综合示例函数
2. def abc(x, n, i = 0.035):
3.     print(f"每月存{x}元, 存{n}年, 年利率{i}")
4. # 使用位置参数调用
5. abc(1500, 360)
6.
7. # 使用关键字参数调用
8. abc(x = 1500, n = 360)
9. # 使用默认参数和关键字参数的组合调用
10. abc(1500, 360, 0.08)
11. abc(x = 1500, n = 360)
12.
```

在实际应用中,合理地使用这三种参数类型可以大大提高函数的灵活性和代码的可读性。了解每种参数的特点和适用场景是提高 Python 编程技能的关键。

三、函数的返回值

函数的返回值

在 Python 中,函数的返回值是函数执行后返回给调用者的结果。函数可以有多种返回值形式,包括无返回值、返回单个值或返回多个值。理解函数返回值的概念对于编写高效且灵活的函数至关重要。

1. 无返回值

在 Python 中,如果一个函数没有明确使用 return 语句返回一个值,则默认返回 None。这种情况下,可以说函数是没有返回值的,或者说返回了一个 None 值。

示例:

```
1. def print_message(message):
2.     print("Message:", message)
3. # 调用函数
4. result = print_message("Hello, Python!")
5. print("返回值:", result)
6.
```

在这个例子中,print_message 函数打印一个消息,但没有使用 return 语句返回任何值。因此,调用这个函数的结果(result)是 None。

2. 带一个返回值

函数可以通过 return 语句返回单个值。这是函数最常见的使用方式之一,可以让函数计算结果并将结果返回给调用者。

示例:

```
1. def calculate_area(radius):
2.     pi = 3.14
3.     area = pi * (radius ** 2)
4.     return area
5. # 调用函数并接收返回值
6. result = calculate_area(5)
7. print("圆的面积是:", result)
8.
```

这个例子中,calculate_area 函数计算圆的面积并返回计算结果。

3. 带多个返回值

Python 函数可以返回多个值,这通过返回一个元组实现,但在使用时可以直接解包为多个变量。

示例1：

```
1. def get_user_info():
2.     name = "Alice"
3.     age = 30
4.     email = "alice@ example.com"
5.     return name, age, email
6. # 接收多个返回值
7. user_name, user_age, user_email = get_user_info()
8. print("用户名:", user_name, "年龄:", user_age, "邮箱:", user_email)
9.
```

在这个示例中，get_user_info 函数返回了三个值：name、age 和 email。调用函数时，这三个返回值被解包到三个对应的变量中。

示例2：计算复利现值系数。

```
1. def compound_present_value(rate, years):
2.     # 复利现值系数的计算公式
3.     PV = (1 +rate) **years
4.     return PV
5. # 假设一只基金的年收益率为8%，投资期为十年
6. annual_rate = 0.08
7. investment_years = 10
8. present_value = compound_present_value(annual_rate, investment_years)
9. print("复利现值系数为:", present_value)
10.
```

这个示例展示了如何定义一个计算复利现值系数的函数，并通过传入年收益率和投资年数作为参数，返回计算结果。这种方式使得函数具有很好的通用性和可重用性。

通过以上介绍和示例，我们可以看到函数返回值在 Python 编程中的重要性和灵活性。无论是进行简单的计算还是处理复杂的逻辑，合理使用函数的返回值都可以使代码更加清晰和高效。

通过返回值，函数能够完成更复杂的数据处理并将结果传递出去，增强了代码的模块化和灵活性。无论是返回单个值还是多个值，函数的返回机制都为 Python 编程提供了极大的便利。掌握函数返回值的使用，对于编写高效且易于维护的 Python 代码至关重要。

【例题2-33】下列选项中，正确的函数定义方式是（　　）。

A.

```
1. function abc(x, n):
2.     print(x + n)
3.
```

B.

```
1. def abc(x, n):
2.     print(x + n)
```

C.

```
1. define abc(x, n):
2.     return x + n
```

D.

```
1. abc = function(x, n):
2.     print(x + n)
```

【例题 2-34】 如何正确调用下面的函数,以打印"Hello, World"?

```
1. def greet(message):
2.     print("Hello,", message)
3.
```

A. greet()
B. greet(Hello, World)
C. greet("World")
D. greet(message="World")

【例题 2-35】 给定函数 add(x, y),返回两个数的和,调用它并打印结果 6 的方式是(　　)。

```
1. def add(x, y):
2.     return x + y
```

A. print(add[1, 5])
B. print(add(1, 5))
C. result = add(2, 4)
D. print(add)

【例题 2-36】 下面函数中,能返回两个数的和以及乘积并接收这个函数返回的两个值的是(　　)。

```
1. def calculate(x, y):
2.     sum = x + y
3.     product = x * y
4.     return sum, product
```

A. result = calculate(2, 3)
B. sum, product = calculate(2, 3)
C. calculate(2, 3)
D. sum = calculate(2, 3)

任务七　模块的应用

一、模块介绍

在 Python 编程中,模块是一种重要的机制,允许用户将代码组织为可重用的单元。模块可以包含函数、类和变量定义,以及可执行的代码。通过使用模块,开发者可以轻松分享和使用代码,避免重复编写相同功能的代码。这提高了代码的可维护性和可复用性。

模块本质上是一个包含 Python 定义和声明的文件。文件名就是模块名加上 .py 后缀。模块可以定义函数、类和变量,也可以包含可执行的代码。当导入一个模块时,Python 解释器会执行该模块中的顶级代码。

1. 模块的分类

内置模块:Python 自带的标准库中的模块,无需安装就可以直接导入并使用。

自定义模块:用户自己编写的模块,可以被其他程序导入使用。

第三方模块:由 Python 社区开发的开源模块库,通常需要通过工具如 Pip 进行安装后才能使用。

2. 模块的引入

要在程序中使用模块提供的功能,需要先导入该模块。

使用 import 导入:使用 import 语句可以导入模块,导入后就可以使用模块名作为前缀来访问模块中的函数和变量。

示例:

```
1. import math
2. # 导入 math 模块
3. print(math.sqrt(16))
# 输出: 4.0
```

用户也可以为导入的模块指定一个别名,这通过 as 关键字实现。

```
1. import math as m
2. # 导入 math 模块,并指定别名为 m
3. print(m.sqrt(16))
4. # 输出: 4.0
```

使用 from...import... 导入:如果只需要从模块中导入特定的函数或变量,可以使用 from...import... 语句。这样,导入的函数或变量可以直接使用,无需模块名作为前缀。

示例:

```
1. from math import sqrt
2. # 从 math 模块导入 sqrt 函数
3. print(sqrt(16))
4. # 输出: 4.0
5.
```

同样,用户可以为导入的函数或变量指定别名:

```
1. from math import sqrt as square_root
2. # 从 math 模块导入 sqrt 函数,并指定别名为 square_root
```

```
3. print(square_root(16))
4. # 输出: 4.0
5.
```

3. 引用模块的原理

当导入一个模块时,Python解释器将在当前目录中搜索模块的文件名,如果没有找到,它则搜索在shell变量PYTHONPATH下的每个目录。如果仍然找不到,Python会检查默认路径。UNIX(包括Linux和Mac OS X)的默认路径一般是/usr/local/lib/python/。

模块是Python编程中的一个核心概念,它促进了代码的重用和组织。通过合理使用模块,用户可以提高开发效率,保持代码的清晰和简洁。理解如何导入和使用模块是每个Python开发者必须掌握的技能。

二、使用模块进行编程的好处

模块化编程是一种编程技术,通过将程序分解成独立、可重用的模块来组织和管理代码。这种方法不仅可以提高代码的可维护性,还可以增强代码的可复用性。以下是一个简单的例子,用来说明使用模块进行编程的好处。

假设我们有一个程序,需要完成两项任务:计算两个数的和以及计算两个数的乘积。我们可以将这两个功能分别封装在模块中。

math_operations.py(自定义模块)。

```
1. # 定义加法函数
2. def add(x, y):
3.     return x + y
4. # 定义乘法函数
5. def multiply(x, y):
6.     return x * y
7.
```

现在,我们可以在主程序中导入这个模块,并使用其中定义的函数。

```
1. # 导入自定义模块
2. import math_operations as mo
3. # 使用模块中的函数
4. result_add = mo.add(10, 5)
5. result_multiply = mo.multiply(10, 5)
6. print(f"The sum of 10 and 5 is: {result_add}")
7. print(f"The product of 10 and 5 is: {result_multiply}")
8.
```

输出:

```
1. The sum of 10 and 5 is: 15
2. The product of 10 and 5 is: 50
3.
```

分析如下：

（1）提高了代码的组织性：通过将相关的功能组织在一个模块中，我们可以更容易地理解和管理代码。在 math_operations.py 模块中，所有的数学操作都被封装起来，使得主程序 main_program.py 更加简洁。

（2）增强了代码的可重用性：一旦定义了模块，就可以在多个程序中重复使用它，而无需复制和粘贴代码。如果将来需要执行相同的数学操作，只需导入 math_operations 模块即可。

（3）便于维护：如果数学操作需要更新或修复错误，只需修改 math_operations.py 模块。这些改动会自动反映在所有使用该模块的程序中，无需逐一修改。

（4）命名空间隔离：使用模块可以避免命名冲突。模块内定义的函数名不会与主程序或其他模块的函数名冲突。

通过这个简单的例子，我们可以看到使用模块进行编程带来的明显好处，包括改进代码结构、提高复用性、简化维护工作以及有效管理命名空间。这些优点是模块化编程成为现代软件开发实践的重要原因之一。

三、Python 中的常用模块

Python 的强大功能部分归功于其广泛的标准库，这些库几乎覆盖了所有编程需求，从文件操作、日期时间处理，到数学计算等。以下是 Python 中五个非常常用的模块，以及它们的简介和使用示例。

1. os 模块

os 模块提供了丰富的方法来与操作系统交互，如文件、目录操作，执行命令、处理环境变量等。

示例：使用 os 模块列出当前目录下的文件和目录。

```
1. import os
2. # 获取当前工作目录
3. current_directory = os.getcwd()
4. print(f"当前工作目录:{current_directory}")
5. # 列出当前目录下所有文件和目录
6. for item in os.listdir(current_directory):
7.     print(item)
```

2. sys 模块

sys 模块提供了访问由 Python 解释器使用或维护的一些变量和与 Python 解释器交互的函数。

示例：使用 sys 模块获取命令行参数。

```
1. import sys
2. # 打印命令行参数
```

```
3. print("命令行参数如下:")
4. for arg in sys.argv:
5.     print(arg)
6.
```

3. math 模块

math 模块提供了标准的数学函数,包括对数、三角函数、幂运算等。

示例:使用 math 模块计算圆的面积。

```
1. import math
2. radius = 5
3. area = math.pi * math.pow(radius, 2)
4. print(f"半径为{radius}的圆面积是:{area}")
5.
```

【例题 2-37】 使用 math 模块中的(　　)函数可以计算一个数字的平方根?

A. math.sqrt(x)

B. math.pow(x, 0.5)

C. math.square(x)

D. math.root(x)

4. random 模块

random 模块是 Python 的一个内置模块,专门用于生成随机数。它提供了多种方式来生成随机数,从而满足不同场景下的需求。以下是 random 模块中一些主要函数的介绍。

1) 主要函数

(1) random():生成一个 0 到 1 的随机浮点数,不包括 1。

```
1. import random as rd
2. print(rd.random())
3.
```

(2) randint(a, b):生成一个指定范围为 a 到 b 的整数,包括两端的值。

```
1. print(rd.randint(1, 8))    # 生成1到8的随机整数
2.
```

(3) randrange(start, end, step):生成一个指定范围内的整数,可以指定步长,类似于 range() 函数。

```
1. print(rd.randrange(1, 10, 2))    # 生成1到10之间的随机奇数
2.
```

(4) choice(seq):从序列 seq 中随机选择一个元素。

```
1. items = ['apple', 'banana', 'cherry']
2. print(rd.choice(items))
3.
```

2)应用示例

random 模块的一个常见应用是在进行模拟或游戏开发时生成随机数据,例如模拟掷骰子的结果:

```
1. dice_roll = rd.randint(1, 6)
2. print(f"You rolled a {dice_roll}.")
```

【例题 2-38】 如果你想从列表[1,2,3,4,5]中随机选择一个元素,应该使用 random 模块的(　　)函数。

 A. random.randint(1, 5)

 B. random.choice([1, 2, 3, 4, 5])

 C. random.random()

 D. random.shuffle([1, 2, 3, 4, 5])

5. datetime 模块

datetime 模块提供了一系列处理日期和时间的类。这个模块允许执行日期和时间的操作,如获取当前日期时间、计算时间差、格式化时间输出等。

1)主要函数

(1) now():获取当前的日期和时间。

```
1. import datetime as dt
2. print(dt.datetime.now())
3.
```

(2) date(year, month, day):创建一个日期实例。

```
1. new_year = dt.date(2023, 1, 1)
2. print(new_year)
3.
```

(3) today():获取当前日期。

```
1. today_date = dt.date.today()
2. print(today_date)
3.
```

(4) strptime(string, format):将符合格式的字符串解析为 datetime 对象。

```
1. date_object = dt.datetime.strptime('2021/10/01', '%Y/%m/%d')
2. print(date_object)
3.
```

（5）strftime(format)：将 datetime 对象格式化为字符串。

```
1. formatted_date = dt.datetime.now().strftime('%Y-%m-%d')
2. print(formatted_date)
3.
```

2）应用示例

在实际应用中，用户可能需要记录事件发生的时间，或者计算两个日期之间的差值。例如，计算距离新年还有多少天：

```
1. today = dt.date.today()
2. new_year = dt.date(today.year +1, 1, 1)
3. delta = new_year - today
4. print(f"Days until New Year: {delta.days}")
5.
```

通过 random 和 datetime 模块，Python 为处理随机数据生成和日期时间操作提供了强大而灵活的工具，这些操作在数据分析、科学计算、自动化测试和游戏开发等领域尤为重要。这些模块可以帮助用户高效地解决许多编程问题。

示例：使用 datetime 模块计算一周后的日期。

```
1. from datetime import datetime, timedelta
2. # 获取当前日期和时间
3. now = datetime.now()
4. # 计算一周后的日期
5. one_week_later = now + timedelta(weeks = 1)
6. print(f"当前日期和时间：{now.strftime('%Y-%m-%d %H:%M:%S')}")
7. print(f"一周后的日期和时间：{one_week_later.strftime('%Y-%m-%d %H:%M:%S')}")
```

这些模块是 Python 编程中经常使用的一部分，熟悉它们的功能和用法对于提高编程效率至关重要。通过合理利用这些模块，可以在不重复发明轮子的情况下，实现丰富的功能。

【例题 2-39】 下列选项中，使用 datetime 模块获取当前的日期和时间的函数是（　　）。

A．datetime.date.today()　　　　　B．datetime.datetime.now()

C．datetime.time.now()　　　　　　D．datetime.now()

四、模块注意事项

在使用 Python 的内置模块时，需要留意常见的问题和注意事项，以确保代码的正确性和高效性。

1. 必须先引入模块

在 Python 中，使用任何内置或第三方模块中的功能之前，必须先导入（引入）该模块。这是因为 Python 运行时环境默认并不加载所有模块，以减少启动时间和占用的内存。只有通过导入语句明确指示 Python 解释器加载特定模块后，才能使用该模块提供的函数、类和变量。

示例：

（1）错误的使用方式：

```
1. # 试图直接使用 datetime 模块中的 now 函数，而没有导入模块
2. print(datetime.now())
3.
```

（2）正确的使用方式：

```
1. import datetime
2. # 正确导入后使用
3. print(datetime.datetime.now())
4.
```

2. 模块与模块中的函数要作区分

在使用模块时，需要明确是想要使用模块级别的功能，还是模块中定义的特定函数或类。模块可能定义了多个函数、类和变量，使用时应该清楚地指明具体的名称。另外，通过 from...import... 语句导入模块中特定的函数或类时，应避免与本地变量名发生冲突，以免造成不必要的混淆。

示例：

```
1. # 导入整个 random 模块
2. import random
3. print(random.randint(1, 10))
4. # 仅从 random 模块导入 randint 函数
5. from random import randint
6. print(randint(1, 10))
7.
```

在这个例子中，我们先导入了整个 random 模块，使用函数时需要加上模块名作为前缀。然后，我们只导入了 randint 函数，使用时就不需要前缀了。

 小提示

（1）理解导入机制：了解 Python 的导入机制和命名空间可以帮助你更有效地组织和使用模块。

（2）避免命名冲突：当使用 from...import... 导入模块中的函数或类时，尽量避免与当前作用域中已有的名称冲突。

> （3）利用别名：为了避免名称冲突或简化较长的模块名称，可以在导入时通过 as 关键字为模块或函数指定一个别名。
>
> 掌握如何正确地导入和使用模块是进行有效 Python 编程的基础。通过遵循上述指导原则，可以避免常见的陷阱，编写出更清晰、更可维护的代码。

五、NumPy 模块简介

（Numerical Python，NumPy）是 Python 中一个强大的开源数学库，专注于科学计算。它提供了一个高性能的多维数组对象 ndarray 和用于操作这些数组的广泛工具。对于财务分析、数据科学、机器学习等领域来说，NumPy 是不可或缺的工具之一。

NumPy 的核心功能之一是其多维数组对象（ndarray），它不仅比 Python 内置的列表更加高效，而且提供了丰富的操作数组的函数和方法。NumPy 数组是由相同类型的元素组成的，这是它能够进行高效运算的关键。

1. 创建数组

```
1. import numpy as np
2. # 创建一维数组
3. arr1 = np.array([1, 2, 3, 4])
4. # 创建二维数组
5. arr2 = np.array([[1, 2, 3, 4], [5, 6, 7, 8]])
6. print('arr1:', arr1)
7. print('arr2:', arr2)
8.
```

2. NumPy 数组的属性

创建数组后，可以通过数组的属性来了解数组的维数、形状、大小等信息。

ndim：显示数组的维数。

shape：表示数组的形状，对于 n 行 m 列的矩阵，shape 为 (n, m)。

size：数组中元素的总数，等于 shape 的 n×m。

dtype：数组中元素的数据类型。

```
1. arr1 = np.array([1, 2, 3, 4])
2. print(arr1.dtype)   # 输出数组元素的数据类型
3. print(arr1.ndim)    # 输出数组的维数
4. print(arr1.shape)   # 输出数组的形状
5. print(arr1.size)    # 输出数组中元素的总数
6.
```

3. 数组的操作

NumPy 提供了丰富的函数来进行数组操作，包括但不限于数组的创建、形状变换、排序、切片和索引、数学运算和统计分析。

示例：数组的数学运算。

```
1. # 数组加法
2. result_add = arr1 + arr1
3. print('数组加法:', result_add)
4. # 数组乘法
5. result_mul = arr1 * 2
6. print('数组乘法:', result_mul)
7.
```

示例：数组的索引和切片。

```
1. # 获取数组的第一个元素
2. print('第一个元素:', arr1[0])
3. # 获取数组的子集
4. print('子集:', arr1[1:3])
5.
```

4. 使用场景

NumPy 在财务分析中的应用非常广泛，如在处理金融时间序列数据、进行资产组合优化、风险管理等领域。其高效的数组计算能力使得处理大规模数据成为可能，极大地提高了数据分析的效率。

5. Numpy 模块的安装

由于 NumPy 是一个第三方库，使用前需要先安装。如果使用的是 Anaconda，则 NumPy 已经预装好了。否则，可以通过 Pip 安装。

```
1. bash
2. Copy code
3. pip install numpy
4.
```

NumPy 是 Python 数据科学生态系统的基石。通过提供高性能的多维数组对象及其操作，NumPy 为科学计算提供了强大的支持。无论是数据分析、机器学习还是财务建模，NumPy 都是一个不可或缺的工具。

六、Pandas 模块及其常见操作示例

假设我们有一组关于人员信息的数据，包括姓名、年龄和城市，我们将展示如何使用 Pandas 进行数据加载、查看、筛选、修改、统计和保存。

```python
1. import pandas as pd
2. # 创建一个 DataFrame
3. data = {
4.     'Name': ['John', 'Anna', 'Peter', 'Linda'],
5.     'Age': [28, 34, 29, 32],
6.     'City': ['New York', 'Paris', 'Berlin', 'London']
7. }
8. df = pd.DataFrame(data)
9. # 查看 DataFrame 的前几行
10. print(df.head())
11. # 筛选年龄大于 30 的人员
12. print(df[df['Age'] > 30])
13. # 增加一列，表示每个人的工作
14. df['Job'] = ['Engineer', 'Doctor', 'Artist', 'Writer']
15. print(df)
16. # 修改某个值,将 John 的职业改为 Lawyer
17. df.loc[df['Name'] == 'John', 'Job'] = 'Lawyer'
18. print(df)
19. # 统计年龄的平均值
20. print("Average age:", df['Age'].mean())
21. # 将 DataFrame 保存为 CSV 文件
22. df.to_csv('people_info.csv', index = False)
23.
```

在这个示例中，我们创建了一个包含人员信息的 DataFrame。然后，我们展示了如何查看数据、根据条件筛选数据、修改数据、添加新的列、统计数据以及将数据保存为 CSV 文件。这些操作覆盖了 Pandas 的一些基本和常见用法。

【例题 2-40】 给定以下 Pandas 代码：

```python
1. import pandas as pd
2. data = {'Name': ['John', 'Anna'], 'Age': [28, 22]}
3. df = pd.DataFrame(data)
4.
```

如果我们想要筛选出年龄大于 25 岁的所有记录，下列选项中正确的是(　　)。

A.

```python
1. print(df['Age'] > 25)
2.
```

B.

```python
1. print(df[df['Age'] > 25])
2.
```

C.
```
1. print(df[df['Age'].max()])
2.
```

D.
```
1. df['Age'].filter(items =[25])
2.
```

在财务领域，NumPy 和 Excel 结合使用可以处理复杂的财务分析，例如：计算投资组合的预期收益率和标准差（风险）。通过一个简化的例子，我们将展示如何使用 NumPy 处理财务数据，并将这些数据导出到 Excel 进行进一步分析或呈现。

假设我们有一个投资组合，包括三种不同的股票，每种股票的年度收益率数据如下，我们要计算投资组合的整体预期收益率和风险（标准差）。

股票 A 的年度收益率：[0.1, 0.2, 0.15]

股票 B 的年度收益率：[0.05, 0.06, 0.07]

股票 C 的年度收益率：[0.12, 0.08, 0.09]

假设投资组合中股票 A、B、C 的权重分别为 30%、50%、20%。

首先，我们使用 NumPy 来计算投资组合的预期收益率和风险。

```
1.  import numpy as np
2.  import pandas as pd
3.  # 股票年度收益率
4.  returns_a = np.array([0.1, 0.2, 0.15])
5.  returns_b = np.array([0.05, 0.06, 0.07])
6.  returns_c = np.array([0.12, 0.08, 0.09])
7.  # 股票权重
8.  weights = np.array([0.3, 0.5, 0.2])
9.  # 计算加权收益率
10. portfolio_returns = (returns_a * weights[0] +
11.                     returns_b * weights[1] +
12.                     returns_c * weights[2])
13. # 计算投资组合的预期收益率（平均值）
14. expected_return = np.mean(portfolio_returns)
15. print(f"投资组合的预期收益率：{expected_return:.2f}")
16. # 计算投资组合的风险（标准差）
17. portfolio_risk = np.std(portfolio_returns)
18. print(f"投资组合的风险（标准差）：{portfolio_risk:.2f}")
19. # 将数据转换为 DataFrame
20. data = {
21.     "股票 A 收益率": returns_a,
22.     "股票 B 收益率": returns_b,
23.     "股票 C 收益率": returns_c,
24.     "投资组合收益率": portfolio_returns
25. }
26. df = pd.DataFrame(data)
```

```
27. # 导出到 Excel
28. df.to_excel("投资组合分析.xlsx", index = False)
```

导入必需的 Numpy 和 Pandas 库,定义了三种股票的年度收益率和各自在投资组合中的权重。其次,使用 NumPy 进行加权收益率的计算,从而得到投资组合的预期收益率和风险(标准差),计算结果会被打印出来供用户查看。最后,使用 Pandas 的 DataFrame 对象将计算结果整理成表格数据,并通过 to_excel 方法导出到 Excel 文件中,文件名为"投资组合分析.xlsx"。

通过这种方式,财务分析师可以利用 Python 的强大计算能力进行数据分析,并通过 Excel 进行数据的进一步处理和呈现。

【例题 2-41】 假设一个投资组合包含三种股票,年度收益率分别为[0.1, 0.2, 0.15]、[0.05, 0.06, 0.07]、[0.12, 0.08, 0.09],股票的权重分别为 30%、50%、20%。使用 NumPy 计算投资组合的预期收益率。下列选项中,代表预期收益率的是(   )。

A. 加权平均收益率   B. 收益率之和
C. 收益率的最大值   D. 收益率的最小值

七、Matplotlib 模块简介

在大数据时代,数据的重要性不言而喻。数据可视化是一种将数据转换为图形或图像表示的方法,它可以帮助我们更直观地理解数据,发现数据的潜在信息和模式。Python 中的 Matplotlib 模块是一个广泛使用的数据可视化库,它提供了一个强大的二维绘图接口,可以生成发布质量级别的图形。

1. 基础图形绘制

Matplotlib 能够创建多种多样的图形和图表,包括折线图(展示数据点之间的变化趋势)、直方图(展示数据分布和频率)、散点图(展示数据点之间的关系)、饼图(展示每个部分占整体的比例)、箱形图(展示数据的分布情况)、极坐标图(在极坐标系中展示数据)。

2. 快速开始

安装 Matplotlib:

```
1. pip install matplotlib
2.
```

绘制简单的折线图:

```
1. import matplotlib.pyplot as plt
2. # 数据
3. x = [1, 2, 3, 4, 5]
4. y = [1, 4, 9, 16, 25]
5. # 绘制折线图
6. plt.plot(x, y)
```

```
7. plt.title("Simple Plot")    # 图表标题
8. plt.xlabel("x")    # x 轴标签
9. plt.ylabel("y")    # y 轴标签
10. plt.show()
11.
```

3. 进阶使用

(1) 绘制多个数据系列。

Matplotlib 允许在同一个图表中绘制多个数据系列,只需对 plt.plot() 进行多次调用。

```
1. # 第二个数据系列
2. y2 = [2, 3, 4, 5, 6]
3. # 在同一图表中绘制两个数据系列
4. plt.plot(x, y, label = 'Series 1')
5. plt.plot(x, y2, label = 'Series 2')
6. plt.legend()    # 显示图例
7. plt.show()
8.
```

(2) 直方图。

直方图是数据分析中常用的图表之一,用于展示数据的分布情况。

```
1. import numpy as np
2. # 随机生成数据
3. data = np.random.randn(1000)
4. # 绘制直方图
5. plt.hist(data, bins = 30)
6. plt.title("Histogram")
7. plt.show()
8.
```

(3) 散点图。

散点图用于展示两个变量之间的关系。

```
1. # 随机生成数据
2. x = np.random.rand(100)
3. y = np.random.rand(100)
4. # 绘制散点图
5. plt.scatter(x, y)
6. plt.title("Scatter Plot")
7. plt.show()
8.
```

4. 扩展包

Basemap:用于绘制地图和地理数据的工具包。

mplot3d:Matplotlib 的一个扩展,可以创建简单的三维图形。

Matplotlib 是 Python 中最受欢迎的数据可视化库之一，它的强大和灵活性使得数据可视化工作变得简单而高效。通过使用 Matplotlib，数据分析师和科研人员可以轻松地将复杂的数据转换为直观的图形，有助于数据的理解和分析。无论是在科学研究、财务分析还是日常的数据处理中，Matplotlib 都是一个非常有用的工具。

5. 财务分析实例

在财务分析中，图形和图表是展示和理解数据趋势的重要工具。假设我们想分析某公司过去 5 年的年度收入和利润率，使用 Matplotlib 可以帮助我们直观地展示这些数据。以下是如何使用 Matplotlib 绘制该公司年度收入和利润率的双轴图表的例子。

假设我们有以下数据：

年份：2016—2020 年

年度收入（百万美元）：[450，520，610，675，740]

利润率：[20%，22%，25%，26%，27%]

我们希望在同一张图上展示年度收入的增长（使用柱状图）和利润率的变化（使用折线图），代码执行结果如图 2-1 所示。

```
1. import matplotlib.pyplot as plt
2. # 数据
3. years = ['2016', '2017', '2018', '2019', '2020']
4. revenue = [450, 520, 610, 675, 740]  # 年度收入
5. profit_margin = [20, 22, 25, 26, 27]   # 利润率
6. fig, ax1 = plt.subplots()
7. # 绘制年度收入柱状图
8. ax1.bar(years, revenue, color = 'g', label = 'Annual Revenue (M USD)')
9. ax1.set_xlabel('Year')
10. ax1.set_ylabel('Annual Revenue (M USD)', color = 'g')
11. ax1.tick_params(axis = 'y', labelcolor = 'g')
12. # 新建一个轴来绘制利润率折线图
13. ax2 = ax1.twinx()
14. ax2.plot(years, profit_margin, color = 'b', marker = 'o', linestyle = '-', linewidth = 2, label = 'Profit Margin (%)')
15. ax2.set_ylabel('Profit Margin (%)', color = 'b')
16. ax2.tick_params(axis = 'y', labelcolor = 'b')
17. # 添加图例
18. fig.tight_layout()
19. fig.legend(loc = "upper left", bbox_to_anchor = (0.1, 0.9))
20. plt.title('Annual Revenue and Profit Margin (2016-2020)')
21. plt.show()
```

在上例中，首先，我们使用 bar 方法绘制了年度收入的柱状图；其次，通过调用 twinx 方法创建了一个共享 X 轴但有不同 Y 轴的新轴，用于绘制利润率的折线图；最后，我们为每个数据系列设置了不同的颜色，并添加了图例和标题。

这种类型的双轴图表在财务分析中非常有用，它允许分析师在同一图表中展示两种不

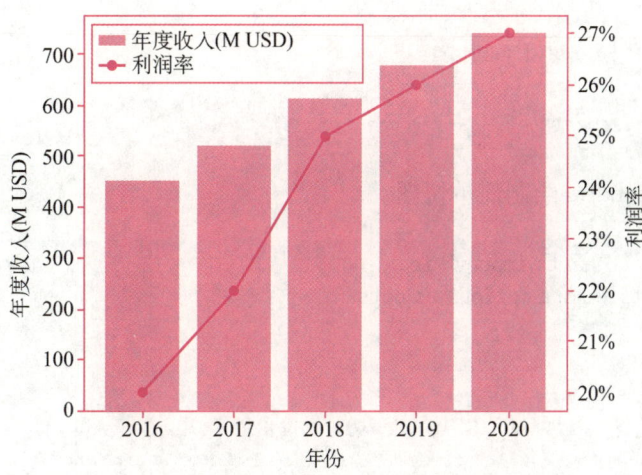

图 2-1 年度收入与利润变化趋势图

同量纲的数据,如收入(金额)和利润率(百分比),从而更容易地观察数据之间的关系和趋势。

通过此例,我们可以看到 Matplotlib 在财务数据可视化中的实用性,它提供了一种直观的方式来展示和分析财务数据,帮助我们做出更好的业务决策。

八、Pyecharts 模块简介

Pyecharts 是一个用于生成 Echarts 图表的 Python 库,结合了 Python 的数据处理能力和 Echarts 的强大可视化功能。Echarts 是百度开源的一个使用 JavaScript 实现的数据可视化库,而 Pyecharts 则为 Python 用户提供了一个方便的接口来创建和展示这些图表。Pyecharts 的出现极大地丰富了 Python 在数据可视化领域的应用,使得创建互动式图表和数据报告变得简单快捷。

1. 特点与优势

(1) 丰富的图表类型:Pyecharts 支持 Echarts 支持的几乎所有图表类型,包括条形图、折线图、散点图、饼图、雷达图、地图、热力图、仪表盘、词云等。

(2) 高度灵活的配置项:Pyecharts 提供了丰富的配置项,用户可以轻松自定义图表的各个细节,如颜色、标签、工具提示、图例等。

(3) 地理数据可视化:Pyecharts 特别适合进行地理数据可视化,支持地理坐标系、百度地图等,可以轻松制作出丰富的地理相关图表。

(4) 生成交互式图表:Pyecharts 生成的图表是交互式的,用户可以通过鼠标操作来探索图表的不同视图和维度。

(5) 简单的 API:Pyecharts 的 API 设计简单直观,即使是初学者也可以快速上手生成精美的图表。

2. 安装

通过 Pip 可以轻松安装 Pyecharts：

```
1. pip install pyecharts
```

示例：使用 Pyecharts 绘制简单饼图。

```
1. from pyecharts.charts import Pie
2. from pyecharts import options as opts
3. # 创建饼图
4. pie = Pie()
5. # 添加数据
6. pie.add("", [('苹果', 30), ('香蕉', 20), ('橙子', 40), ('梨', 10)])
7. # 设置全局配置
8. pie.set_global_opts(title_opts = opts.TitleOpts(title ="水果消费占比"))
9. # 设置系列配置
10. pie.set_series_opts(label_opts = opts.LabelOpts(formatter ="{b}: {c}"))
11. # 渲染图表到 HTML 文件
12. pie.render("pie_chart.html")
13.
```

这段代码创建了一个饼图，展示了不同水果的消费占比，如图 2-2 所示。并将图表渲染到了一个 HTML 文件中。用户可以通过浏览器打开这个 HTML 文件，查看并与图表进行交互。在当前工作目录中找到 pie_chart.html 文件，打开即可看到。

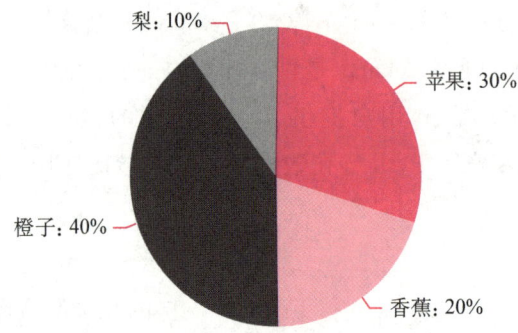

图 2-2 水果消费占比图

在财务大数据分析中，可视化是理解复杂数据集的关键。使用 Pyecharts 进行数据可视化，我们可以轻松创建交互式图表，以直观的方式展示财务分析结果。下面是一个使用 Pyecharts 展示公司各部门年度开支的例子。

假设我们要分析某公司在过去一年中各个部门的开支情况，并将结果以柱状图的形式展示出来。我们的目标是创建一个图表，展示各部门的开支并比较它们的相对大小。

首先，我们需要安装 Pyecharts：

```
1. pip install pyecharts
```

其次,我们编写代码生成柱状图:

```
1. from pyecharts.charts import Bar
2. from pyecharts import options as opts
3. # 部门名称
4. departments = ["财务部", "人力资源部", "研发部", "市场部", "销售部"]
5. # 各部门年度开支(单位:万元)
6. expenses = [1200, 800, 2000, 1500, 1800]
7. # 创建柱状图
8. bar = Bar()
9. # 添加数据
10. bar.add_xaxis(departments)
11. bar.add_yaxis("年度开支", expenses)
12. # 设置全局配置
13. bar.set_global_opts(title_opts = opts.TitleOpts(title = "公司年度开支分析"),
14.                    visualmap_opts = opts.VisualMapOpts(max_ = 2000))
15. # 设置系列配置,使柱状图上的数值标签显示
16. bar.set_series_opts(label_opts = opts.LabelOpts(is_show = True))
17. # 渲染图表到 HTML 文件,可以通过浏览器查看
18. bar.render("department_expenses_analysis.html")
```

这段代码创建了一个柱状图对象,然后向图表中添加了部门名称(X 轴)和对应的年度开支数据(Y 轴),执行结果如图 2-3 所示。通过设置全局配置和系列配置,我们为图表添加了标题,并确保了每个柱子上方都显示了具体的数值。最后,我们将图表渲染为一个 HTML 文件,可以用浏览器打开并查看。

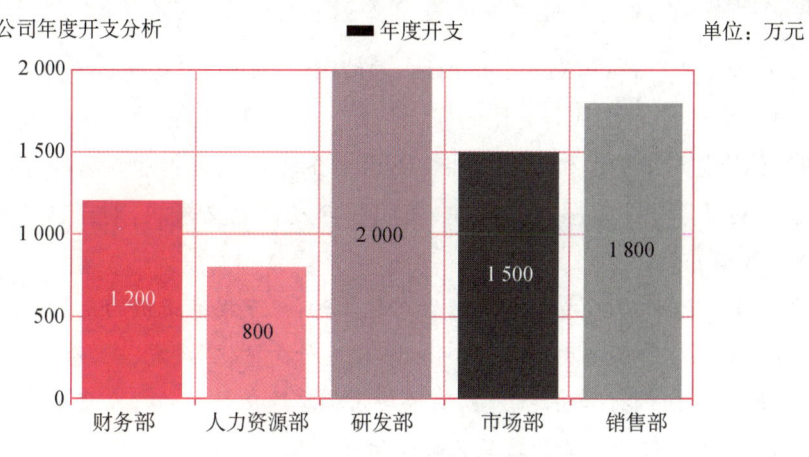

图 2-3 公司年度开支分析

当打开生成的 HTML 文件时,我们将看到一个展示了公司各部门年度开支的柱状图,通过这个图表,财务分析师和管理层可以轻松地比较不同部门的开支情况,从而作出更有信

息支持的决策。

3. 自定义模块

在 Python 中，模块是包含 Python 代码的文件，这些代码可以定义函数、类和变量，也可以包含可运行的代码。当编写了一段有用的代码并希望在多个程序中重复使用时，可以将这段代码放入一个模块中。自定义模块是 Python 编程中重用代码的一种简便方式。

1) 创建自定义模块

创建自定义模块实际上就是创建一个 Python 文件。例如，可以创建一个名为 mymodule.py 的文件，并在其中定义一些函数：

```
1. # mymodule.py
2. def greet(name):
3.     print(f"Hello, {name}!")
4. def add(a, b):
5.     return a + b
```

在上面的 mymodule.py 文件中，我们定义了两个简单的函数：greet()和 add()。

2) 使用自定义模块

要在其他 Python 程序中使用这个自定义模块，你需要使用 import 语句导入它。假设 mymodule.py 和用户的程序位于同一目录下：

```
1. # main.py
2. import mymodule
3. mymodule.greet("Alice")
4. result = mymodule.add(5, 7)
5. print(result)
```

运行 main.py，它将导入 mymodule 模块，并使用该模块中定义的函数。

自定义模块是 Python 中代码复用的强大工具。通过将功能相关的代码组织到模块中，用户可以提高代码的可维护性和可重用性。Python 的模块系统非常灵活，不仅支持本地使用，还支持通过网络分享。掌握如何创建、使用和分发自定义模块，对于成为一名高效的 Python 开发者至关重要。

【例题 2-42】 使用 Numpy 数组进行数学运算时，以下描述正确的是（　　）。

A. Numpy 数组运算是基于元素的，可以直接进行向量化加、减、乘、除

B. 对 Numpy 数组进行加法运算时，需要使用循环遍历数组的每个元素

C. Numpy 不支持数组与标量之间的数学运算

D. 创建 Numpy 数组时，只能使用整数类型的数据

【例题 2-43】 在使用 Pandas 处理数据时，读取一个 CSV 文件的正确方法是（　　）。

A. pd.read_csv('data.csv')　　　　B. pd.to_csv('data.csv')

C. pd.csv_read('data.csv')　　　　D. pd.open('data.csv')

【例题 2-44】 假设有一个 Numpy 数组 np_array 和一个 Pandas DataFrame,要将 Numpy 数组作为新列添加到 DataFrame 中,正确的方法是(　　)。

  A. df['new_column'] = np_array   B. df.append(np_array)

  C. df.concat(np_array)   D. df.join(np_array)

【例题 2-45】 给定一只股票过去 5 天的收盘价存储在 Numpy 数组中,如[100,102,101,103,102],编写 Numpy 代码计算并打印这 5 天的日收益率。

【例题 2-46】 给定一个 Pandas DataFrame,存储了股票的交易数据,包括日期('Date')、收盘价('Close')和成交量('Volume')。编写 Pandas 代码筛选出成交量超过 100 万的所有交易日及其收盘价。

【例题 2-47】 给定一个 Pandas DataFrame,存储了某股票的日收盘价。编写代码使用 Numpy 计算这只股票收盘价的移动平均值(以 3 天为窗口),并将计算结果添加为 DataFrame 的新列。

练习

一、单选题

1. Python 中不合法的变量命名是(　　)。

  A. 1st_number   B. number_one

  C. _number1   D. number1_

2. 下列选项中,正确地将字符串"123"转换为整数的是(　　)。

  A. int("123")   B. str(123)

  C. "123".toInt()   D. "123".toString()

3. 在列表操作中,给定以下 Python 代码片段:

```
1. list1 = [1, 2, 3, 4, 5]
2. list2 = [3, 4, 5, 6, 7]
```

要获取 list1 和 list2 的交集,下列代码片段正确的是(　　)。

  A. list1&list2   B. set(list1)&set(list2)

  C. list1.intersection(list2)   D. list1+list2

4. 条件判断中,以下 Python 代码的输出是(　　)。

```
1. x = 5
2. if x > 4:
3.     print("A")
4. elif x > 3:
5.     print("B")
6. else:
7.     print("C")
```

A. A B. B
C. C D. A 和 B

5. 在 Python 编程中，for in 循环结合 range 函数构成了处理序列迭代的强大工具。下列代码片段是利用 for in 循环遍历由 range 函数生成的序列。

```
1. for i in range(3):
2.     print(i)
```

下列选项中，正确的是（ ）。

A. 0 1 2 3 —— 因为 range(3) 从 0 开始，直到 3 结束，包含四个连续的整数
B. 1 2 3 —— 默认情况下，range 函数从 1 开始计数，直至达到结束值 3
C. 0 1 2 —— range(3) 生成了一个从 0 开始到 2 结束的整数序列，其中包含起始值 0，但不包括结束值 3
D. 1 2 —— 在未明确指定起始值的情况下，range 函数从 1 开始，以结束值减去 1 为序列的最终元素

6. 变量赋值的理解：

```
1. x = 10
2. y = x + 5
3. x = 20
```

执行以上代码后，y 的值是（ ）。

A. 10 B. 15
C. 20 D. 25

7. Python 中的 for in 循环：下面的 Python 代码将打印（ ）次 "Python"。

```
1. for i in range(1, 5):
2.     print("Python")
```

A. 4 次 B. 5 次
C. 3 次 D. 6 次

8. 在 Python 中引入 random 模块的随机数生成函数 randint，正确的方式是（ ）。

```
1. A. import random.randint
2. B. from random import randint
3. C. import randint from random
4. D. import random as randint
```

9. Python 函数定义和调用：

```
1. def add_two_numbers(number1, number2):
2.     return number1 + number2
3. result = add_two_numbers(5, 3)
```

根据以上代码,变量 result 的值是(　　)。

A. 8　　　　　　　　　　　　B. "5, 3"

C. None　　　　　　　　　　D. "number1+number2"

10. while 循环的使用:以下 Python 代码片段的输出是(　　)。

```
1. count = 5
2. while count > 0:
3.     print("Python")
4.     count - = 2
```

A. "Python"被打印 5 次　　　　B. "Python"被打印 3 次

C. "Python"被打印 2 次　　　　D. "Python"被打印无限次

11. 在 Python 中,函数参数的传递方式可以是按值传递和按引用传递。下面的代码片段演示了如何通过函数修改外部变量的值。

```
1. def modify_elements(collection):
2.     for i in range(len(collection)):
3.         collection[i] + = 10
4. numbers = [1, 2, 3]
5. modify_elements(numbers)
```

执行上述代码后,numbers 的值是(　　)。

A. [1, 2, 3]

B. [11, 12, 13]

C. [10, 10, 10]

D. 产生一个错误,因为列表在函数内部不能被修改

12. 以下代码段正尝试进行一个可能引发除零错误的除法操作,并包含了异常处理机制。

```
1. try:
2.     result = 10 / 0
3. except ZeroDivisionError:
4.     result = "Infinity"
```

执行后,变量 result 的值是(　　)。

A. ZeroDivisionError,中断程序

B. 0

C. "Infinity"

D. 未定义(因为代码中存在错误)

13. 下列选项中,能正确地将浮点数 123.456 转换为整数,并保留数字的整数部分而不进行四舍五入的是(　　)。

A. int(123.456)　　　　　　B. round(123.456)

C. 123.456 // 1 D. "123.456".toInt()

14. 在 Python 编程中,合理地引入模块是基础也是关键,它决定了你能否高效地使用模块中定义的函数、类和变量。考虑到 Numpy 和 Matplotlib 这两个广泛使用的第三方库,假设你需要从 Numpy 中使用 array 函数来创建数组,同时需要使用 matplotlib.pyplot 模块中的 plot 函数来绘制图表。下列选项中,模块引入的正确方式是(　　)。

A.
```
1. import numpy.array
2. import matplotlib.pyplot.plot
```

B.
```
1. from numpy import array
2. from matplotlib.pyplot import plot
```

C.
```
1. import numpy as np
2. import matplotlib.pyplot as pltv
3. use np.array
4. use plt.plot
```

D.
```
1. import numpy
2. import matplotlib
3. use numpy.array
4. use matplotlib.pyplot.plot
```

15. 在 Python 中,逻辑运算符包括 and、or、not,它们用于连接布尔表达式(即可以评估为 True 或 False 的表达式)并产生新的布尔结果。理解这些运算符的运算规则对于编写复杂的条件语句至关重要。

```
1. expression_result = (True or False) and (not False) and (False or True)
```

该表达式的计算结果是(　　)。

A. True

B. False

C. 这个表达式会引发一个语法错误

D. 运算结果无法确定,因为涉及随机因素

二、判断题

1. 在 Python 中,变量可以没有类型限制地反复被赋予不同类型的值。　　　　(　　)

2. 在 Python 中,变量名的首字符可以是数字。　　　　(　　)

3. Python 中的关键字，如 True、False 和 None，可以作为变量名使用。　　　(　　)
4. 使用 import 关键字可以导入 Python 的内置模块，如 random，以便使用该模块提供的功能。　　　(　　)
5. Python 不允许在一个模块中定义多个函数。　　　(　　)
6. 在 Python 中，使用关键字 import 导入的模块，需要通过模块名.函数名的方式调用模块中的函数。　　　(　　)
7. 使用 from 模块名 import 函数名导入特定函数后，调用时必须使用模块名.函数名的形式。　　　(　　)
8. 在 Python 中，列表(list)的 append()方法可以用来在列表的末尾添加一个新的元素。
　　　(　　)
9. 在 Python 中，字典(dictionary)的键(key)可以是可变类型，如列表。　　　(　　)
10. 使用 numpy 库进行矩阵运算时，可以使用与标准 Python 列表相同的索引和切片操作。
　　　(　　)

三、多项选择题

1. 关于 Python 变量命名规则，以下描述正确的有(　　)。
   A. 变量名可以以字母或下划线开头　　B. 变量名中可以包含数字
   C. 变量名不能以数字开头　　　　　　D. 变量名不区分大小写

2. 给定以下 Python 数值运算，以下描述正确的有(　　)。

```
1. a = 10
2. b = 20
3. result = a * b - (b / a)
```

   A. result 的值是 198
   B. 该代码片段执行了乘法和除法运算
   C. 可以通过修改表达式改变 result 的值
   D. result 的值是 200

3. 关于列表操作的描述，正确的有(　　)。

```
1. list1 = ['库存现金', '银行存款', '应收账款']
2. list1.append('存货')
3. print(list1[- 1])
```

   A. 列表 list1 最终包含 4 个元素
   B. "存货"是列表中的最后一个元素
   C. append 方法用于向列表末尾添加元素
   D. 执行 print(list1[0])将输出"库存现金"

4. 关于字典操作的描述,正确的有(　　)。

   给定代码:

   ```
   1. dic = {'1001': '库存现金', '1002': '银行存款'}
   2. dic['2001'] = '短期借款'
   3. print(dic['2001'])
   ```

   A. "短期借款"成功添加到字典中

   B. 通过键"2001"可以访问对应的值"短期借款"

   C. 执行 print(dic['2001'])将会引发 KeyError

   D. 字典 dic 在添加新元素后仍只包含两个键值对

5. 关于 Python 函数参数的描述,正确的有(　　)。

   考虑以下函数定义和调用:

   ```
   1. def calculate_interest(principal, rate = 0.05, time = 1):
   2.     return principal *(1 +rate) **time
   3. # 函数调用
   4. interest1 = calculate_interest(1000)
   5. interest2 = calculate_interest(1000, 0.1)
   6. interest3 = calculate_interest(1000, time = 2)
   7. interest4 = calculate_interest(principal = 1000, rate = 0.1, time = 2)
   ```

   A. interest1 使用了函数的默认参数计算利息

   B. 调用 calculate_interest(1000, 0.1)时,0.1 被当做 rate 参数

   C. 在调用 calculate_interest(1000, time=2)时,可以不按参数定义的顺序传递参数

   D. interest4 的计算中,参数名必须与函数定义中的参数名完全匹配

用立法手段助力金融科技风险防控

项目三

Pandas 基础

◇知识目标

1. 掌握 Pandas 的 DataFrame 和 Series 等主要数据结构的定义及其基本操作。
2. 学会使用 Pandas 进行高效的文件读写操作,包括 CSV、Excel 文件等。
3. 理解 Pandas 在数据读取、清洗及基础计算中的应用,包括筛选、排序和简单的数据统计。
4. 掌握使用 Pandas 进行数据的连接(如 join 和 merge)和合并(如 concat)的技巧。

◇能力目标

1. 熟练操作 Pandas 数据结构,进行数据分析和预处理。
2. 利用 Pandas 实现复杂的文件操作,高效地读取和存储数据。
3. 应用 Pandas 进行数据的读取、清洗和计算,快速获得数据分析的初步结果。
4. 使用 Pandas 的数据连接和合并功能,处理和分析来自不同来源的数据集。

◇培养目标

1. 培养学生使用 Pandas 进行数据处理和分析的实践能力,提升数据处理的效率和准确性。
2. 通过 Pandas 的应用,加深学生对数据结构和算法的理解,提升解决数据相关问题的能力。
3. 发展学生自主学习的能力,掌握如何高效利用文档和社区资源解决遇到的具体问题。
4. 强化学生在数据分析项目中的协作和沟通能力,有效地在团队中分享和交流数据分析的结果和见解。

任务一　Pandas 数据结构

一、Pandas 数据结构介绍

在当今的大数据时代,金融行业的数据处理需求不断增加,面对这种情况,Pandas 以其卓越的数据分析和处理能力，成为了一个不可或缺的工具。作为 Python 生态系统中的一个关键库，Pandas 不仅仅是数据科学家和财务分析师的首选，它也是金融技术开发者、市场分析师以及投资决策者的重要工具。Pandas 提供了一整套的数据结构和分析函数，极大地简化了从庞杂和复杂的财务数据集中提取、清洗、处理以及分析数据的过程。

Pandas 库的设计哲学是基于需要高效处理"关系"或"标签"数据的实际工作场景。它的核心数据结构，DataFrame 和 Series，为用户提供了一个直观而强大的方式来存储、操作和分析数据。DataFrame 允许用户在一个易于操作的二维表格中进行复杂的查询、聚合以及数据变换操作，而 Series 则为一维的数据提供了相似的功能。

Pandas 的强大之处不仅在于其数据处理能力，还在于它如何将简单的数据处理任务变得既直观又易于执行。例如，数据合并、重塑、分组、排序以及切片等操作都可以通过几行代码轻松完成。这使得 Pandas 特别适合处理时间序列数据，这类数据在金融分析中极为常见，比如股票市场的价格和交易量数据。

此外，Pandas 的另一个重要特性是其对缺失数据的处理能力。在金融数据分析中，数据往往会有缺失，Pandas 提供了多种方法来处理这些缺失值，包括填充、删除以及插值等，这使得数据分析过程更加顺畅和准确。

Pandas 还具有强大的数据导入和导出功能，能够轻松地与各种文件格式和数据源进行交互，包括 CSV、Excel、SQL 数据库以及 JSON 等。这种灵活性意味着分析师可以快速从多种来源收集数据，进行分析，并将结果输出到多种格式。

总之，Pandas 为金融数据分析提供了一个强大、灵活且高效的工具集，使得处理和分析大规模数据集变得更加简单和直接。无论是进行市场趋势分析、投资组合管理、风险评估还是算法交易策略的开发，Pandas 都能够提供必要的支持，帮助金融行业的专业人士在数据驱动的世界中做出更加明智的决策。

1. Pandas 处理财务数据的优势

（1）高效数据管理：通过高效的 DataFrame 对象，Pandas 能够处理和分析大规模的财务数据集，即便是数百万条记录。

（2）时间序列分析：Pandas 提供了强大的时间序列功能，这对于分析股票价格、市场趋势等财务数据至关重要。

（3）灵活的数据导入和导出：能够轻松读取和写入各种数据格式，包括但不限于 CSV、Excel、SQL 数据库，这使得 Pandas 能够无缝接入金融行业的数据处理流程。

（4）综合数据处理功能：包括数据清洗、处理缺失数据、数据过滤、转换和聚合等，为财务数据分析提供一站式解决方案。

（5）内置高级可视化：直接集成了 Matplotlib，将复杂的财务数据转化为直观的图表和报告。

2. Pandas 的实际应用场景：大数据技术在财务分析中的应用

大数据技术，特别是 Pandas 在财务分析中的应用，不仅限于基本的数据处理和分析。

它能够帮助财务分析师在以下四个方面实现更深入的洞察。

（1）市场趋势分析：通过分析历史股价和交易量数据，识别市场趋势和潜在的投资机会。

（2）风险管理：评估投资组合的风险敞口，通过历史数据模拟不同的市场情景。

（3）算法交易：利用 Pandas 进行数据挖掘和分析，开发算法交易策略。

（4）财务报告自动化：自动化生成财务报表和指标，提高工作效率。

我们将通过以下示例来演示 Pandas 能做什么，详细的 Pandas 知识我们将在下一任务进行介绍。

3. 代码示例：财务数据的可视化

以股票市场分析为例，使用 Pandas 处理和分析股票价格及交易量，然后生成可视化图表，帮助理解市场动态。

```
1. import pandas as pd
2. import matplotlib.pyplot as plt
3. # 加载财务数据到 DataFrame
4. df = pd.DataFrame({
5.     'Date': pd.date_range(start = '2023-01-01', periods = 100),
6.     'Price': pd.np.random.randn(100).cumsum() +100,  # 模拟股价
7.     'Volume': pd.np.random.randint(1, 1000, size = 100)  # 模拟交易量
8. })
9. df.set_index('Date', inplace = True)
10. # 使用 Matplotlib 绘制股价和交易量图表
11. plt.figure(figsize =(14, 7))
12. plt.subplot(211)
13. plt.plot(df.index, df['Price'], label = 'Stock Price')
14. plt.title('Stock Price Analysis')
15. plt.legend()
16. plt.subplot(212)
17. plt.bar(df.index, df['Volume'], color = 'orange', label = 'Trading Volume')
18. plt.title('Trading Volume Analysis')
19. plt.legend()
20. plt.tight_layout()
21. plt.show()
22.
```

在这个示例中，我们先生成了包含股价和交易量的模拟数据；然后，利用 Matplotlib 库将这些数据转化为直观的图表，以便分析股票价格的波动趋势和交易量的变化情况，如图 3-1 所示。通过这样的分析，财务专业人士可以获得关键的市场洞察，从而做出更加明智的投资决策。

综上所述，Pandas 作为处理和分析财务数据的强大工具，在金融行业中的大数据技术应用中发挥着不可或缺的作用，接下来我们将正式开始 Pandas 的学习。

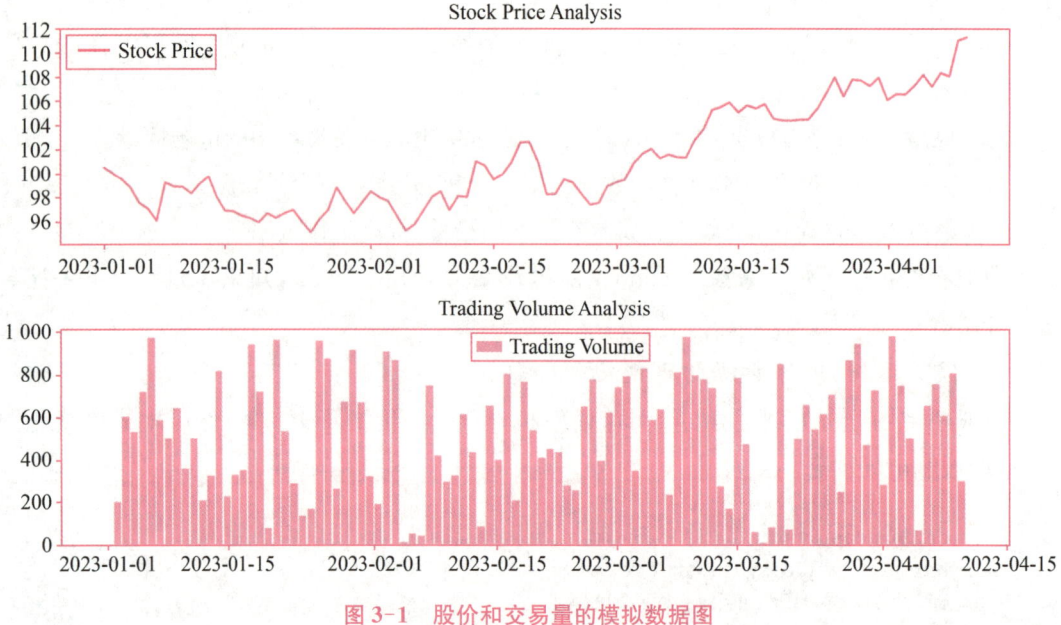

图 3-1　股价和交易量的模拟数据图

二、Pandas 的数据结构

Pandas 的数据结构

Pandas 库是 Python 编程语言中用于数据分析和处理的核心库之一,它提供了两种主要的数据结构:DataFrame 和 Series。这两种结构为处理各种数据提供了极大的便利,尤其是在财务分析、数据科学、统计学和机器学习等领域。

1. DataFrame 和 Series 简介

DataFrame 可以被认为是一个二维标签化数据结构,其中包含了多行多列的数据。每一列可以是不同的数据类型,比如数值、字符串或布尔值。这使得 DataFrame 非常类似于 Excel 电子表格或 SQL 数据库中的表。DataFrame 的这种结构适合用来处理真实世界中的数据,比如股票价格数据、公司财报数据或者任何需要按照行和列组织的数据集。

Series 则是一个一维标签化数组,每个元素都有自己的标签。我们可以将 Series 看作是 DataFrame 中的单一列。Series 可以包含任何数据类型,包括整数、浮点数、字符串等。由于其一维的特性,Series 非常适合处理时间序列数据,比如股票的收盘价。

DataFrame 相当于一个完整的 Excel 表格,它包含多行多列的数据,每一列可以是不同的数据类型,非常适合于存储和处理实际应用中的数据集。

Series 相当于 Excel 中的任意一列数据,它是一维的,每个元素都有自己的行标签,可以包含任何数据类型。

接下来将创建一个 DataFrame,其中包含学号、姓名、性别、年龄和手机号这几列数据,然后演示如何从这个 DataFrame 中提取一个列作为 Series。

2. DataFrame 和 Series 示例

如表 3-1 所示，这个 DataFrame 包含了 5 行数据，每行代表一名学生的信息，包括学号、姓名、性别、年龄和手机号。

表 3-1　DataFrame(学生信息表)

序号	学号	姓名	性别	年龄	手机号
0	2021001	张奕成	男	20	13860169996
1	2021002	林海之	男	22	13860165188
2	2021003	张晨	男	22	13606936277
3	2021004	李丽琴	女	18	13696925988
4	2021005	林雨	女	20	13599535959

如表 3-2 所示，这个 Series 仅包含 DataFrame 中的"姓名"列，展示了所有学生的姓名。

表 3-2　Series(姓名列)

序号	姓名	序号	姓名
0	张奕成	3	李丽琴
1	林海之	4	林雨
2	张晨		

通过这个例子，我们可以看到 DataFrame 相当于一个完整的 Excel 表格，而 Series 则相当于表格中的任意一列数据。

【例题 3-1】 在 Pandas 中，(　　)用来表示一维数据。

A. DataFrame　　　B. Series　　　C. Panel　　　D. DataPanel

三、DataFrame 初介绍

1. 代码示例

下面，我们将详细介绍如何使用 Pandas 库创建和操作 DataFrame 这种数据结构。Pandas 是 Python 中一个强大的数据分析和处理库，DataFrame 作为其核心数据结构之一，提供了丰富的功能用于处理和分析二维标签化数据。

使用基础数据创建 DataFrame 时，我们需要先导入 Pandas 库；然后，利用提供的员工基础数据列表，我们创建一个 DataFrame。这个 DataFrame 将包含员工的工号、姓名、部门、岗位职级、出勤天数、基本工资、绩效工资和津贴等信息。

```
1. import pandas as pd
2. dataList = pd.DataFrame([
3.     ['wzw001',"张奕成","行政部","管理人员","20","18000.00","0","500.00"],
4.     ['wzw002',"林海之","行政部","管理人员","22","11000.00","0","200.00"],
```

```
 5.     ['wzw004',"张晨","财务部","管理人员","22","12000.00","0","200.00"],
 6.     ['wzw005',"李丽琴","财务部","管理人员","18","9000.00","0","200.00"],
 7.     ['wzw006',"林雨","采购部","管理人员","20","8500.00","0","200.00"],
 8.     ['wzw008',"曾国华","销售部","销售人员","19","22000.00","500.00","200.00"],
 9.     ['wzw009',"刘成宇","销售部","销售人员","22","8500.00","1000.00","200.00"],
10. ], columns =['员工工号', '姓名', '部门', '岗位职级', '出勤天数', '基本工资', '绩效工资', '津贴'], index =[1, 2, 3, 4, 5, 6, 7])
```

这样,我们就成功创建了一个包含员工信息的 DataFrame。

2. 基本操作

1) 数据检查

使用 dataList.head():此方法将显示 DataFrame 的前五行。如果我们的 dataList DataFrame 按照提供的数据创建,那么 dataList.head()的调用将返回表格的前五名员工的信息。

使用 dataList.tail():此方法显示 DataFrame 的最后五行。由于我们的表格中只有七行数据,dataList.tail()将返回除了前两名员工外的所有员工信息。

使用 dataList.describe():此方法提供了数值列(出勤天数、基本工资、绩效工资和津贴)的统计摘要,包括计数、平均值、标准差、最小值、四分位数和最大值。对于非数值列(如姓名、部门等),此方法不会计算统计摘要。

2) 访问数据

访问特定列,如 dataList['姓名']:这将返回一个 Series,包含所有员工的姓名。

通过行索引访问数据,如 dataList.loc[1]:这会返回第一行的数据,即员工工号为 wzw001 的员工的所有信息。如果使用 dataList.iloc[0],结果相同,因为 iloc[]基于行的整数位置,而不是索引标签。

3) 数据过滤

筛选基本工资超过 10 000 元的员工:

```
1. dataList[dataList['基本工资'] > '10000']
```

需要注意由于在创建 DataFrame 时所有数据都被输入为字符串,这里的比较也应当按字符串进行,或者先将'基本工资'列转换为数值类型。筛选后,我们将得到基本工资超过 10 000 元的员工记录。

4) 排序

按基本工资降序排序:

```
1. dataList.sort_values(by ='基本工资', ascending = False)
```

将根据基本工资列的值对所有记录进行降序排序。同样,由于基本工资在创建 DataFrame 时被视为字符串类型,实际排序前应该先转换为数值类型以确保正确的排序结果。

通过这些基本操作,我们可以快速了解和分析 DataFrame 中的数据。例如,我们可以找出哪些部门的员工基本工资最高,哪些员工出勤天数最多,或者绩效工资是如何分布的。这些操作是数据预处理和分析的基石,为进一步的数据探索和分析奠定基础。

【例题3-2】 假设我们用以下Pandas代码片段来创建一个DataFrame。查看这个DataFrame中前五行数据的方法正确的是(　　)。

```
1. import pandas as pd
2. dataList = pd.DataFrame([
3.           ['wzw001',"张奕成","行政部","管理人员","20","18000.00","0","500.00"],
4.           ['wzw002',"林海之","行政部","管理人员","22","11000.00","0","200.00"],
5.           ['wzw004',"张晨","财务部","管理人员","22","12000.00","0","200.00"],
6.           ['wzw005',"李丽琴","财务部","管理人员","18","9000.00","0","200.00"],
7.           ['wzw006',"林雨","采购部","管理人员","20","8500.00","0","200.00"],
8.           ['wzw008',"曾国华","销售部","销售人员","19","22000.00","500.00","200.00"],
9.           ['wzw009',"刘成宇","销售部","销售人员","22","8500.00","1000.00","200.00"],
10.          ], columns=['员工工号','姓名','部门','岗位职级','出勤天数','基本工资','绩效工资','津贴'], index=[1,2,3,4,5,6,7])
11.
```

A. dataList.first(5)　　　　　　B. dataList.head()

C. dataList.rows(5)　　　　　　D. dataList.top(5)

【例题3-3】 假设有一个列表dataList = [['001','张三','男'],['002','李四','男']],我们想要将这个列表转换为DataFrame并且添加列名称。下列各项中,(　　)实现了这个需求。

A. df = pd.DataFrame(dataList, columns=['ID'])

B. df = pd.DataFrame(dataList); df.columns = ['学号','姓名','性别']

C. df = pd.DataFrame(data=dataList, columns=['学号','姓名','性别'])

D. df = pd.DataFrame(dataList, columns=['学号','姓名'])

任务二　DataFrame 数据结构

一、DataFrame 数据结构介绍

在数据分析和处理的领域内,在Pandas库中DataFrame扮演着至关重要的角色,用DataFrame可以高效地操作结构化数据。在众多功能中,创建DataFrame是最基础也是最重要的一环。本任务将深入讲解创建不带行索引和列索引的DataFrame,探讨其重要性以及如何通过添加自定义列索引来提升数据的可读性和易用性。

二、创建不带行索引和列索引的DataFrame

创建DataFrame是Pandas库中的一项基础功能,它允许用户以表格形式存储和操作数

据。这种表格结构非常类似于 Excel 电子表格或 SQL 数据库中的表,使得数据分析和处理变得既直观又高效。在众多创建 DataFrame 的方法中,不带行索引和列索引是最直接的一种。这种方法的简洁性尤其适用于快速原型设计和初步数据探索,下面我们将详细介绍如何实现这一点,并探索其在数据分析中的应用。

1. 引入 Pandas 库

Pandas 是一个开源的 Python 数据分析库,提供了高性能、易用的数据结构和数据分析工具。通过以下代码,我们可以导入 Pandas 库。

```
1. import pandas as pd
```

2. 创建二维列表

在创建 DataFrame 之前,我们需要有数据。在这个示例中,我们通过创建一个二维列表 dataList 来存储数据。每个内部列表代表数据集中的一行,如员工或学生的记录。

```
1. dataList = [
2.     ['001', '张三', '男'],
3.     ['002', '李四', '男']
4. ]
```

这个简单的数据列表包含了两条记录,每条记录都有三个字段:一个唯一标识符(如员工编号或学生 ID)、姓名和性别。

3. 创建不带行索引和列索引的 DataFrame

接下来,我们将使用 Pandas 的 DataFrame 构造函数将 dataList 转换为 DataFrame。在这个过程中,如果不明确指定行索引(index 参数)和列索引(columns 参数),Pandas 将默认行和列使用从 0 开始的整数索引。

```
1. df1 = pd.DataFrame(dataList)
2. print(df1)
3.
```

执行这段代码后,我们得到的 DataFrame 如表 3-3 所示。

表 3-3　不带行索引和列索引的 DataFrame

序号	学号	姓名	性别
0	001	张三	男
1	002	李四	男

DataFrame 自动为每列分配了数字索引(0,1,2…),这是 Pandas 默认的行为,用于确保数据结构的完整性(即使在缺少显式索引定义的情况下)。

4. 展示 DataFrame

通过简单的 print(df1) 语句，我们可以看到 DataFrame 的内容。这种形式的展示非常适合对数据进行初步查看，帮助用户快速了解数据的结构和内容。

虽然在这个示例中我们使用的是非常简单的数据集，但这种创建 DataFrame 的方法同样适用于更复杂的数据集。例如，如果我们有一个更详细的员工或学生信息列表，包括 ID、姓名、性别、年龄、联系电话、身高和体重等信息。

```
1. dataList = [
2.     [2021001, "张奕成", "男", 20, "13860169996", 175, 66],
3.     [2021002, "林海之", "男", 22, "13860165188", 180, 75]
4. ]
```

同样地，我们可以创建一个对应的 DataFrame 来存储这些数据，而不指定行索引和列索引。

```
1. df1 = pd.DataFrame(dataList)
2. print(df1)
```

这将生成一个更为复杂的 DataFrame，但处理方法与之前相同。

三、自定义列索引

在 Pandas 中，列索引提供了一个强大的方式来引用和操作 DataFrame 中的数据。通过为数据集的每一列指定一个有意义的名称，我们可以使得数据处理过程变得更加简单和直观。

自定义列索引

```
1. columnList = ["序号", "姓名", "性别"]
```

在这个例子中，我们定义了一个列索引列表 columnList，每个索引对应 dataList 中的一列。

1. 创建 DataFrame

有了数据列表和列索引列表之后，我们可以创建一个 DataFrame。在这个步骤中，我们将数据列表和列索引作为参数传递给 DataFrame 的构造函数。这样，我们创建的 DataFrame 将具有自定义的列索引，而行索引则由 Pandas 自动生成。

```
1. df2 = pd.DataFrame(dataList, columns = columnList)
2. print(df2)
```

执行以上代码，输出的 DataFrame 如表 3-4 所示，展示了自定义的列索引，而行索引依然是自动生成的整数索引。

表 3-4 自定义列索引

序号	学号	姓名	性别
0	001	张三	男
1	002	李四	男

2. 数据分析应用

在实际的数据分析工作中,自定义列索引的 DataFrame 极大地提升了数据处理的灵活性和效率。比如,我们可以轻松地根据列名访问数据、进行数据过滤、排序和汇总等操作。

1) 根据列名访问数据

```
1. print(df2["姓名"])
```

这条语句输出所有用户的姓名,展示了如何通过列索引直接访问 DataFrame 中的某一列数据。

2) 数据过滤

假设我们想要筛选出所有男性用户的记录:

```
1. males = df2[df2["性别"] == "男"]
2. print(males)
```

3) 数据排序

我们也可以根据某一列的值对数据进行排序,例如,按照序号升序排序:

```
1. sorted_df = df2.sort_values(by ="序号")
2. print(sorted_df)
```

四、自定义列索引和行索引创建 DataFrame

在进行数据分析时,创建具有明确意义的行索引和列索引的 DataFrame 是一种常见且重要的做法。这不仅有助于提高数据的可读性,还方便了数据的定位、筛选和操作。本任务将详细介绍如何在 Pandas 中创建一个既有自定义列索引又有自定义行索引的 DataFrame,并探讨这种做法在实际应用中的优势。

1. 创建 DataFrame

1) 导入 Pandas 库

```
1. import pandas as pd
```

2) 准备数据

数据是任何数据分析任务的基础。在这里,我们创建一个二维列表 dataList,用于存储待分析的数据。每个子列表代表一条记录,包含该记录的多个属性。

```
1. dataList = [
2.     ['001', '张三', '男'],
3.     ['002', '李四', '男']
4. ]
```

3) 自定义列索引和行索引

为了使 DataFrame 的数据更加直观和易于操作,我们需要为其指定列索引和行索引。列索引描述了每列数据的含义,而行索引则为每条记录提供了一个唯一标识。

```
1. columnList = ["学号", "姓名", "性别"]
2. indexList = [1, 2]
```

在这个示例中,columnList 为每列数据定义了一个明确的名称,而 indexList 则为每条记录指定了一个自定义的行索引。

4) 创建 DataFrame

有了数据列表、列索引列表和行索引列表之后,我们可以创建一个 DataFrame。在这一步中,我们通过向 DataFrame 构造函数传递数据、列索引和行索引来创建一个完全自定义的 DataFrame。

```
1. df3 = pd.DataFrame(dataList, columns = columnList, index = indexList)
2. print(df3)
```

执行上述代码,输出的 DataFrame 如表 3-5 所示。

表 3-5　自定义 DataFrame

序号	学号	姓名	性别
1	001	张三	男
2	002	李四	男

可以看到,DataFrame 不仅具有自定义的列索引,还有自定义的行索引,这使得数据的访问和操作更为便捷。

2. 数据分析应用

在数据分析的实际应用中,拥有自定义行索引和列索引的 DataFrame 具有显著的优势。它不仅使数据集更加易于理解,还为数据的筛选、排序和汇总等操作提供了便利。

1) 数据访问

自定义索引使得根据特定条件访问数据变得更加简单。例如,我们可以直接通过行索引或列索引的名字来访问数据。

```
1. # 访问姓名列
2. print(df3["姓名"])
3. # 访问第一条记录
4. print(df3.loc[1])
```

2）数据筛选

基于行索引或列索引，我们可以轻松地对数据进行筛选。例如，筛选出所有"男"性的记录。

```
1. males = df3[df3["性别"] == "男"]
2. print(males)
```

3）数据排序

自定义索引也使得我们对数据进行排序变得更为直观。例如，根据学号对记录进行升序排序。

```
1. sorted_df = df3.sort_values(by ="学号")
2. print(sorted_df)
```

创建既有自定义列索引又有自定义行索引的 DataFrame，不仅提升了数据的可读性和易用性，还极大地增强了数据操作的灵活性。在实际的数据分析工作中，这种方法使得数据更加结构化，方便了各种复杂的数据操作，包括数据访问和筛选。

五、三种创建 DataFrame 的方式对比

在 Pandas 中创建 DataFrame 是数据分析的基础，而如何选择创建 DataFrame 的方法直接影响到数据分析的效率和便利性。通过对比三种不同的创建 DataFrame 的方法——不自定义行索引和列索引、只自定义列索引、同时自定义行索引和列索引——我们可以更好地理解各自的优缺点和适用场景。

1. 不自定义行索引和列索引

这是创建 DataFrame 最简单的方法，适合于快速原型设计和初步数据探索阶段。在这种方式下，Pandas 会自动为 DataFrame 的行和列分配从 0 开始的整数索引。

（1）优点：①快速简便，无需额外定义索引；②适合初步数据加载和查看。

（2）缺点：①数据的可读性不强，特别是在数据集较大或列含义不明显时；②在后续数据处理和分析过程中可能需要额外操作来指定意义明确的索引。

2. 只自定义列索引

这种方法通过在创建 DataFrame 时指定 columns 参数来为列提供有意义的名称，而行索引仍使用默认的整数索引。

（1）优点：①提升了数据的可读性，便于理解每列数据的含义；②方便后续通过列名进行数据访问和操作。

（2）缺点：行索引仍为自动生成的整数，可能不利于某些基于行的操作或数据的特定标识。

3. 同时自定义行索引和列索引

在这种方法中，通过指定 columns 和 index 参数，同时为 DataFrame 的行和列提供有意

义的名称和标识。

（1）优点：①数据的可读性和易操作性最强，行和列都有明确的标识；②便于基于行或列的复杂数据操作，如数据筛选、排序等。

（2）缺点：相比其他两种方法，创建过程更复杂，需要提前定义好行索引和列索引。

示例：假设我们有以下两条学生信息数据：

```
1. 学号：2021001，姓名：张奕成，性别：男
2. 学号：2021002，姓名：林海之，性别：男
```

非自定义索引创建的 DataFrame 如表 3-6 所示，表头无实际含义。

表 3-6　非自定义索引创建的 DataFrame

序号	学号	姓名	性别
0	2021001	张奕成	男
1	2021002	林海之	男

只自定义列索引创建的 DataFrame 会更加清晰，如表 3-7 所示。

表 3-7　只自定义列索引创建的 DataFrame

序号	学号	姓名	性别
0	2021001	张奕成	男
1	2021002	林海之	男

同时自定义行索引和列索引创建的 DataFrame 提供了最佳的可读性和直观性，如表 3-8 所示。

表 3-8　同时自定义行索引和列索引创建的 DataFrame

序号	学号	姓名	性别
学生 1	2021001	张奕成	男
学生 2	2021002	林海之	男

【例题 3-4】当创建一个 Pandas DataFrame 时，若不指定行索引和列索引，Pandas 会进行（　　）处理。

A. 报错，因为每个 DataFrame 必须有行索引和列索引

B. 自动为行和列生成从 0 开始的整数索引

C. 只为行生成从 0 开始的整数索引，列索引为空

D. 不创建 DataFrame，直到显示指定索引为止

【例题 3-5】若想在创建 Pandas DataFrame 时只自定义列索引而不自定义行索引，正确的操作是（　　）。

A. 只通过 columns 参数传递列索引列表,不传递 index 参数

B. 同时传递空的 index 参数和列索引列表给 columns 参数

C. 创建一个空的 DataFrame,然后单独添加列索引

D. 使用 index 参数创建列索引,columns 参数保持不传

【例题 3-6】 创建一个既有自定义列索引又有自定义行索引的 Pandas DataFrame 的方法有( )。

A. 只能先创建一个默认索引的 DataFrame,然后分别设置行和列索引

B. 在创建 DataFrame 时,通过 columns 参数和 index 参数分别传递列索引列表和行索引列表

C. 使用 set_index() 方法设置行索引,columns 属性设置列索引

D. 先创建一个空的 DataFrame,再逐行添加数据和索引

任务三　DataFrame 高级操作

一、获取 DataFrame 的行索引

行索引或行标签提供了 DataFrame 中每一行的唯一标识。通过访问 DataFrame 的.index 属性,我们可以获得包含所有行索引的对象。例如:

```
1. import pandas as pd
2. # 示例 DataFrame
3. dataList = [['001', '张三', '男'], ['002', '李四', '男']]
4. columnList = ["学号", "姓名", "性别"]
5. indexList = [1, 2]
6. df3 = pd.DataFrame(dataList, columns = columnList, index = indexList)
7. # 获取并打印行索引
8. print(df3.index)
```

此代码段将输出 DataFrame 的行索引,即[1, 2]。这显示了我们自定义的行索引,为每一行提供了明确的标识。

二、获取 DataFrame 的列索引

列索引或列标签描述了 DataFrame 中每一列的含义。通过访问 DataFrame 的.columns 属性,我们可以获得包含所有列索引的对象。例如:

```
1. # 获取并打印列索引
2. print(df3.columns)
```

这将输出 DataFrame 的列索引,即["学号","姓名","性别"],显示了每一列数据的名称,便于理解和操作数据。

三、获取 DataFrame 的数据内容

DataFrame 的数据内容存储在其值中,可以通过访问.values 属性来获取。这将返回一个 NumPy 数组,包含 DataFrame 中的实际数据,无论是数字、字符串还是其他数据类型。例如:

```
1. # 获取并打印 DataFrame 的数据内容
2. print(df3.values)
```

此代码段将输出 DataFrame 中的数据内容,形式为一个二维数组,其中包含了所有的行和列数据。输出示例可能如下:

```
1. [['001', '张三', '男'], ['002', '李四', '男']]
```

理解和熟练使用 DataFrame 的这三个基本属性(.index、.columns、.values)对于进行有效的数据分析至关重要。这些属性不仅提供了 DataFrame 结构的基本信息,还支持了广泛的数据操作和分析任务。无论是在数据预处理阶段还是在深入分析阶段,了解 DataFrame 的结构和内容都是进行有效分析的关键。通过掌握这些基础知识点,数据分析师可以更加灵活和高效地处理和分析数据,从而得出有价值的结果。

四、将 Excel 表格数据转换为 DataFrame

在数据分析的实践中,经常需要将结构化数据源(如 Excel 表格)转换成 Pandas 的 DataFrame 进行进一步分析和处理。这不仅可以提升数据处理的效率,还便于利用 Pandas 强大的数据分析功能。以下案例将演示如何将一个 Excel 表格的数据转换成 DataFrame,并进行展示。

1. 准备工作

我们需要引入 Pandas 库,它是 Python 数据分析的重要工具,提供了 DataFrame 这一核心数据结构。

```
1. import pandas as pd
```

2. 定义数据

根据给定的 Excel 表格数据,我们先定义一个列表 dataList,其中包含了表格中的所有数据,每个子列表代表 Excel 表格中的一行。

```
1. dataList = [
2.     [1001, "库存现金", 5215, 1010],
3.     [1002, "银行存款", 1595236, 254582],
```

```
4.    [1012, "其他货币资金", 160000, 50000]
5. ]
```

3. 定义列索引和行索引

我们需要为 DataFrame 指定列索引（即 Excel 表格的列标题）和行索引（即从 1 开始的行编号）。

```
1. columnList = ["科目编码", "会计科目", "期初余额", "本期借方发生额"]
2. indexList = [1, 2, 3]
```

在这个案例中，columnList 定义了每一列的标题名称，而 indexList 则为每条记录指定了一个从 1 开始的行索引。

4. 组装 DataFrame

有了数据列表、列索引列表和行索引列表之后，我们可以利用这些信息创建一个 DataFrame。通过向 DataFrame 构造函数传递这些参数，我们能够创建一个既有自定义列索引又有自定义行索引的 DataFrame。

```
1. df = pd.DataFrame(dataList, columns = columnList, index = indexList)
```

5. 展示数据

我们可以使用 print 函数展示创建好的 DataFrame。

```
1. print(df)
```

执行以上代码后，输出的 DataFrame 应如表 3-9 所示。

表 3-9　输出的 DataFrame　　　　　　　　　　　　　　　　　单位：元

序号	科目编码	会计科目	期初余额	本期借方发生额
1	1001	库存现金	5 215	1 010
2	1002	银行存款	1 595 236	254 582
3	1012	其他货币资金	160 000	50 000

通过这个过程，我们成功地将 Excel 表格数据转换成了 Pandas 的 DataFrame 格式，行索引从 1 开始，每列数据都有明确的列索引。这样的数据格式不仅便于阅读和理解，还可以方便地进行后续的数据分析工作，如数据筛选、排序、汇总等。

任务四　Series 数据结构

一、Series 数据结构

在 Pandas 库中，Series 是一种基本的数据结构，用于存储一维标签化数组。Series 可以被视为单列的 DataFrame,每个元素都有自己的标签,这使得数据操作既简单又高效。本节将介绍如何使用列表来创建 Series,包括使用默认索引和自定义索引的方法。

二、默认索引

在这个示例中,下文我们将展示如何使用 Pandas 库创建一个使用默认索引的 Series。首先,我们定义了一个包含人名的列表 valList;其次,我们将这个列表转换为一个 Series 对象,Pandas 会自动为每个元素分配一个从 0 开始的整数索引;最后,我们打印出创建的 Series,查看内容和自动生成的索引。

步骤一:引入 Pandas 库。

```
1. import pandas as pd
```

引入 Pandas 库是使用数据结构和功能的前提。

步骤二:定义数据列。

```
1. valList = ["张奕成", "林海之", "张晨", "李丽琴", "林雨"]
```

这里,我们定义了一个新的数据列表 valList,包含五个元素,每个元素是一个人的名字。

步骤三:创建使用默认索引的 Series。

```
1. ser2 = pd.Series(valList)
```

通过调用 pd.Series() 函数并将 valList 作为参数传递,我们创建了一个新的 Series 对象 ser2。在这个过程中,没有指定 index 参数,因此 Pandas 会自动为这个 Series 的每个元素分配一个默认的整数索引。

步骤四:展示 Series。

```
1. print(ser2)
```

通过打印 ser2,我们可以看到创建的 Series 及其自动生成的索引,如表 3-10 所示。

表 3-10 创建的 Series 及其自动生成的索引

序号	姓名
0	张奕成
1	林海之
2	张晨
3	李丽琴
4	林雨
dtype:	object

这个输出展示了每个人名及其对应的索引,从 0 开始,直到列表的最后一个元素。通过这个简单的示例,我们可以看到,即使在没有显式指定索引的情况下,Pandas 也能够为 Series 的元素自动创建索引,使得数据的存储和访问更加直观和方便。

【例题 3-7】 正确创建了一个包含默认索引的 Pandas Series 的选项是(　　)。

A.

```
1. import pandas as pd
2. ser = pd.Series(["A", "B", "C"])
3.
```

B.

```
1. import pandas as pd
2. ser = pd.Series(data =["A", "B", "C"], index =[1, 2, 3])
3.
```

C.

```
1. import pandas as pd
2. ser = ["A", "B", "C"]
3.
```

D.

```
1. import pandas as pd
2. ser = pd.Series(["A", "B", "C"], index ="1, 2, 3")
3.
```

列表创建 Series,使用自定义索引

三、列表创建 Series,使用自定义索引

下文我们将演示如何使用 Pandas 库创建一个带有自定义索引的 Series。与使用默认索引的 Series 创建过程类似:首先我们,定义一个数据列表 valList,不同之处在于,我们还将定义一个自定义的索引列表 index,这个列表的长度必须与数据列表 valList 相匹配;其次,我们使用这两个列表创建一个 Series 对象,并指定 index 参数为我们的自定义索引列表;最后,我们打印出这个 Series 来查看其内容及自定义的索引。

1. 引入 Pandas 库

```
1. import pandas as pd
```

引入 Pandas 库是使用 Pandas 提供的数据结构和功能的基础步骤。

2. 定义数据列

```
1. valList = ["张奕成", "林海之", "张晨", "李丽琴", "林雨"]
```

我们定义了一个包含五个人名的列表 valList 作为我们将要存储在 Series 中的数据。

3. 定义自定义索引

与数据列个数必须匹配的自定义索引列表如下所示：

```
1. index = ['a', 'b', 'c', 'd', 'e']
```

在这个示例中，我们选择使用字母作为索引，但实际上，索引可以是任何不可变类型的值，只要它们对于每个数据点是唯一的。

4. 创建使用自定义索引的 Series

```
1. ser2 = pd.Series(valList, index = index)
```

通过将数据列表 valList 和索引列表 index 传递给 pd.Series() 函数，我们创建了一个新的 Series 对象 ser2。在这个过程中，我们通过指定 index 参数为自定义索引列表，从而为 Series 中的每个数据点分配了一个自定义索引。

5. 展示 Series

```
1. print(ser2)
```

通过打印 ser2，我们可以看到创建的 Series 及其自定义的索引，如表 3-11 所示。

表 3-11　创建的 Series 及其自定义的索引

索引	姓名
a	张奕成
b	林海之
c	张晨
d	李丽琴
e	林雨
dtype：	object

这个输出展示了 Series 中每个人名及其对应的自定义索引。通过使用自定义索引，我们不仅增加了数据的可读性，还提供了一种更灵活的方式来引用和操作 Series 中的数据。无论是进行数据选择、过滤还是其他操作，自定义索引都能够提供额外的便利和功能。

【例题 3-8】　假设我们想要创建一个 Pandas Series，其中包含三个元素"Apple""Banana"和"Cherry"，并且想要为这些元素指定自定义索引"A""B"和"C"。下列选项中，正确实现了这一需求的是（　　）。

A.

```
1. import pandas as pd
2. fruits = pd.Series(["Apple", "Banana", "Cherry"])
3.
```

B.

```
1. import pandas as pd
2. fruits = pd.Series(["Apple", "Banana", "Cherry"], index=[1, 2, 3])
3.
```

C.

```
1. import pandas as pd
2. fruits = pd.Series(data=["Apple", "Banana", "Cherry"], index=["A", "B", "C"])
3.
```

D.

```
1. import pandas as pd
2. fruits = ["Apple", "Banana", "Cherry"]
3. fruits.index = ["A", "B", "C"]
4.
```

任务五　Pandas 文件操作

一、Pandas 文件操作介绍

在文件操作方面，Pandas 允许用户轻松地读取和写入多种格式的数据文件，如 CSV、Excel、JSON、HTML 和 SQL 数据库等，通过简单的函数调用即可实现数据的导入和导出。鉴于 office 软件 Excel 更常用，学会 Excel 的相关操作后也相对容易自行学会其他格式文件的操作。所以本任务将只深入探讨如何利用 Pandas 优化 Excel 财务数据的读取和预处理工作，从而提升数据分析的效率和准确性。

读取 Excel 数据

二、读取 Excel 数据

1. 基本读取操作

在财务数据分析的初步阶段，经常需要从各种 Excel 报表中提取数据。Pandas 的 read_excel 函数为这一任务提供了强大而直接的支持。让我们先从一个简单的示例开始：

```
1. import pandas as pd
2. # 读取存储在"学生信息.xlsx"中的数据
3. df = pd.read_excel(r"学生信息.xlsx", sheet_name=0)
4. # 展示读取的数据
5. print(df)
6.
```

在此实例中,通过 read_excel 方法,我们轻松地将名为"学生信息.xlsx"的文件中的数据加载到 DataFrame 对象中。通过指定 sheet_name=0,我们直接告诉 Pandas 从第一个工作表中读取数据,极大地简化了数据导入流程。

2. 高级读取技巧

财务数据往往需要更细致的预处理,以适应后续的分析和报告需求。Pandas 在这方面提供了高度的灵活性,允许财务分析师在读取阶段即对数据进行初步的清洗和格式化。接下来的示例展示了如何实现更高级的文件读取操作。

```
1. import pandas as pd
2. # 高级读取:指定行索引,转换数据类型
3. df6 = pd.read_excel(r"学生信息.xlsx", sheet_name = 0, index_col = 0, converters ={"体重": float})
4.
5. # 展示前几行数据以确认读取和转换的正确性
6. print(df6.head())
```

通过额外的参数 index_col 和 converters,我们不仅将"学号"列设为 DataFrame 的行索引,还确保了"体重"列的数据类型正确转换为浮点数。这种操作模式不仅为后续的数据分析提供了便利,还确保了数据的准确性和一致性,对于执行复杂的财务分析和制定基于数据的决策策略至关重要。

在大数据时代的财务领域,掌握高效的数据处理技巧变得尤为重要。Pandas 提供的 read_excel 功能为财务分析师提供了一个强大的工具,不仅能够快速地从 Excel 文件中读取数据,还允许在读取阶段进行复杂的数据预处理。这既提升了数据处理的效率,也确保了数据分析的准确性和可靠性。通过这些技巧,财务专业人士能够更好地挖掘和利用数据,为企业提供更深入的洞察和更有力的决策支持。

【例题 3-9】 使用 Pandas 读取 Excel 文件"数据分析.xlsx"的第一个工作表,并显示所有内容,下列选项中,正确的是(   )。

A.

```
1. import pandas as pd
2. df = pd.read_excel("数据分析.xlsx")
3.
```

B.

```
1. import pandas as pd
2. df = pd.read_csv("数据分析.xlsx")
3.
```

C.

```
1. import pandas as pd
```

```
2. df = pd.read_excel("数据分析.xlsx", sheet_name = 1)
3.
```

D.
```
1. import pandas as pd
2. df = pd.read_excel("数据分析.xlsx", index_col = 0)
3.
```

【例题 3-10】 如果我们想要从"学生信息.xlsx"文件中读取数据，并且将"学号"列作为行索引、将"体重"列的数据类型转换为浮点型，下列选项中，正确的是（　　）。

A.
```
1. import pandas as pd
2. df = pd.read_excel("学生信息.xlsx", index_col ="学号", converters ={"体重": float})
3.
```

B.
```
1. import pandas as pd
2. df = pd.read_excel("学生信息.xlsx", sheet_name = 0)
3.
```

C.
```
1. import pandas as pd
2. df = pd.read_excel("学生信息.xlsx", sheet_name = 0, index_col = 0)
3.
```

D.
```
1. import pandas as pd
2. df = pd.DataFrame.from_excel("学生信息.xlsx", index_col ="学号", converters ={"体重": int})
3.
```

三、写入数据

写入数据

在财务数据处理的生命周期中，数据的写入操作占据了至关重要的位置。特别是在完成数据的收集、清洗、分析等一系列复杂操作之后，将处理后的数据安全有效地写入到存储介质中，对于保障数据的完整性、可用性具有重大意义。Pandas 库通过 to_excel 方法提供了一种既简单又高效的方式来执行这一任务，极大地增强了数据管理的灵活性和可靠性。以下内容将围绕 Pandas 的数据写入功能展开，特别是如何将 DataFrame 对象写入 Excel 文件，以及如何通过这一过程支持财务领域的数据备份和共享需求。

在财务分析和报告工作中,经常需要对原始数据进行多维度的处理和分析,处理后的数据往往需要被备份或共享给团队的其他成员。以下示例展示了如何利用 Pandas 的 to_excel 方法。这个方法不仅能够高效地备份数据,同时也确保了数据的完整性和可访问性。

1. 读取并处理原始财务数据

```
1. import pandas as pd
2.
3. # 读取原始财务数据:学生信息.xlsx
4. df6 = pd.read_excel(r"学生信息.xlsx", sheet_name = 0, converters ={"体重": float})
```

在此步骤中,我们读取了原始的财务数据,并对数据进行了必要的预处理,比如将"体重"列的数据类型转换为浮点型,以满足财务分析对数据精度的要求。

2. 数据备份到新的 Excel 文件

```
1. # 将处理后的数据写入到新的 Excel 文件进行备份
2. df6.to_excel(r"学生信息_备份.xlsx", sheet_name ="备份", index = False)
```

此处,to_excel 方法不仅实现了数据的备份,通过 index = False 参数还省略了 DataFrame 的索引列,使得备份的 Excel 文件更加整洁。

3. 验证备份文件内容

为确保备份的数据完整且无误,再次读取并检查备份文件是一个良好的习惯。

```
1. # 检查备份文件内容
2. df7 = pd.read_excel(r"学生信息_备份.xlsx", sheet_name ="备份")
3. print(df7.head())
4.
```

通过输出备份文件的前几行内容,我们可以快速验证数据是否正确写入,确保备份操作的成功。

在当今数据驱动的财务分析领域,高效且可靠的数据管理操作对于维护数据完整性、支持决策制定过程至关重要。Pandas 库的 to_excel 方法为财务专业人士提供了一个强大的工具,使数据备份到共享的整个过程变得既简单又高效。掌握如何利用 Pandas 进行数据写入不仅能够提高工作效率,更能够在保证数据安全的同时,支持更广泛的数据分析和决策制定活动。

【例题 3-11】 使用 Pandas 将 DataFramedf 写入到名为结果汇总.xlsx 的 Excel 文件中,如果我们不希望在 Excel 文件中显示 DataFrame 的索引,应该设置(   )。

　　A. df.to_excel("结果汇总.xlsx", index=True)

　　B. df.to_excel("结果汇总.xlsx", index=False)

　　C. df.to_excel("结果汇总.xlsx")

　　D. df.to_excel("结果汇总.xlsx", show_index=False)

【例题 3-12】 如果我们想要将 DataFrame df 的数据写入到"数据分析结果.xlsx"文件的分析工作表中,并且希望从第二行第三列开始写入数据,下列选项中,正确的是(   )。

A. df.to_excel("数据分析结果.xlsx", sheet_name="分析", startrow=1, startcol=2)

B. df.to_excel("数据分析结果.xlsx", sheet_name="分析", index=False)

C. df.to_excel("数据分析结果.xlsx", "分析", startrow=2, startcol=3)

D. df.to_excel("数据分析结果.xlsx", sheet_name="分析", startrow=1, startcol=2, index=False)

四、分析并备份公司的财务报表数据

假设我们有一个公司的财务报表数据存储在名为"公司财务报表.xlsx"的 Excel 文件中,该文件包含了公司各部门的收入和支出情况。我们的任务是读取这些数据,计算各部门的净收入(收入减去支出),并将结果备份到新的 Excel 文件中。

为了模拟一个案例,我们将构造一个简化的"公司财务报表.xlsx"的原始数据表格内容。由于实际环境中不能直接创建 Excel 文件,我们在这里描述其结构和内容,以便于理解如何使用 Pandas 处理这类数据。

1. 公司财务报表示例数据

假设"公司财务报表.xlsx"包含以下列,

部门:存储各个部门的名称。

收入:表示每个部门在特定期间内的收入金额。

支出:表示每个部门在同一期间内的支出金额。

示例数据如表 3-12 所示。

表 3-12 公司财务报表示例数据　　　　　　　　　　　单位:元

部门	收入	支出
销售部	10 000	7 000
研发部	15 000	12 000
人事部	5 000	2 000
市场部	8 000	5 000

这个 Excel 文件的每一行代表一个部门的财务情况,包括该部门的收入和支出数据。

2. 使用 Pandas 处理财务报表数据

基于上述的 Excel 数据结构,我们可以编写 Pandas 代码来处理这些数据。先读取 Excel 文件,然后计算每个部门的净收入,并将处理后的数据保存到新的 Excel 文件中。以下是完整的代码流程:

```
1. import pandas as pd
2. # 假设 Excel 文件路径
3. file_path = r"公司财务报表.xlsx"
4. # 读取 Excel 文件
5. df = pd.read_excel(file_path)
6. # 计算净收入
7. df['净收入'] = df['收入'] - df['支出']
8. # 保存处理后的数据到新的 Excel 文件
9. backup_file_path = r"公司财务报表_处理后备份.xlsx"
10. df.to_excel(backup_file_path, sheet_name = '处理后数据', index = False)
11. # 验证备份文件内容
12. df_backup = pd.read_excel(backup_file_path)
13. print(df_backup.head())
```

此案例模拟了从原始财务报表读取数据、计算净收入并备份到新文件的整个过程。通过 Pandas,这一系列操作变得既简单又高效,极大地方便了财务数据的处理和分析。

任务六　Pandas 的综合运用

一、数据读取与计算介绍

在大数据时代,Python 及其强大的数据处理库 Pandas 已成为数据分析师的利器。Pandas 不仅能够高效地处理和分析大量数据,还提供了丰富的功能,如数据读取、计算和转换等,极大地提升了数据处理的灵活性和效率。本任务将深入探讨 Pandas 在数据读取与计算中的应用,特别是如何通过直接索引技术来选取和计算数据。

1. 创建 DataFrame

在进行数据分析之前,需要将数据组织成结构化的形式。

```
1. import pandas as pd
2. # 定义学生信息数据
3. dataList = [
4.     [2021001, "张奕成", "男", 20, "13860169996", 175, 66],
5.     [2021002, "林海之", "男", 22, "13860165188", 180, 75],
6.     [2021003, "张晨", "男", 22, "13606936277", 168, 60],
7.     [2021004, "李丽琴", "女", 18, "13696925988", 160, 55],
8.     [2021005, "林雨", "女", 20, "13599535959", 168, 52]
9. ]
10. # 定义列名称
11. columnList = ["学号", "姓名", "性别", "年龄", "手机号", "身高", "体重"]
12. # 创建 DataFrame
13. df = pd.DataFrame(dataList, columns = columnList)
14. # 展示 DataFrame 内容
15. print(df)
```

2. 选取单列数据

在数据分析过程中,经常需要根据特定的列来进行分析。Pandas 提供了直接索引的方式来选取 DataFrame 中的一列或多列数据。以下是如何获取所有学生姓名的示例:

```
1. # 获取姓名列
2. names = df["姓名"]
3. print(names)
```

这会返回一个 Series 对象,其中包含了 DataFrame 中所有学生的姓名,使得进一步的数据处理或分析变得简单直接。

3. 选取多列数据

在需要同时分析多个字段时,可以通过直接索引并将列名放入列表中来选取多列数据。这种方式非常适合需要对数据进行横向对比或综合分析的场景:

```
1. # 获取姓名和性别列
2. data = df[["姓名", "性别"]]
3. print(data)
```

这样操作后,我们得到了一个新的 DataFrame,仅包含姓名和性别两列,便于我们对这两个维度的数据进行集中分析。

在处理大数据时,数据的读取与计算是基础也是关键。Pandas 的 DataFrame 结构提供了高度的灵活性和强大的功能,使得从基本的数据读取到复杂的数据处理都变得简单高效。通过直接索引技术,我们可以轻松选取所需的数据进行分析,无论是对单一维度的分析还是多维度的综合分析,Pandas 都能够提供支持。掌握这些技能,对于任何希望在大数据时代中利用 Python 进行数据分析的人来说都是极其宝贵。

4. 选取特定列数据

在进行数据分析时,经常需要关注数据集中的特定几列。Pandas 通过直接索引的方式允许我们灵活地选取特定的一列或多列数据,从而便于对特定维度进行深入分析。

示例:选取姓名、身高和体重。

假设我们需要分析学生的身体状况,那么姓名、身高和体重这三个字段就显得尤为重要。以下代码展示了如何选取这三列数据:

```
1. # 获取姓名,身高,体重列
2. data = df[["姓名", "身高", "体重"]]
3. print(data)
```

通过上述操作,我们得到了一个新的 DataFrame,仅包含姓名、身高和体重三列,方便我们针对这些特定信息进行进一步的统计和分析。

5. 按位置选取连续的行

在某些情况下，我们可能对数据集中的特定几行感兴趣，比如最新的记录或是某个特定范围内的数据。Pandas 通过提供类似于 Python 列表切片的操作方式，使得按位置选取连续行成为可能。

示例：选取前两行数据。

对于新录入系统的数据，我们可能需要先行查看，以确认数据的正确性。以下展示了如何选取 DataFrame 的前两行数据：

```
1. # 获取前两行
2. data = df[0:2]
3. print(data)
4.
```

这会返回一个包含原 DataFrame 前两行的新 DataFrame 对象，让我们能够快速检查最新的数据记录。

示例：选取后三行数据。

同样，如果我们需要查看最后几条记录，可以通过以下方式进行：

```
1. # 获取后三行
2. data = df[-3:]
3. print(data)
```

这段代码返回了 DataFrame 中最后三行的数据。在 Pandas 中，支持使用负数索引，类似 Python 的列表，使得从 DataFrame 的末尾开始选取数据变得非常便捷。无论是选取特定列的数据以关注某些特定的信息，还是通过位置来选取连续的行以观察数据集的特定部分，Pandas 都提供了简单而强大的方法。这些方法不仅提升了数据处理的灵活性，也为财务分析师在面对庞大数据集时提供了极大的便利。掌握这些数据选取技巧，能够帮助分析师们更加高效地从大数据中提取有价值的信息，为财务决策和策略制定提供坚实的数据支持。

【例题 3-13】 使用 Pandas 将 DataFrame df 写入到名为"结果汇总.xlsx"的 Excel 文件中，如果我们不希望在 Excel 文件中显示 DataFrame 的索引，应该设置（　　）。

A. df.to_excel("结果汇总.xlsx", index=True)

B. df.to_excel("结果汇总.xlsx", index=False)

C. df.to_excel("结果汇总.xlsx")

D. df.to_excel("结果汇总.xlsx", show_index=False)

【例题 3-14】 如果我们想要将 DataFrame df 的数据写入到"数据分析结果.xlsx"文件的分析工作表中，并且希望从第二行第三列开始写入数据，下列选项中，正确的是（　　）。

A. df.to_excel("数据分析结果.xlsx", sheet_name="分析", startrow=1, startcol=2)

B. df.to_excel("数据分析结果.xlsx", sheet_name="分析", index=False)

C. df.to_excel("数据分析结果.xlsx", "分析", startrow=2, startcol=3)

D. df.to_excel("数据分析结果.xlsx", sheet_name="分析", startrow=1, startcol=2, index=False)

二、数据连接与合并

1. 数据合并

在财务分析和数据处理中,高效地合并和连接不同数据集是至关重要的。本任务将深入探讨使用 Pandas 进行数据合并的高级技术,旨在为财务分析师提供强大的工具来处理和分析数据。

合并数据在财务分析中扮演着核心角色,它不仅涉及基本的纵向和横向合并,还包括根据复杂条件进行精确的数据整合。纵向合并(或称为垂直合并)通常应用于相同类型数据的聚合,如合并不同时间段的财务报表。横向合并(或称为水平合并)则适用于将不同数据源按关键字段关联起来,比如将财务数据与市场数据根据特定标识符合并。

考虑到财务分析中的实际需求,我们将使用两个示例数据集 df1 和 df2,它们分别包含 1 号店和 2 号店的财务数据。我们的目标是通过各种合并技术,有效地整合这些数据以进行进一步分析。

1)基础设置

```
1. import pandas as pd df1 = pd.read_excel('1号店财务数据.xlsx') df2 = pd.read_excel('2号店财务数据.xlsx')
```

2)纵向合并技术

不重排索引的纵向合并,是直接合并而不更改索引,适用于追加操作。

```
1. df3 = pd.concat([df1, df2], axis = 0)
```

重排索引的纵向合并,在合并时创建新的索引,确保索引的连续性,适用于需要重置索引的场景。

```
1. df3 = pd.concat([df1, df2], axis = 0, join = 'outer', ignore_index = True)
```

使用内连接的纵向合并,仅合并两个数据集中都存在的列,适用于仅需共有信息的分析。

```
1. df3 = pd.concat([df1, df2], join = 'inner', ignore_index = True)
```

3)横向合并技术

不重排索引的横向合并,合并数据集但保持原有索引,适合关联不同来源但相关的

```
1. df4 = pd.concat([df1, df2], axis = 1, join = "outer", sort = False)
```

重排索引的横向合并,在横向合并时创建新的列索引,保证索引的整洁性。

```
1. df4 = pd.concat([df1, df2], axis = 1, join = "outer", sort = False, ignore_index = True)
```

【例题 3-15】 假设有两个 DataFrame,df1 和 df2,现在需要将这两个 DataFrame 纵向合并,并保留所有行的原始索引,下列选项中,正确的代码实现是(　　)。

A. df3 = pd.concat([df1, df2], axis=0)
B. df3 = pd.concat([df1, df2], axis=1)
C. df3 = pd.concat([df1, df2], axis=0, ignore_index=True)
D. df3 = pd.merge(df1, df2, left_index=True, right_index=True)

【例题 3-16】 若希望将两个 DataFrame df1 和 df2 进行横向合并,并且在合并过程中不希望改变原有的行索引,下列选项中,正确的代码实现是(　　)。

A. df3 = pd.concat([df1, df2], axis=1, ignore_index=True)
B. df3 = pd.concat([df1, df2], axis=0)
C. df3 = pd.concat([df1, df2], axis=1)
D. df3 = pd.concat([df1, df2], axis=1, join='inner')

2. 数据连接

在财务数据分析领域,高效地整合不同来源的数据是至关重要的。Pandas 的 merge 函数为此提供了强大的支持,使得执行各种类型的数据连接操作变得既简单又高效。这些操作通常涉及将两个或多个 DataFrame 基于一列或多列的共同值合并到一起,以便进行全面分析。

数据连接

示例:连接客户信息表与销售收入表。

假设我们有两个 DataFrame df1 和 df2,分别包含客户信息和销售收入数据。我们的目标是根据"客户名称"这一共同字段将这两个 DataFrame 连接起来,以便进行更深入的财务分析。

我们将创建一些示例数据来模拟"客户信息表"和"销售收入表",然后展示如何使用 Pandas 的 merge 函数进行各种连接操作。这将包括左连接、右连接、外连接和内连接的示例,以及如何处理两个 DataFrame 中用于连接的列名不同时的情况。接下来,我们会生成原始用于处理的数据。

1)基础设置

我们需要先生成两个 DataFrame:df1 代表"客户信息表",df2 代表"销售收入表"。

```
1. import pandas as pd
2. from io import StringIO
3. 
4. # 定义客户信息数据
5. data1 = """客户名称,客户类型
6. 客户 A,类型 1
```

```
7. 客户 B,类型 2
8. 客户 C,类型 1"""
9.
10. # 定义销售收入数据
11. data2 = """客户名称,销售收入
12. 客户 A,10000
13. 客户 C,15000
14. 客户 D,7000"""
15.
16. # 使用 StringIO 快速创建 DataFrame
17. df1 = pd.read_csv(StringIO(data1))
18. df2 = pd.read_csv(StringIO(data2))
19.
20. print("客户信息表 (df1):")
21. print(df1)
22. print("\n 销售收入表 (df2):")
23. print(df2)连接操作的财务应用
```

执行上述代码后将得到以下数据用于后续处理,如表 3-13 和表 3-14 所示。

表 3-13 客户信息表(df1)

序号	客户名称	客户类型
0	客户 A	类型 1
1	客户 B	类型 2
2	客户 C	类型 1

表 3-14 销售收入表(df2)

序号	客户名称	销售收入
0	客户 A	10 000
1	客户 C	15 000
2	客户 D	7 000

2) 连接操作的特点

在财务数据分析中,了解并选择合适的数据连接类型对于确保数据的完整性和准确性至关重要。左连接、右连接、外连接和内连接是四种基本的数据连接类型,每种类型都有其特定的用途和优势。以下是对这四种连接类型的特点的简要描述:

(1) 左连接(left join)。左连接是一种数据连接操作,其中左侧 DataFrame 的所有行都会被保留,在右侧 DataFrame 中没有匹配的行则以 NaN 填充。左连接特别适用于需要保留主表(左表)所有记录的情况,即使一些记录在关联表中没有对应的匹配项。在财务分析中,左连接常用于确保所有客户或产品信息都得到考虑,如在生成客户完整信息报告时,即便某些客户可能没有最近的交易记录。

(2) 右连接(right join)。右连接与左连接相反,它保留右侧 DataFrame 的所有行,如果左侧 DataFrame 中没有匹配的行,则在结果中以 NaN 填充。右连接适合于当关注点在于右表(如交易记录或销售数据)的完整性时,确保所有的交易或销售活动都被捕捉,不论它们是否在左表(如客户信息表)中有对应的条目。这对于分析涉及所有已记录交易的报告时特别有用。

(3) 外连接(outer join)。外连接合并了左连接和右连接的特点,它保留了两个 DataFrame 中的所有行,不匹配的行同样以 NaN 填充。外连接提供了最全面的数据视图,适用于需要全面分析两个数据集合并时的情况,包括那些只出现在一个 DataFrame 中的记录。在财务分析中,外连接可以用来识别潜在的数据一致性问题,如客户名单和销售记录之间的不匹配。

(4) 内连接(inner join)。内连接只保留两个 DataFrame 中都有匹配的行。这是最严格的连接类型,它确保了结果集中的每一行都在两个 DataFrame 中有对应的匹配项。内连接用于当只需要分析两个数据集中共有的部分时,如只分析那些既有客户信息又有销售记录的客户。在财务分析中,内连接常用于聚焦于特定数据集的精确分析,例如,对某个时间段内活跃客户的销售绩效分析。

3) 连接操作的具体用途的优势。

(1) 左连接。

```
1. df_left = pd.merge(df1, df2, how='left', on='客户名称')
2. print("左连接结果:")
3. print(df_left)
```

执行上述左连接代码,我们将得到如表 3-15 所示的结果。

表 3-15 左连接结果

序号	客户名称	客户类型	销售收入
0	客户 A	类型 1	10 000.0
1	客户 B	类型 2	NaN
2	客户 C	类型 1	15 000.0

左连接非常适用于确保包含所有客户的信息,即便某些客户在特定时间段内没有产生销售。这对于保持客户的完整记录非常重要,如在创建全客户基础的报告时。此外,在执行信用风险评估时,需要考虑所有客户的数据,包括那些最近可能没有交易活动的客户,左连接能确保这一点。

(2) 右连接。

```
1. df_right = pd.merge(df1, df2, how='right', on='客户名称')
2. print("右连接结果:")
3. print(df_right)
```

右连接确保了所有销售活动都被包含,特别适用于销售数据的完整性分析。这对于追踪特定时间段内所有销售记录至关重要,比如在进行销售成绩的绩效评估或计算销售相关的财务指标时,确保没有遗漏任何销售活动,执行结果如表3-16所示。

表3-16　右连接结果　　　　　　　　　　　　　　　　　　　　　　　单位:元

序号	客户名称	客户类型	销售收入
0	客户A	类型1	10 000
1	客户C	类型1	15 000
2	客户D	NaN	7 000

(3) 外连接。

```
1. df_outer = pd.merge(df1, df2, how = 'outer', on = '客户名称')
2. print("外连接结果:")
3. print(df_outer)
```

表3-17　外连接结果　　　　　　　　　　　　　　　　　　　　　　　单位:元

序号	客户名称	客户类型	销售收入
0	客户A	类型1	10 000.0
1	客户B	类型2	NaN
2	客户C	类型1	15 000.0
3	客户D	NaN	7 000.0

外连接提供了最全面的数据视图,它能够揭示出哪些客户有销售记录,哪些没有,同时也能指出有销售记录却没有客户信息的异常情况。这对于数据清洗和完整性校验极为重要,特别是在合并不同来源或格式的财务数据时,外连接帮助确保数据的完整性和一致性,执行结果如表3-17所示。

(4) 内连接。

```
1. df_inner = pd.merge(df1, df2, how = 'inner', on = '客户名称')
2. print("内连接结果:")
3. print(df_inner)
```

表3-18　内连接结果　　　　　　　　　　　　　　　　　　　　　　　单位:元

序号	客户名称	客户类型	销售收入
0	客户A	类型1	10 000
1	客户C	类型1	15 000

内连接是最严格的数据连接方式,它只包含两个表中都存在的记录。这种方式适用于那些需要精确匹配数据集的场景,例如分析具有交易记录的客户的购买行为或评估特定客

户群体的销售绩效。内连接确保分析的准确性,避免了因数据缺失造成的偏差,执行结果如表 3-18 所示。

(5) 使用 left_on 与 right_on 进行连接。要演示 left_on 和 right_on 参数的使用,我们可以创建两个新的 DataFrame,其中列名代表相同的数据但命名不同。这在财务数据处理中很常见,尤其是当数据来源于不同的系统或部门,而这些系统或部门使用不同的命名约定时。

假设 df1 代表了一个部门的客户信息表,其中客户名称列为"客户名称",而 df2 代表了另一个部门的销售记录表,其中客户名称列为"客户 ID"。我们的目标是根据客户名称(或 ID)将这两个表连接起来。

首先,我们构造这两个示例 DataFrame:

```
1. import pandas as pd
2.
3. # 示例 DataFrame,代表不同部门的数据,列名不同但数据相同
4. df1 = pd.DataFrame({
5.     '客户名称': ['客户 A', '客户 B', '客户 C'],
6.     '客户类型': ['类型 1', '类型 2', '类型 1']
7. })
8.
9. df2 = pd.DataFrame({
10.    '客户 ID': ['客户 A', '客户 C', '客户 D'],
11.    '销售收入': [10000, 15000, 7000]
12. })
```

其次,使用 left_on 和 right_on 进行连接:

```
1. df_combined = pd.merge(df1, df2, left_on='客户名称', right_on='客户 ID', how='inner')
2. print("使用 left_on 与 right_on 进行内连接的结果:")
3. print(df_combined)
```

最后,使用 left_on 与 right_on 进行内连接的结果如表 3-19 所示。

表 3-19　使用 left_on 与 right_on 进行内连接的结果

序号	客户名称	客户类型	客户 ID	销售收入(元)
0	客户 A	类型 1	客户 A	10 000
1	客户 C	类型 1	客户 C	15 000

在这个例子中,我们使用了内连接(how=' inner'),这意味着只有在 df1 的"客户名称"和 df2 的"客户 ID"都存在匹配时,记录才会出现在最终的结果中。这种连接方式尤其适用于需要确保数据准确对应的场景,比如在整合具有不同数据命名规范的报表时,保证只有匹配的数据被合并,从而提高数据处理的精确性和可靠性。

通过使用 left_on 和 right_on,我们可以灵活地处理不同数据源中列名不一致的问题,这对于财务分析师来说极为重要,因为它们经常需要整合和分析来自公司内部不同部门或

外部不同机构的数据。这种方法不仅提升了数据处理的效率,还增加了分析工作的精确度和可靠性。

4)示例扩展:多年度客户销售收入分析

在我们的扩展示例中,我们将演示如何使用 Pandas 进行多年度客户销售收入分析,特别是比较同一客户在 2019 年和 2020 年的销售收入变化。我们假设已经有两个 Excel 文件:"2019 年客户销售收入.xlsx"和"2020 年客户销售收入.xlsx",这里我们将提供这两个文件的模拟内容,展示如何加载、连接这些数据,并应用于财务分析。

(1)数据加载。我们模拟这两个 Excel 文件的内容,以 DataFrame 的形式呈现:

```
1. # 2019年客户销售收入数据
2. df1 = pd.DataFrame({
3.     '客户名称': ['客户 A', '客户 B', '客户 C'],
4.     '销售收入_2019': [10000, 20000, 15000]
5. })
6.
7. # 2020年客户销售收入数据
8. df2 = pd.DataFrame({
9.     '客户描述': ['客户 A', '客户 C', '客户 D'],   # 注意:'客户 B'在2020年的数据中缺失,'客户 D'是新客户
10.    '销售收入_2020': [12000, 18000, 8000]
11. })
12.
```

(2)数据连接。我们使用 pd.merge 函数进行内连接,根据 2019 年的"客户名称"和 2020 年的"客户描述"连接起来,并利用 suffixes 参数给合并后的同名列添加后缀,以区分不同年份的数据,执行结果如表 3-20 所示。

```
1. df_combined = pd.merge(df1, df2, how = 'inner', left_on =['客户名称'], right_on =['客户描述'], suffixes =('_2019', '_2020'))
2. print(df_combined)
3.
```

表 3-20 连接后的不同年份数据表   单位:元

序号	客户名称	销售收入_2019	客户描述	销售收入_2020
0	客户 A	10 000	客户 A	12 000
1	客户 C	15 000	客户 C	18 000

(3)财务分析应用。通过连接不同年份的销售数据,财务分析师可以执行以下操作。

评估客户价值:通过识别销售收入增长或下降的客户,分析师可以帮助公司更好地理解客户价值和客户忠诚度。

监控销售趋势:分析整体销售趋势和季节性变化,提供产品规划和库存管理的依据。

制定目标:基于历史销售数据制定更精确的销售目标和业务增长目标。

风险管理：通过识别销售下降的客户或产品，并分析下降的原因，分析师可以及时调整策略以管理风险。

这种方法不仅提供了对过去和现在业务表现的深入分析，而且还能为公司的未来发展提供洞察和建议。通过精确地比较同一客户在不同年份的销售收入，财务分析师可以揭示出潜在的增长机会和风险，从而为公司的决策提供支持。

【例题 3-17】 假设有两个 DataFramedf_customer 和 df_sales，分别包含客户信息和销售信息。如果我们想要基于"客户名称"将这两个 DataFrame 进行左连接，下列选项中，正确的代码实现是（   ）。

A. df_result = pd.merge(df_customer, df_sales, how='left', on='客户名称')

B. df_result = pd.merge(df_customer, df_sales, how='right', on='客户名称')

C. df_result = pd.merge(df_customer, df_sales, how='outer', on='客户名称')

D. df_result = pd.merge(df_customer, df_sales, how='inner', on='客户名称')

3. 数据左右关联

在处理数据分析和数据科学项目时，特别是在教育领域，我们经常需要合并不同来源的数据集进行全面分析。Pandas 库提供了强大的工具，如 merge 和 concat，来实现这一目的。这次讲座将深入探讨 merge 函数的应用，特别是左连接、右连接和外连接的使用，以及当连接键在两个 DataFrame 中列名不同但含义相同时如何使用 left_on 和 right_on 参数。

数据左右关联

1）数据合并的背景

假设我们有两个数据集，一个是学生信息表（stuInfo），记录了学生的基本信息，如表 3-21 所示；另一个是成绩表（score），记录了学生的模拟考成绩，如表 3-22 所示。我们的目标是根据学号和姓名将这两个表合并，以便进行进一步的分析。

用于处理的原始数据。这里有两个 DataFrame：stuInfo 和 score。

表 3-21 学生信息表

序号	学号	姓名	性别	出生日期	教学班
0	02019020461	赵四	男	2001-09-06	会计1906
1	2019020491	谢大脚	女	2001-07-13	会计1906
2	2019020459	夏雪琴	女	2002-11-03	会计1905

表 3-22 成绩表　　　　　　　　　　　　　　　　　　　　　　　单位：分

序号	学号	姓名	模拟考成绩
0	02019020461	赵四	100.00
1	2019020491	谢大脚	83.75
2	2019020440	吴晶晶	98.82
3	2019020428	邹一航	96.47

接下来,我们可以使用这些数据进行左连接、右连接和外连接的操作,来探索学生信息与成绩之间的关系,特别是对于左连接和右连接的操作,我们将重点观察在连接过程中数据是如何合并的,以及每种连接方式的特点和适用场景。通过这些操作,我们可以深入理解 Pandas 的 merge 函数如何在实际数据处理中被应用,特别是在教育数据分析的背景下。

2)左连接

左连接的代码示例如下:

```
1. stuScore = pd.merge(stuInfo, score, how = 'left', on = ["学号", "姓名"])
2. print(stuScore)
```

运行结果展示了左连接的特点:它保留了左侧 DataFrame(stuInfo)中的所有行,即所有学生的信息。如果右侧 DataFrame(score)中没有对应的成绩记录,则相关成绩字段填充为 NaN。

3)右连接

右连接的代码示例如下:

```
1. stuScore2 = pd.merge(stuInfo, score, how = 'right', on = ["学号", "姓名"])
2. print(stuScore2)
3.
```

右连接保留了右侧 DataFrame(score)中的所有行,即所有有成绩记录的学生。如果左侧 DataFrame(stuInfo)中没有对应的学生信息,则相关学生信息字段填充为 NaN。

4)外连接

外连接的代码示例如下:

```
1. stuScore3 = pd.merge(stuInfo, score, how = 'outer', on = ["学号", "姓名"])
2. print(stuScore3)
3.
```

外连接将左右 DataFrame 中的所有行都保留下来,不论它们是否有匹配。这种连接方式提供了最全面的数据视图,适用于需要全面分析两个数据集合并时的情况。

5)使用 left_on 与 right_on 进行连接

当两个 DataFrame 中用于连接的列名不同时,我们可以使用 left_on 和 right_on 参数。

```
1. stuScore4 = pd.merge(stuInfo, score2, how = 'inner', left_on = ["学号", "姓名"], right_on = ["学生学号", "学生姓名"])
2. print(stuScore4)
3.
```

这种方法适用于两个表中代表相同意义但列名不同的情况,如"学号"与"学生学号","姓名"与"学生姓名"。

通过以上示例和解释，我们不仅学习了如何使用 Pandas 中的 merge 函数进行数据连接，还掌握了选择适当的连接类型（左连接、右连接、外连接）以及如何处理列名不一致时的数据合并。这些技能在处理实际的数据分析任务时非常有用，尤其是当我们需要从多个数据源整合和分析数据时。在教育领域，这样的数据整合为我们提供了深入理解学生表现和识别潜在教学改进点的机会。通过精确的数据操作和分析，我们能够更好地支持学生的学习和发展。

【例题 3-18】 给定两个 DataFrame，df_2019 和 df_2020，分别包含 2019 年和 2020 年的客户销售数据。如果 2019 年的数据中客户名称列为"客户名称"，而 2020 年的数据中对应的列为"客户 ID"，我们想要将这两个 DataFrame 基于这两列进行内连接，下列选项中，正确的是（　　）。

A. df_result = pd.merge(df_2019, df_2020, how='inner', on='客户名称')

B. df_result = pd.merge(df_2019, df_2020, how='inner', left_on='客户名称', right_on='客户 ID')

C. df_result = pd.merge(df_2019, df_2020, how='left', left_on='客户名称', right_on='客户 ID')

D. df_result = pd.merge(df_2019, df_2020, how='outer', left_on='客户名称', right_on='客户 ID')

4. Concat 和 Merge 的区别

Pandas 库是 Python 数据分析的核心库之一，提供了大量强大的数据处理工具。在数据分析工作中，经常需要将不同的数据集合并起来进行统一分析。Pandas 中的 concat 和 merge 函数是用于合并数据集的两个非常重要的工具，它们在功能上有着明显的区别，适用于不同的数据合并场景。

1) Concat 函数

Concat 函数主要用于在轴向上（行或列）合并或堆叠多个 Pandas 对象（如 Series 或 DataFrame）。它不仅可以横向连接（沿着列合并），也可以纵向连接（沿着行合并）。

(1) 特点：能够一次性处理多个对象。主要用于简单的数据拼接任务，不涉及复杂的数据对齐或关系合并逻辑。支持沿着指定的轴进行连接，默认是纵向（axis=0，即增加行数）。

(2) 示例：假设我们有两个关于学生信息的 DataFrame，df1 包含学生的基本信息，df2 包含同一批学生的额外信息，代码如下所示。我们想要将这两个 DataFrame 纵向合并起来。

```
1. import pandas as pd
2.
3. # 简化的示例数据
4. df1 = pd.DataFrame({
5.     "学号": ["001", "002"],
6.     "姓名": ["张三", "李四"]
7. })
```

```
8.
9.  df2 = pd.DataFrame({
10.       "学号": ["003", "004"],
11.       "姓名": ["王五", "赵六"]
12.  })
13.
14.  # 纵向合并
15.  result = pd.concat([df1, df2], axis = 0)
16.  print(result)
```

执行上述代码得到的结果如表3-23所示。

表3-23　使用concat函数连接的结果

序号	学号	姓名
0	001	张三
1	002	李四
0	003	王五
1	004	赵六

2) merge 函数

merge函数主要用于根据一个或多个键将不同的数据集的行连接起来,类似于SQL中的JOIN操作。它提供了非常灵活的数据合并能力,包括内连接、外连接、左连接和右连接等。

(1) 特点:通常用于基于一个或多个键将两个数据集的行连接起来,支持内连接、外连接、左连接和右连接等多种连接方式,只能同时处理两个对象。

(2) 示例:假设我们有两个DataFrame,df_info包含学生的基本信息,df_scores包含学生的成绩信息,如下代码所示。我们想要根据"学号"将这两个DataFrame进行内连接,以获取有成绩记录的学生的完整信息。

```
1.  df_info = pd.DataFrame({
2.       "学号": ["001", "002", "003"],
3.       "姓名": ["张三", "李四", "王五"]
4.  })
5.
6.  df_scores = pd.DataFrame({
7.       "学号": ["001", "003"],
8.       "成绩": [90, 85]
9.  })
10.
11. # 内连接
12. result = pd.merge(df_info, df_scores, on = "学号", how = "inner")
13. print(result)
```

执行代码得到的结果如表3-24所示。

表 3-24　使用 merge 函数所连接的结果　　　　　　　　　　　单位:分

序号	学号	姓名	成绩
0	001	张三	90
1	003	王五	85

虽然 concat 和 merge 都可以用于合并数据,但它们适用于不同的场景。concat 更适用于简单的沿轴向合并操作,特别是当需要将多个相似的数据集堆叠在一起时。而 merge 更适用于需要根据一个或多个键进行复杂合并逻辑的场景,类似于数据库中的 JOIN 操作。在实际的数据处理工作中,选择正确的工具将有助于更高效地完成数据合并任务。

三、数据透视

数据透视表是一种在 Microsoft Excel 和其他数据分析软件中常见的功能,它允许用户将数据动态地排布在一个表格中并进行分类汇总。Pandas 库中的 pivot_table 函数提供了一个类似的功能,允许用户在 Python 中利用 DataFrame 对象创建类似 Excel 的数据透视表。这个功能尤其强大,因为它能够帮助分析师从庞大的数据集中发掘数据之间的关系,同时保持原始数据不被破坏。

数据透视

利用数据透视表,我们可以根据某些特定的行和列对数据进行汇总和分析。比如,我们可以根据产品类别和销售地区对销售额进行汇总,或者计算每个类别和地区的平均销售额。这样的操作对于数据分析来说非常重要,因为它能帮助我们更好地理解和解释数据集中的潜在价值。

1. 语法格式

Pandas 中 pivot_table 的基本语法格式如下,详细说明如表 3-25 所示。

```
1. df.pivot_table(index = None, columns = None, values = None, aggfunc = 'mean', fill_value = None, margins = False, margins_name = 'All')
```

表 3-25　关键参数及其含义

关键参数	含义
index:	设定数据透视表的行索引
columns:	设定数据透视表的列索引
values:	指定用于聚合的数据列,默认为 DataFrame 中的所有数值列
aggfunc:	聚合函数或函数列表,默认值为 'mean'。可以是 'sum'、'mean'、'count'、'min'、'max' 等
fill_value:	用于替换结果中的缺失值(NaN)
margins:	是否添加行/列小计和总计,默认为 False
margins_name:	当 margins 为 True 时,小计和总计的行/列名称,默认为 'All'

2. 参数解释与实例

假设我们有一个包含月份、年份、营业收入和净利润的 DataFrame,我们想根据年份和月份对营业收入和净利润进行汇总分析。

```
1. df.pivot_table(index ='月', columns ='年', values =['营业收入', '净利润'], aggfunc
='sum', fill_value = 0, margins = True, margins_name ='Total')
```

在这个例子中:

index='月'表示数据透视表的行是按月份进行分组的。

columns='年'表示数据透视表的列是按年份进行分组的。

values=['营业收入', '净利润']指定了我们想要汇总的数据列。

aggfunc=' sum '设定了聚合函数为求和,这意味着我们将对每个年份和月份的营业收入和净利润进行求和。

fill_value=0 意味着所有的 NaN 值将被 0 替代。

margins=True 和 margins_name=' Total '表示我们想要在数据透视表的底部添加一个汇总行,并将该行命名为' Total '。

3. 数据透视应用

假设我们正在进行一个市场分析项目,需要分析不同产品类别在不同季度的销售情况。我们的目标是创建一个数据透视表,该表能够根据产品类别(category)和季度(quarter)对销售额(sales)进行汇总,并计算每个类别每个季度的总销售额和平均销售额。

1) 示例数据准备

首先,我们创建一个包含产品类别、季度和销售额信息的示例 DataFrame。

```
1. import pandas as pd
2. import numpy as np
3.
4. # 创建示例 DataFrame
5. df = pd.DataFrame({
6.     'Category': ['A', 'B', 'C', 'A', 'B', 'C', 'A', 'B', 'C'],
7.     'Quarter': ['Q1', 'Q1', 'Q1', 'Q2', 'Q2', 'Q2', 'Q3', 'Q3', 'Q3'],
8.     'Sales': [100, 150, 200, 250, 300, 350, 400, 450, 500]
9. })
10.
11. # 使用字符串"sum"来避免 FutureWarning
12. pivot_table_total = pd.pivot_table(df, values ='Sales', index ='Category', columns ='Quarter', aggfunc ='sum', fill_value = 0)
13.
14. print(pivot_table_total)
```

在这个代码示例中,df DataFrame 包含了销售数据,按产品类别和季度分类。我们创建了一个数据透视表 pivot_table_total,它按产品类别汇总了每个季度的销售额。通过指定

aggfunc='sum'(而不是使用 np.sum),我们避免了 FutureWarning,同时保证了代码的未来兼容性。fill_value=0 确保了在数据透视表中缺失值被 0 替代,这样做可以更清晰地展示没有销售记录的季度。

通过这种方式,我们不仅遵循了 Pandas 库的最佳实践,也确保了代码的长期稳定性。数据透视表是分析和总结大量数据的有力工具,能够帮助我们快速理解数据的主要趋势和模式。

2)创建数据透视表

其次,我们将创建两个数据透视表:一个用于计算每个产品类别在每个季度的总销售额,另一个用于计算平均销售额。

(1)计算总销售额:我们利用 pivot_table 函数来计算每个类别在每个季度的总销售额。

```
1. # 计算每个类别每个季度的总销售额
2. pivot_table_total = pd.pivot_table(df, values = 'Sales', index = 'Category', columns = 'Quarter', aggfunc = np.sum, fill_value = 0)
3. print("总销售额数据透视表:")
4. print(pivot_table_total)
```

这将生成如表 3-26 所示数据透视表。

表 3-26 总销售额数据透视表

类别	Q1	Q2
A	500	150
B	200	700
C	800	350

(2)计算平均销售额:最后,我们使用相同的 pivot_table 函数来计算每个类别在每个季度的平均销售额。

```
1. # 计算每个类别每个季度的平均销售额
2. pivot_table_mean = pd.pivot_table(df, values = 'Sales', index = 'Category', columns = 'Quarter', aggfunc = np.mean, fill_value = 0)
3. print("平均销售额数据透视表:")
4. print(pivot_table_mean)
```

这将生成如表 3-27 所示数据透视表。

表 3-27 平均销售额数据透视表

类别	Q1	Q2
A	500	150
B	200	700
C	800	350

在这个简单的例子中，由于每个类别每季度的销售记录只有一个，因此总销售额和平均销售额相同。然而，在实际的数据集中，每个类别可能有多个销售记录，这时候平均销售额的计算就非常有用了。

通过这两个数据透视表，我们可以快速地获取每个产品类别在每个季度的总销售额和平均销售额，这为销售情况的深入分析提供了基础。这样的分析可以帮助企业识别销售的季节性模式、评估不同产品类别的表现，并根据这些信息制定更有效的销售策略和业务决策。

【例题 3-19】 假设我们有一个 DataFrame df 包含学生的月考成绩信息，现在我们想要根据"考试科目"对成绩进行数据透视，应该设置 pivot_table 函数的 index 参数为（ ）。

A. index=['学生姓名']
B. index=['考试科目']
C. index=['考试科目', '成绩']
D. index=['学生姓名', '考试科目']

【例题 3-20】 继续上述 DataFrame df 的场景，如果我们只对"成绩"这一列感兴趣，并希望将"学生姓名"和"考试科目"作为数据透视表的行，应该设置 pivot_table 函数的 index 和 values 参数为（ ）。

A. index=['学生姓名'], values=['考试科目']
B. index=['考试科目'], values=['学生姓名']
C. index=['学生姓名', '考试科目'], values=['成绩']
D. index=['成绩'], values=['学生姓名', '考试科目']

4. 数据透视进阶应用

数据透视表是数据分析师的强大工具，它具备强大的数据整理和汇总功能，以下是对数据透视表操作的进一步深入和扩展。

1）数据透视列中值的计算方式扩展

在数据透视表中，aggfunc 参数的灵活运用允许我们从多个角度分析数据。除了计算平均值（mean）和总和（sum）之外，Pandas 还支持多种聚合函数，如计数（count）、最大值（max）、最小值（min）等。

示例：计算最小值和最大值。

为了深入了解每个考试科目的成绩分布，我们可以计算每个科目的最小和最大成绩，执行结果如表 3-28 和表 3-29 所示。

```
1. # 计算最小值
2. df_p_min = df.pivot_table(index =['考试科目'], values =["成绩"], aggfunc ='min')
3. print("每个考试科目的最小成绩:")
4. print(df_p_min)
5.
6. # 计算最大值
```

```
7. df_p_max = df.pivot_table(index = ['考试科目'], values = ["成绩"], aggfunc = 'max')
8. print("每个考试科目的最大成绩:")
9. print(df_p_max)
```

表3-28 每个考试科目的最小成绩　　　　　　　　　　　　　　　　　　单位:分

考试科目	成绩	考试科目	成绩
化学	85	生物	92
数学	90	英语	88
物理	95		

表3-29 每个考试科目的最大成绩　　　　　　　　　　　　　　　　　　单位:分

考试科目	成绩	考试科目	成绩
化学	85	生物	92
数学	90	英语	88
物理	95		

2) 数据透视表的列扩展

选择列进行透视能够为我们提供不同维度下的数据视图,从而揭示出数据间复杂的相互关系。除了按科目分类,我们还可以按其他分类变量进行透视,以获取更丰富的信息。

示例:按时间进行透视。

如果数据中包含时间信息,如考试月份,我们可以按月份对成绩进行透视,以观察成绩随时间的变化趋势。

```
1. df_p_time = df.pivot_table(index = ['考试月份'], columns = ['考试科目'], values = '成绩', aggfunc = 'mean')
2. print("按月份和考试科目透视的成绩:")
3. print(df_p_time)
```

3) 选择数据填充空值扩展

fill_value参数的选择对于处理空值和保持数据的完整性至关重要。除了使用0填充外,我们也可以根据数据的具体含义选择其他适当的填充值。

4. 是否汇总扩展

汇总行或列的添加为我们提供了一个宏观的视角来观察数据,通过margins和margins_name参数的巧妙使用,我们可以轻松地添加和自定义这些汇总信息。

示例:添加多维度汇总。

在复杂的数据分析任务中,我们可能需要对数据进行多维度的汇总分析。例如,我们不仅想看到总成绩和平均成绩,还想观察每个科目的总成绩和平均成绩。

```
1. df_p_multi = df.pivot_table(index =['学生姓名'], columns =['考试科目'], values ='成
绩', aggfunc =["sum", "mean"], margins = True, margins_name ='总览') print("添加多维度汇总
的数据透视表:")
2. print(df_p_multi)
```

通过这些扩展和示例,我们可以看到数据透视表在数据分析中的强大能力和灵活性。无论是进行简单的总和计算,还是进行更复杂的多维度汇总。

【例题3-21】 在创建数据透视表时,如果没有指定 aggfunc 参数,Pandas 默认会使用( )来处理透视的值。

A. 平均值(mean) B. 总和(sum)

C. 计数(count) D. 最大值(max)

【例题3-22】 在数据透视表中设置 margins＝True 时,Pandas 会添加( )。

A. 一个汇总行,显示所有列的总和

B. 一个汇总列,显示所有行的总和

C. 一个名为"All"的汇总行和汇总列,显示相应的总和

D. 一个自定义名称的汇总行,如果没有指定 margins_name 参数,则不显示

练习

一、单选题

1. ( )是 Pandas 库的一个特点。

　　A. 仅支持一维数据结构　　　　　　B. 主要用于系统编程

　　C. 提供高性能易用数据类型和分析工具　D. 无法处理缺失数据

2. 在 Pandas 中,若要查看 DataFrame 对象的前5行数据,应使用( )。

　　A. dataList.first() 　　　　　　B. dataList.head()

　　C. dataList.top() 　　　　　　　D. dataList.begin()

3. 在 Pandas 中,创建 DataFrame 时为列指定自定义名称的方式为( )。

　　A. 在创建时不指定任何参数

　　B. 通过 columns 参数在创建 DataFrame 时指定

　　C. 使用 rename()方法在创建后修改

　　D. 列名称不能自定义,必须使用默认整数索引

4. 使用 Pandas 创建 Series 时,默认的索引类型是( )。

　　A. 字符串型　　　　　　　　　　B. 整数型

　　C. 浮点型　　　　　　　　　　　D. 日期时间型

5. 若要按照某列的值对 DataFrame 进行降序排序,应使用( )方法。

　　A. dataList.sort_values(by='列名', ascending＝True)

B. dataList.order(by='列名')

C. dataList.sort(by='列名', descending=True)

D. dataList.sort_values(by='列名', ascending=False)

6. Pandas 库主要用于（　　）领域的任务。

   A. 游戏开发　　　　　　　　　　B. 系统编程

   C. 数据分析　　　　　　　　　　D. 网络编程

7. 在 Pandas 中,（　　）访问 DataFrame 的特定列。

   A. 使用.access()方法　　　　　　B. 通过列名作为键值

   C. 使用.get_column()方法　　　　D. 通过列的数字索引

8. Pandas 库能够处理（　　）类型的数据。

   A. 仅文本数据　　　　　　　　　B. 仅数字数据

   C. 文本、数字、时间序列等多种数据类型　D. 二进制数据

9. 在 Pandas 中,Series 和 DataFrame 之间的关系最正确的描述是（　　）。

   A. Series 是 DataFrame 的一种特殊类型　B. Series 和 DataFrame 没有直接关系

   C. DataFrame 是由多个 Series 组成　　D. Series 是对 DataFrame 的扩展

10. 在 Pandas 中,（　　）筛选出 DataFrame 中满足特定条件的行。

    A. 使用.filter()方法　　　　　　B. 使用条件表达式直接筛选

    C. 调用.select()方法　　　　　　D. 通过.where()方法

二、判断题

1. Pandas 只提供了一种数据结构用于数据分析。　　　　　　　　　　（　　）

2. 在 Pandas 中,不能使用.loc[]和.iloc[]方法来访问 DataFrame 的特定行。（　　）

3. 在 Pandas 中,默认情况下使用.sort_values()方法进行数据排序时,排序方向是降序。
   　　　　　　　　　　　　　　　　　　　　　　　　　　　　　　　（　　）

4. 在 Pandas 中创建 Series 时,必须使用整数作为索引。　　　　　　　（　　）

5. Pandas 只能用于金融领域的数据分析。　　　　　　　　　　　　　（　　）

三、多选题

1. 在 Pandas 中,可以用来创建 DataFrame 的方法有（　　）。

   A. 通过字典　　　　　　　　　　B. 通过 Numpy 数组

   C. 直接读取 CSV 文件　　　　　　D. 使用列表嵌套列表

2. 在 Pandas 中,可以对 DataFrame 进行数据处理的操作有（　　）。

   A. 数据过滤　　　　　　　　　　B. 增加新的列

   C. 删除数据行　　　　　　　　　D. 更改索引

3. 在 Pandas 中,可以用来查看 DataFrame 的信息的方法有（　　）。

A. dataList.describe() B. dataList.info()
C. dataList.size() D. dataList.shape()

4. 关于 Pandas 的 Series,以下陈述正确的有(　　)。
   A. Series 可以进行向量化操作 B. Series 的索引只能是整数
   C. Series 可以包含不同类型的数据 D. Series 支持自动对齐数据

5. 在 Pandas 中,处理缺失数据可以使用的方法有(　　)。
   A. 使用 fillna()填充缺失值 B. 使用 dropna()删除含有缺失值的行或列
   C. 使用 replace()方法替换缺失值 D. 使用 isnull()方法识别缺失值

拓展阅读

上海:AI 咨询师、数字辅导员赋能高校育人

项目四

Python 数据采集、清洗、可视化

◇知识目标

1. 学习如何利用 Python 获取和处理来自 API 的数据,以及实现网页爬虫的基本技巧。
2. 理解如何在 Python 中处理数据缺失值、识别和处理重复值以及异常值的方法。
3. 掌握 Matplotlib 库的基础与高级绘图技巧,进行数据的可视化展示。
4. 学会使用 Pyecharts 库进行基础与高级图表的创建,以实现更加动态和丰富的数据展示。

◇能力目标

1. 熟练处理 API 数据和实施网页爬虫,收集网络数据进行分析。
2. 高效识别和处理数据集中的缺失值、重复值和异常值,保证数据的准确性和完整性。
3. 运用 Matplotlib 进行数据可视化,创建直观的图表来分析和展示数据。
4. 利用 Pyecharts 创建动态和交互式的高级图表,增强数据可视化的表现力。

◇素养目标

1. 培养学生对数据质量和数据完整性的关注,提高数据预处理的能力。
2. 通过数据采集和清洗项目,增强学生对数据结构和网络数据协议的理解。
3. 发展学生的数据可视化技能,提升通过图表传达信息和分析结果的能力。
4. 加强学生的项目管理和团队协作能力,特别是在数据相关项目的执行和沟通中。

任务一　数据接口采集数据

一、数据采集的重要性

在现代数据分析中,很多人的理解可能仅停留在将数据进行可视化处理或对数据趋势进行预测。然而,这样的理解并不全面。事实上,一个完整的数据分析流程应该包括三个关键步骤:数据采集、数据处理和数据可视化。这三步是数据分析的基石,缺一不可。

在这三个步骤中,数据采集和数据处理的重要性经常被低估。很多人可能不会意识到,在实际的工作流程中,这两项工作通常会占据项目时间的大部分。数据采集涉及从各种数据源收集原始数据,这是整个数据分析过程的基础。没有准确和全面的数据采集,后续的数据处理和可视化都无从谈起。数据处理包括清洗、整理和转换数据,使其适合进行分析。只有经过这一步骤,数据才能被有效地分析和解释。

数据采集的重要性不仅仅在于它是数据分析流程的第一步,更在于它直接影响到数据分析的质量和效率。一个精确的数据采集过程可以大大减少数据处理阶段的工作量,提高整个数据分析项目的效率。

二、数据接口的应用

在数据采集阶段,数据接口起着至关重要的作用。数据接口是指允许不同的软件应用之间进行通信的方法或协议。在数据采集的上下文中,它们使得我们能够从各种在线服务和数据库中自动地获取数据。这些接口大大简化了数据采集的过程,使得我们可以轻松地从互联网上获取实时数据。

举例来说,天气查询和快递查询服务就是数据接口应用的典型例子。天气查询服务通过 API(应用程序编程接口)允许开发者获取关于天气状况的实时数据。这些数据可以被用来进行气候研究,或者被整合进各种应用程序中,提供用户天气更新。同样,快递查询服务也提供了 API,允许用户或应用程序查询包裹的运送状态。这些服务的背后都是数据接口的运用,它们使得数据能够在不同的系统和应用之间流动,提供了极大的便利和效率。数据接口在现代数据采集中的重要作用。它们不仅提高了数据采集的效率,还扩展了数据采集的范围,使我们能够接触到更多样化的数据来源。

三、数据接口案例应用

数据接口案例应用

在本案例中,我们将通过一个实际的案例来展示如何使用数据接口采集上市公司盈利能力数据。我们将采用 baostock 数据接口,这是一个提供中国股市数据的公共数据接口,可用于获取上市公司的财务报告、交易数据等信息。本案例将分为三个步骤:了解接口规则、运行示范代码和改写代码以采集指定年份的上市公司数据。

案例讲解:使用数据接口,采集上市公司盈利能力数据。

步骤 1:了解接口规则。

在开始使用 baostock 数据接口之前,需要访问官方网站 http://baostock.com/以了解接口的使用规则。官方网站提供了详细的 API 文档,包括如何安装 baostock 库、如何调用不同的接口方法、每个方法的参数说明以及返回的数据说明等,参数说明如表 4-1 所示。熟悉这些规则对于有效使用数据接口至关重要。在运行 baostock 之前,需要进行 baostock 的安装,安装代码如下(安装代码可能随着网站进行更新,具体以官网中最新安装代码为准):

```
1. pip install baostock -i https://pypi.tuna.tsinghua.edu.cn/simple/ --trusted-host pypi.tuna.tsinghua.edu.cn
```

步骤 2:运行示范代码。

接下来,我们将运行一个示范代码,以展示如何采集默认的上市公司盈利能力数据。确保你的 Python 环境中已经安装了 pandas 和 baostock 库,然后,你可以使用以下代码来采集股票代码为"sh.600000"(浦发银行)在 2017 年第二季度的盈利能力数据:

```python
import baostock as bs
import pandas as pd

# 登录系统
lg = bs.login()
# 显示登录返回信息
print('login respond error_code:'+ lg.error_code)
print('login respond error_msg:'+ lg.error_msg)

# 查询季频估值指标盈利能力
profit_list = []
rs_profit = bs.query_profit_data(code="sh.600000", year=2017, quarter=2)
while (rs_profit.error_code == '0') & rs_profit.next():
    profit_list.append(rs_profit.get_row_data())
result_profit = pd.DataFrame(profit_list, columns=rs_profit.fields)

# 打印输出
print(result_profit)

# 登出系统
bs.logout()
```

这段代码首先登录 baostock 系统,其次查询指定股票代码和时间的盈利能力数据,最后将查询结果以 pandas DataFrame 的形式打印出来。以上代码可以根据需要分段进行运行。

表 4-1 参数名称含义

参数名称	参数描述	算法说明
code	证券代码	
pubDate	公司发布财报的日期	
statDate	财报统计的季度的最后一天,比如 2017-03-31,2017-06-30	
roeAvg	净资产收益率(平均)(%)|归属母公司股东净利润	[(期初归属母公司股东的权益+期末归属母公司股东的权益)/2] * 100%
npMargin	销售净利率(%)	净利润/营业收入 * 100%
gpMargin	销售毛利率(%)	毛利/营业收入 * 100%=(营业收入-营业成本)/营业收入 * 100%
netProfit	净利润(元)	

(续表)

参数名称	参数描述	算法说明
epsTTM	每股收益	归属母公司股东的净利润 TTM/最新总股本
MBRevenue	主营营业收入(元)	
totalShare	总股本	
liqaShare	流通股本	

步骤3:改写代码。

为了采集指定年份的上市公司数据,我们需要对示范代码进行适当修改。具体来说,你需要替换数据接口方法名称、股票代码、统计年份和统计季度等参数为你想要查询的具体值。以下是修改后的代码框架:

```
1. import baostock as bs
2. import pandas as pd
3. # 登录系统
4. lg = bs.login()
5. # 查询指定年份的上市公司数据
6. result_list = []
7. rs_data = bs.query_profit_data(code ="指定的股票代码", year =指定的年份, quarter =指定的季度)
8. while (rs_data.error_code == '0') & rs_data.next():
9.     result_list.append(rs_data.get_row_data())
10. # 将返回结果转为 DataFrame 格式
11. result_table = pd.DataFrame(result_list, columns = rs_data.fields)
12. # 登出系统
13. bs.logout()
14. # 执行该语句,将直接输出表格内容
15. print(result_table)
```

请将指定的股票代码、指定的年份和指定的季度替换为你感兴趣的股票代码和时间段。例如,如果你想查询股票代码为"sh.600000"在2020年第一季度的盈利能力数据,只需将相应的参数替换即可(即将"指定的股票代码"修改为"sh.60000",将指定的年份修改为2020,将指定的季度修改为1)。

通过上述步骤,我们展示了如何使用baostock数据接口来采集上市公司的盈利能力数据。这个过程不仅涉及数据采集,还包括对数据接口使用规则的了解、代码的运行和修改,体现了数据采集和处理的完整流程。通过学习这个案例,你可以获得使用公共数据接口进行数据采集的基本技能,这对于进行股市分析、财务分析等多种数据分析任务都是非常有用的。

【例题4-1】 已知原有语句 rs_profit = bs.query_profit_data(code=' sz.000625 ', year=2017, quarter=2)。如需要获取长安汽车(000625)公司2019年的盈利能力数据,需要修改接口的参数是( )。

A. code B. year C. quarter D. data

四、案例:营运能力数据采集

在这个案例中,我们的目标是获取格力电器(股票代码:000651)在 2016—2020 年每年年末的营运能力数据。这个任务将通过使用 baostock 数据接口完成,延续上述案例讲解中的步骤。接下来,我们将分步骤完成代码的编写,以获取所需的财务数据。

根据案例讲解,我们知道如何获取某家上市公司某一年份季度的盈利能力数据。现在,我们需要扩展我们的数据采集范围,包括运营能力数据。具体目标是获取格力电器(股票代码:000651)过去 5 年(2016—2020 年)年末的营运能力数据。

以下是案例代码,包括了如何连续获取 2016—2020 年格力电器的营运能力数据。

```python
import baostock as bs
import pandas as pd
# 登陆系统
lg = bs.login()
# 放置一个列表用于接收数据接口返回的数据,取名"结果列表"
result_list = []
# 查询季频估值指标营运能力
# 循环获取 2016 年至 2020 年的数据
for year in range(2016, 2021):
    return_data = bs.query_operation_data(code = "sz.000651", year = year, quarter = 4)
    while (return_data.error_code == '0') & return_data.next():
        result_list.append(return_data.get_row_data())   # 将每年的数据添加至结果列表
# 将结果列表转为 DataFrame 表格格式
result_table = pd.DataFrame(result_list, columns = return_data.fields)
# 登出系统
bs.logout()
# 执行该语句,将直接输出表格内容
print(result_table)
```

首先登录 baostock 系统,其次通过循环遍历 2016—2020 年,每次查询对应年份第四季度的营运能力数据,因为年末数据通常反映了该年度的经营成果。每次查询得到的数据通过 while 循环读取,并添加到 result_list 列表中。在获取完所有年份的数据后,我们将 result_list 转换为 pandas DataFrame 对象,以便于数据的查看和分析。最后,通过 print(result_table)打印出格力电器 2016—2020 年的营运能力数据。

如图 4-1 所示,通过输出的 result_table,我们可以分析格力电器在这五年内营运能力的变化趋势,比如存货周转率、应收账款周转率等关键指标的变化。这些数据对于评估公司的经营效率和资产利用效率非常有帮助。

通过这个动手实操,我们不仅学会了如何使用 baostock 数据接口获取特定财务数据,还实践了如何通过编程自动化地处理和分析数据。这个过程展示了数据科学在实际应用中的强大能力,尤其是在财务分析和股市研究领域。希望通过这个案例,能够激发大家对数据科学进一步学习和探索的兴趣。

```
login success!
logout success!
      code      pubDate    statDate  NRTurnRatio  NRTurnDays  INVTurnRatio
0  sz.000651  2017-04-27  2016-12-31    37.091528    9.705720      7.880019
1  sz.000651  2018-04-26  2017-12-31    33.797380   10.651713      7.780403
2  sz.000651  2019-04-29  2018-12-31     4.851078   74.210317      7.557937
3  sz.000651  2020-04-30  2019-12-31     7.603058   47.349370      6.508443
4  sz.000651  2021-04-29  2020-12-31    19.499587   18.461929      4.781317

   INVTurnDays  CATurnRatio  AssetTurnRatio
0    45.685166     0.834632        0.640066
1    46.270095     0.954185        0.755124
2    47.632043     1.077583        0.858100
3    55.312765     0.970808        0.750678
4    75.293065     0.798588        0.606547
```

图 4-1　正确运行代码后得到的数据图

【例题 4-2】 已知原有语句

```
1. rs_profit = bs.query_profit_data(code ='sz.000625', year = 2017, quarter = 2)
```

如果需要获取长安汽车(000625)公司 2019 年的盈利能力数据，需要修改接口的参数是(　　)。

A. code　　　　B. year　　　　C. quarter　　　　D. data

【例题 4-3】 已知通过 baostock 接口 query_balance_data 可以获取上市公司的资产负债表数据。请编写 Python 代码片段，使用该接口获取华为控股(股票代码:"sh.600150")2020 年第三季度的资产负债表数据。

【例题 4-4】 以下 Python 代码用于获取格力电器(股票代码:"sz.000651")2018 年全年的每季度营运能力数据。下列关于代码的说法中，正确的是(　　)。

```
1. import baostock as bs
2. import pandas as pd
3. # 登录系统
4. lg = bs.login()
5. # 查询年度营运能力
6. result_list = []
7. for quarter in range(1, 5):
8.     rs_operation = bs.query_operation_data(code ="sz.0000651", year = 2018, quarter = quarter)
9.     while (rs_operation.error_code == '0') & rs_operation.next():
10.        result_list.append(rs_operation.get_row_data())
11. # 将结果列表转为 DataFrame 格式并打印
12. result_table = pd.DataFrame(result_list, columns = rs_operation.fields)
13. print(result_table)
14. # 登出系统
15. bs.logout()
```

A. 代码完全正确　　　　　　　　B. 代码中存在逻辑错误
C. 代码无法获取每季度数据　　　D. 代码缺少必要的数据处理步骤

【例题 4-5】 请编写一段 Python 代码,使用 baostock 数据接口获取腾讯控股(股票代码:"hk.00700")从 2017 年至 2019 年,每年第一季度的盈利能力数据,并将结果输出。

任务二　网络爬虫的概念与应用

一、爬虫的概念

网络爬虫,也称为网页蜘蛛、爬虫程序或者简单的爬虫,是一种自动化的网络机器人,其主要功能是访问万维网并从网页中抓取信息。爬虫的起源可以追溯到互联网的诞生之初,当时的互联网尚未开发出搜索引擎技术,仅仅是一系列的文件传输协议(FTP)站点集合。用户需要在这些站点中手动导航以找到并分享特定文件。为了有效地查找和整合互联网上分散的数据,人们开发出了能够自动遍历互联网并抓取网页内容的程序——网络爬虫。这些早期的爬虫程序能够将网页内容复制到本地数据库中,并对这些内容进行索引,使得人们能够更加方便地搜索和访问信息。除了"网页蜘蛛"之外,爬虫还有其他称呼,如"抓取蚁""模拟程序"或"蠕虫",它们强调的是爬虫在互联网上自动搜寻信息的能力。

二、爬虫的应用

网络爬虫的应用范围极广,几乎涵盖了所有需要从互联网上自动搜集信息的领域。例如:

(1) 就业市场分析:通过从各大招聘网站爬取特定地区或专业领域的招聘数据,我们可以分析就业趋势,为毕业生提供精准的就业指导和建议。

(2) 高考志愿填报辅导:从商业网站抓取高校信息,包括主管单位、学校所在地、办学层次等,为高考生及家长提供参考,帮助他们做出更加明智的志愿选择。

三、爬虫示例

我们将探讨如何使用 Python 和 Pandas 库从新浪财经网站上采集上市公司的利润表数据以及财务指标数据。这个过程不仅涉及数据的爬取,还包括如何筛选和提取我们所需要的信息。

爬虫示例

1. 从新浪财经网站上采集上市公司利润表数据

步骤一:查看数据所在的网页

我们需要确定数据所在的网页。以浦发银行(股票代码:600000)2020 年的利润表为例,其数据可通过访问以下网址获得:http://money.finance.sina.com.cn/corp/go.php/

vFD_ProfitStatement/stockid/600000/ctrl/2020/displaytype/4.phtml。

在浏览器中打开此链接，可以看到详细的利润表信息。

步骤二：编写代码爬取网页内容

在开始之前，需要安装一些所需要的库，如 html5lib，可以使用以下代码进行安装：

```
1. pip install html5lib
```

使用 Pandas 库的 read_html 函数可以轻松地爬取网页中的表格数据。以下是 Python 代码示例：

```
1. import requests
2. import pandas as pd
3. # 显示所有列和行,确保数据完整性
4. pd.set_option('display.max_columns', None)
5. pd.set_option('display.max_rows', None)
6. # 利润表网页地址
7. url = 'http://money.finance.sina.com.cn/corp/go.php/vFD_ProfitStatement/stockid/600000/ctrl/2020/displaytype/4.phtml'
8. # 使用 requests 获取网页内容
9. response = requests.get(url)
10. # 显式地指定正确的编码,对于中文网页,常见的编码包括 gb2312 或 gbk
11. response.encoding = 'gb2312'
12. # 现在使用 pandas 的 read_html 读取已经正确解码的 HTML 文本
13. tables = pd.read_html(response.text)
14. # 展示采集到的数据
15. print(tables)
```

步骤三：根据爬取网页内容筛选出我们要的结果，查看返回的数据由多少个表格组成。

```
1. print(len(tables))
```

使用分割线将每个表格都进行分割，找出我们需要的数据所在的表格。

```
1. for i, table in enumerate(tables):
2.     print(f"表格 {i}:")
3.     print(table)
4.     print('————————分隔线————————')
```

假设我们通过观察发现，我们需要的利润表数据位于第 14 个表格（注意：表格索引从 0 开始，所以代码中使用的是 13）。

```
1. lrb = tables[13]
2. print(lrb)
```

2. 修改代码，获取想要的上市公司利润表数据

现在，假设我们想要获取浦发银行 2018 年的利润表数据，我们只需修改 URL 中的年份

参数即可：

```
1. # 修改年份至 2018
2. import requests
3. import pandas as pd
4. # 显示所有列和行，确保数据完整性
5. pd.set_option('display.max_columns', None)
6. pd.set_option('display.max_rows', None)
7. # 修改年份至 2018 的利润表网页地址
8. url_2018 = 'http://vip.stock.finance.sina.com.cn/corp/go.php/vFD_ProfitStatement/stockid/600000/ctrl/2018/part/displaytype/4.phtml'
9. # 使用 requests 获取网页内容
10. response_2018 = requests.get(url_2018)
11. # 显式地指定正确的编码，对于中文网页，常见的编码包括 gb2312 或 gbk
12. response_2018.encoding = 'gb2312'
13. # 使用 pandas 的 read_html 读取已经正确解码的 HTML 文本
14. tables_2018 = pd.read_html(response_2018.text)
15. # 根据利润表表格在网页中的顺序，提取出利润表内容
16. # 注意：这里的索引 13 是基于原网页中利润表的位置，这个位置在不同的页面上可能会有所不同
17. # 如果遇到 IndexError，请检查 tables_2018 中的表格数量，并相应调整索引
18. try:
19.     lrb_2018 = tables_2018[13]
20.     print(lrb_2018)
21. except IndexError:
22.     print("索引超出范围，检查网页中表格的数量。")
```

接下来，我们要获取格力电器（股票代码：000651）2018 年的财务指标数据。根据上述案例讲解，我们可以使用相似的方法从新浪财经网站上爬取所需数据。

```
1. import requests
2. import pandas as pd
3. # 显示所有列和行，确保数据完整性
4. pd.set_option('display.max_columns', None)
5. pd.set_option('display.max_rows', None)
6. # 获取格力电器 2018 年的财务指标数据的网页地址
7. url_cwzb = 'https://money.finance.sina.com.cn/corp/go.php/vFD_FinancialGuideLine/stockid/600000/ctrl/2020/displaytype/4.phtml'
8. # 使用 requests 获取网页内容
9. response_cwzb = requests.get(url_cwzb)
10. # 显式地指定正确的编码
11. response_cwzb.encoding = 'gb2312'
12. # 使用 pandas 的 read_html 读取已经正确解码的 HTML 文本
13. tables_cwzb = pd.read_html(response_cwzb.text)
14. # 假设财务指标数据位于第 13 个表格
15. cwzb = tables_cwzb[12]
16. print(cwzb)
```

运行上述代码后，可以看到输出了如表 4-2 所示的数据表。

表 4-2　爬取到的浦发银行财务数据表

序号	浦发银行(600000)财务指标	浦发银行(600000)财务指标.1	浦发银行(600000)财务指标.2
0	报告日期	2020-12-31	2020-09-30
1	每股指标	每股指标	每股指标
2	摊薄每股收益(元)	2.009 8	1.539 6
3	加权每股收益(元)	1.73	1.33
4	每股收益_调整后(元)	1.88	1.45
5	扣除非经常性损益后的每股收益(元)	1.87	1.44
6	每股净资产_调整前(元)	22.002 4	19.772 2
7	每股净资产_调整后(元)	18	17.48
8	每股经营性现金流(元)	4.305 8	7.157 6
9	每股资本公积金(元)	2.785 5	2.785 5
10	每股未分配利润(元)	6.406 3	5.975 3
11	调整后的每股净资产(元)	—	—
12	盈利能力	盈利能力	盈利能力
13	总资产利润率(%)	0.742	0.588 8
14	主营业务利润率(%)	—	—
15	总资产净利润率(%)	0.788 9	0.615 7
16	成本费用利润率(%)	136.590 3	148.756 8
17	营业利润率(%)	—	—
18	主营业务成本率(%)	—	—
19	销售净利率(%)	—	—
20	股本报酬率(%)	250.792 6	153.958 1
21	净资产报酬率(%)	11.398 4	7.786 6
22	资产报酬率(%)	0.925 9	0.588 8
23	销售毛利率(%)	—	—
24	三项费用比重	—	—
25	非主营比重	28.382 5	28.805 8

通过上述步骤，我们演示了如何使用 Python 和 Pandas 从新浪财经网站爬取上市公司的利润表和财务指标数据。这种方法简单高效，适用于需要从网页中快速获取表格数据的场景。然而，需要注意的是，网页结构的改变可能会影响爬虫的准确性，因此在使用这种方法时应定期检查网页结构的变化。

任务三　缺失值处理

一、缺失值处理介绍

处理缺失值是数据清洗和预处理中至关重要的一步。缺失值的处理不仅关系到数据分析的质量,还直接影响后续模型的建立和预测的准确性。本任务旨在详细介绍缺失值处理的流程,包括如何发现缺失值、如何评估这些缺失值对分析的影响,以及如何选择合适的方法来处理这些缺失值。

二、定义示例数据集

创建一个包含缺失值的 Pandas DataFrame,模拟一个常见的数据清洗场景。这个示例数据集将包括几个学生的语文、数学和英语成绩,其中一些成绩缺失,如表 4-3 所示。

我们需要将提供的数据转换为 Pandas DataFrame。在这个过程中,我们会使用 np.nan 来表示缺失的数学成绩。

```
1. import pandas as pd
2. import numpy as np
3. # 创建数据集
4. data = pd.DataFrame({
5.     '姓名': ['陈爱萍', '李丽华', '陈建贵', '杨炎', '张梦林', '李丽华'],
6.     '语文': [88, 97, 85, 68, 98, 97],
7.     '数学': [97, 84, np.nan, 76, 89, 84],
8.     '英语': [94, 76, 89, 78, 99, 76]
9. })
10. print("原始数据集:")
11. print(data)
```

通过定义这个数据集,我们现在有了一个包含缺失值的实际场景,接下来可以开始探讨如何发现并处理这些缺失值。

表 4-3　成绩表　　　　　　　　　　　　　　　单位:分

序号	姓名	语文	数学	英语
0	陈爱萍	88	97.0	94
1	李丽华	97	84.0	76
2	陈建贵	85	NaN	89
3	杨炎	68	76.0	78
4	张梦林	98	89.0	99
5	李丽华	97	84.0	76

三、查找并处理缺失值

1. 查找缺失值

我们需要找出数据集中的缺失值。使用 isnull() 函数可以快速实现这一点。

```
1. # 检查数据集中的缺失值
2. print("\n 数据集中的缺失值:")
3. print(data.isnull())
```

2. 统计每列的缺失值数量

统计每列缺失值的数量,以了解缺失数据的分布情况。

```
1. # 统计每列的缺失值数量
2. print("\n 每列的缺失值数量:")
3. print(data.isnull().sum())
4.
```

3. 筛选含有缺失值的行

为了进一步分析,我们可能需要查看含有缺失值的具体行。

```
1. # 筛选含有缺失值的行
2. missing_data_rows = data[data.isnull().any(axis = 1)]
3. print("\n 含有缺失值的行:")
4. print(missing_data_rows)
```

在数据分析和数据科学领域,处理缺失值是一个非常重要且常见的任务。缺失值的处理不仅影响数据分析的准确性,还直接关系到后续模型训练的效果。以下是详细的缺失值处理方法,包括删除缺失值和填充缺失值的策略。

四、删除缺失值

1. 情形分析

(1) 缺失值数量较少:当数据集很大而缺失值相对较少时,这些缺失值对整体数据集的影响可以忽略。此时,删除含有缺失值的行是一种简单且有效的处理方式。

(2) 缺失值数量较多,无法填充:在某些列中,如果大部分数据都缺失,这表明该特征列对于数据集来说没有太大的价值,应该将其删除。此外,如果缺失值无法被合理地填充(如性别、身份证号等信息),直接删除这部分数据通常是更合理的选择。

Pandas 提供了 dropna() 方法用于删除缺失值:

删除缺失值

```
1. # 删除含有缺失值的行
2. cleaned_data = data.dropna()
3. # 删除含有缺失值的列
4. cleaned_data_columns = data.dropna(axis = 1)
5.
```

案例应用:假设在学生成绩表的情景中,老师确认某个学生的信息完全缺失,决定删除这条记录。

```
1. # 删除含有缺失值的行
2. data = data.dropna()
3.
```

2. 填充缺失值

填充缺失值是另一种处理缺失数据的方法。与删除缺失值相比,填充可以保留数据集的完整性,尤其是在缺失数据较多时更为重要。

(1)手动填充:当缺失值可以由专业知识或其他信息确定时,手动填充是一个不错的选择。例如,某学生因故缺考,可以根据其平时成绩进行合理估算并填充。

(2)临近填充:使用与缺失值相邻的前一个或后一个非缺失值进行填充。这种方法适用于数据具有一定连续性的场景。

```
1. # 使用前一个值进行填充
2. data.fillna(method = 'ffill', inplace = True)
3. # 使用后一个值进行填充
4. data.fillna(method = 'bfill', inplace = True)
5.
```

(3)统计值填充:使用平均值、中位数或众数等统计值进行填充,适用于数值型数据。

```
1. # 使用平均值填充数学成绩
2. data['数学'].fillna(data['数学'].mean(), inplace = True)
3.
```

案例应用:考虑到某学生因特殊原因缺考,老师决定使用临近学生的成绩进行填充。

```
1. # 使用前一个学生的成绩进行填充
2. data.fillna(method = 'ffill', inplace = True)
3.
```

处理缺失值时,选择适当的方法取决于多种因素,包括数据的类型、缺失值的分布、业务需求以及缺失值对分析的影响。在实际操作中,可能需要结合多种方法来处理不同类型的缺失值:①对于分类数据,考虑使用众数或特定分类进行填充;②对于连续数据,平均值或中位数填充可以是合理的选择;③在时间序列数据中,临近填充或插值方法更为常见。

最重要的是,在处理缺失值之前,应该尝试理解数据缺失的原因。这不仅可以帮助选择最合适的处理方法,还能在一定程度上预防未来数据收集过程中的缺失问题。正确处理缺失值对于保证数据分析的质量和可靠性至关重要。

【例题 4-6】 假设你有一个 Pandas DataFrame df,其中包含一些缺失值。你想要删除所有含有任何缺失值的行。下列选项中,正确的是(   )。

A. df.dropna(axis=1, inplace=True)

B. df.fillna(0, inplace=True)

C. df.dropna(inplace=True)

D. df.isnull().drop(inplace=True)

【例题 4-7】 考虑以下 Pandas DataFrame df,你想要用前一个非缺失值填充所有缺失值。应该使用(　　)命令。

```
1. import pandas as pd
2. import numpy as np
3.
4. df = pd.DataFrame({'A': [1, np.nan, 3, np.nan, 5],
5.                    'B': [np.nan, 2, 3, np.nan, 5],
6.                    'C': [1, 2, np.nan, 4, 5]})
```

A. df.fillna(method='bfill', inplace=True)

B. df.fillna(method='ffill', inplace=True)

C. df.dropna(inplace=True)

D. df.isnull().fillna(method='ffill', inplace=True)

任务四　重复值处理

重复值处理介绍

在数据分析和数据处理过程中,重复值的处理是一个十分重要的步骤。重复值指的是数据集中存在的一种或多种完全相同的数据行。这种数据的存在可能是由于多种原因造成的,比如系统错误、数据输入错误或者数据采集过程中的重复采集等。不论是哪种原因导致的重复数据,都会对数据分析的准确性和可靠性产生负面影响。因此,合理处理这些重复值显得尤为重要。现以某班级学生的成绩为原始数据,来展示一下重复值处理的流程,文件命名为"成绩表.xlsx",示例数据如表 4-4 所示。

表 4-4　某班学生的成绩数据示例　　　　　　　　　　单位:分

序号	班级	学号	姓名	初试成绩
1	2021 级大数据会计 1 班	K0101	张三	85
2	2021 级大数据会计 1 班	K0102	李四	NaN
3	2021 级大数据会计 1 班	K0103	王五	90
3	2021 级大数据会计 1 班	K0103	王五	90

1. 查看重复行

在 Python 中,Pandas 库是处理数据集中重复值的强大工具。我们需要使用 Pandas 库来查看数据集中的重复行。以下是基本的步骤：

（1）引入 Pandas 库。

（2）读取数据集。

（3）使用 duplicated()函数快速识别重复数据。

示例代码如下：

```
1. import pandas as pd
2. # 读取数据
3. data = pd.read_excel("成绩表.xlsx")
4. # 使用 duplicated()检查重复行
5. duplicates = data.duplicated()
6. print(duplicates)
```

在这个例子中，如果某行数据是重复的，duplicated()函数将会返回 True。例如，假设序号为 5 的行数据重复，那么其对应的返回值将会是 True。这意味着该行数据是重复的。重复的数据行可能会影响到数据分析的结果，尤其是在数据集中存在大量重复数据时。因此，识别出这些重复值后，我们通常需要找出重复的原因。如果确认这些重复值是由于数据录入错误或系统故障等原因造成的冗余数据，那么我们就需要将它们删除。

2. 删除重复行

在确认数据集中的重复值确实是冗余数据后，下一步就是删除这些重复的数据行。Pandas 库提供了 drop_duplicates()函数，可以轻松实现这一目的。以下是使用 drop_duplicates()函数删除重复行的基本步骤：

```
1. # 删除重复行
2. data_cleaned = data.drop_duplicates()
3. # 查看删除重复行后的数据
4. print(data_cleaned)
```

通过上述代码，我们可以删除数据集中所有重复的行，并保留唯一的数据行。这样一来，数据集就被清洗了，不再包含任何重复的数据行。这对于后续的数据分析和数据处理工作至关重要，因为它保证了数据的准确性和可靠性。

总结而言，重复值的处理是数据清洗过程中的一个关键步骤。通过使用 Pandas 库中的 duplicated()和 drop_duplicates()函数，我们可以有效地识别和删除数据集中的重复行，从而提高数据分析的质量和准确性。在处理任何数据集之前，都应该进行这一步骤，确保数据集的清洁度，为后续的数据分析和数据挖掘工作打下坚实的基础。

【例题 4-8】 假设我们使用 Python 的 pandas 库来处理一个名为 df 的 DataFrame，该 DataFrame 包含了多行数据，其中某些行可能是重复的。请问，能正确地识别出这些重复的行的代码是（   ）。

  A．df.duplicated().sum()   B．df.drop_duplicates()

C. df['column_name'].duplicated() D. df.unique()

【例题 4-9】 在继续处理 DataFrame df 时，我们决定删除所有重复的行。请问，能正确完成这一任务的代码是（　　）。

A. df.drop_duplicates(inplace=True)　　B. df.remove_duplicates()

C. df.duplicated().drop()　　D. df.unique()

任务五　异常值处理

一、异常值处理介绍

在探讨数据分析的过程中，我们经常会遇到一种特殊的数据类型——异常值。异常值是指那些在数据集中显著偏离其他观测值的数据点。它们可能是由于录入错误、测量误差或者是真实的极端变量值造成的。在现实生活和数据分析实践中，识别和处理这些异常值是至关重要的，因为它们可能会严重影响数据分析的结果和决策过程。

二、异常值的概念

为了更好地理解异常值，让我们观察如表 4-5 和表 4-6 所示的两组数据。

表 4-5　身高数据表

身高数据	160 厘米	178 厘米	223 厘米	980 厘米

在这组数据中，980 厘米的身高显然与其他数值相比极度异常，因为根据常识，人的身高不可能达到这一数值，很可能是数据录入时的错误。

表 4-6　学生成绩表格　　　　　　　　　　　　　　单位：分

序号	班级	学号	姓名	成绩
1	2021 级大数据会计 1 班	20200101	张三	85
2	2021 级大数据会计 1 班	20200102	李四	A+
3	2021 级大数据会计 1 班	20200103	王五	90
4	2021 级大数据会计 1 班	20200103	王五	90

在这个表格中，成绩为"A+"的记录可能指示着一个异常值，因为它与其他以数字评分的记录不同。此外，重复的记录也可视为异常，因为它们可能代表着数据录入的重复错误。

异常值通常是不符合正态分布或不符合业务逻辑的数据。例如，正态分布的数据中，大部分数据点应该紧密地围绕平均值分布，而远离平均值的数据点则可能被认为是异常的。

同样，不符合业务逻辑的数据点，比如一个成年人的身高为980厘米，也被视作异常值。

三、异常值的影响

异常值的存在可能会对数据分析造成显著的影响。它们可以扭曲统计分析的结果，如平均值、中位数和标准差等，从而导致错误的推断和决策。例如，在进行线性回归分析时，异常值可能会极大地影响回归线的斜率和截距，从而影响预测的准确性。

让我们通过一个实际的例子来探讨异常值的影响。

假设一个调查组连续两年到校园调查大学生平均每月的生活费。第一年的调查结果显示平均每月生活费是2 110元，而第二年的平均数则骤升至3 780元。简单对比后，我们发现平均涨幅接近80%。这种巨大的变化让人不禁怀疑其背后的原因。深入分析这个案例，我们发现，第二年受访者中包含了1名创业学生，其生活费远远高于其他学生，导致了平均值的异常增长。具体数据如表4-7所示。

表 4-7 生活费明细表　　　　　　　　　　　　　　　　　　单位：元

学生	第一年生活费	第二年生活费
学生1	1 500	1 200
学生2	1 800	1 800
学生3	1 500	2 500
学生4	2 500	3 000
学生5	2 500	2 000
学生6	1 500	1 800
学生7	2 000	1 500
学生8	1 800	20 000
学生9	3 000	2 500
学生10	3 000	1 500
平均	2 110	3 780

第一年和第二年的学生生活费数据显示，大部分学生的生活费在1 500元到3 000元之间，但有一名学生的生活费高达20 000元。

这个例子清楚地展示了异常值对于数据分析结果的影响：一个极端的数据点可以显著地扭曲整体数据的平均值，从而可能导致错误的结论和决策。在这种情况下，使用中位数作为中心趋势的度量可能比平均值更为合适，因为中位数对异常值的敏感度较低。

综上所述，异常值是数据分析中不可忽视的重要因素。正确地识别和处理这些值对于确保数据分析的准确性和可靠性至关重要。在后续的讨论中，我们将深入探讨异常值的检测方法和处理策略，以帮助分析师和研究人员有效地应对这一挑战。

四、异常值的检测

在数据分析和统计学中,异常值检测是一个至关重要的步骤,因为异常值的存在可能会严重影响数据分析的结果。有效地识别和处理这些值对于保证分析结果的准确性和可靠性是非常重要的。本部分将介绍三种常用的异常值检测方法:基于正态分布的 3σ 准则、基于中位数的四分位数检测(箱型图),以及基于机器学习的检测方法。

1. 基于正态分布的检测方法:3σ 准则

3σ 准则,也称为三西格玛原则,是一种基于正态分布特性的异常值检测方法。在正态分布中,大约 99.73% 的数据点位于平均值(μ)的三个标准差(σ)范围内。因此,处于 3σ 之外的数值可以被视为异常值。这种方法的数学表达式为:

$$|x-\mu|>3\sigma$$

其中,x 是数据点,μ 是平均值,σ 是标准差。应用 3σ 准则时,我们需要先计算数据集的平均值和标准差,然后标识出那些偏离平均值超过三个标准差的数据点作为异常值。

2. 基于中位数的四分位检测:箱型图

箱型图是一种用于展示数据分布情况的图形工具,特别适用于四分位数异常值检测。箱型图通过数据的四分位数来可视化数据的分布,其中包括最小值、第一四分位数(Q1)、中位数(Q2)、第三四分位数(Q3)和最大值。异常值检测的标准是基于四分位距(IQR＝Q3－Q1)来定义的,通常情况下,箱型图将任何低于 Q1－1.5×IQR 或高于 Q3＋1.5×IQR 的点视为异常值。

【例题 4-10】 假设使用 Python 的 Pandas 和 Matplotlib 库来检测一个数据集中的异常值,下列能正确地绘制出包含异常值的箱型图的代码是(   )。

A.

```
1. import pandas as pd
2. from matplotlib import pyplot as plt
3. data = pd.read_csv('data.csv')
4. plt.boxplot(data['A'])
5. plt.show()
6.
```

B.

```
1. import pandas as pd
2. from matplotlib import pyplot as plt
3. data = pd.read_excel('data.xlsx')
4. score = data["A"]
5. score.plot(kind = 'box')
6. plt.show()
7.
```

C.

```
1. import pandas as pd
2. from matplotlib import pyplot as plt
3. data = pd.read_csv('data.csv')
4. plt.hist(data['A'])
5. plt.show()
6.
```

D.

```
1. import pandas as pd
2. from matplotlib import pyplot as plt
3. data = pd.read_excel('data.xlsx', header = None)
4. plt.boxplot(data[0])
5. plt.show()
6.
```

3. 基于机器学习的检测方法

随着机器学习技术的发展，基于机器学习的异常值检测方法也越来越受到关注。这些方法能够处理更为复杂和多维的数据集，提供更为精细和灵活的异常检测能力。

聚类分析：聚类是一种将数据点分组的机器学习技术，使得同一组内的点彼此接近，而不同组的点相互远离。通过聚类分析，异常值通常表现为小的、稀疏的聚类，或者远离主要聚类的孤立点。散点图是一种直观展示聚类结果的方法，异常值可以通过视觉检查在图中被识别出来。

五、箱型图的应用

在实际应用中，使用箱型图进行异常值检测是一种非常直观和有效的方法。我们只需要生成数据的箱型图，然后观察是否有超出箱型图上下界的点。这些超出范围的点即被视为异常值或离群值。箱型图的优势在于它不仅能够提供异常值的直观展示，而且还能给出数据分布的其他关键信息，如中位数、四分位数和数据的整体分散情况。

异常值检测是数据预处理过程中的一个关键步骤。通过应用上述方法，数据分析师可以有效地识别和处理异常值，从而提高数据分析项目的准确性和可靠性。每种方法都有其优势和适用场景，因此，在实践中可能需要根据具体的数据特性和分析需求选择最合适的方法。

六、异常值处理实例案例

在数据分析项目中，除了处理缺失值和重复值之外，查找并处理异常值也是一个非常重要的步骤。异常值指的是那些偏离正常范围的值，它们可能并不是错误值，但其出现频率较低，对实际项目分析可能造成显著影响。异常值的存在可能会扭曲统计分析结果，影响模型的预测能力。因此，异常值检测是处理数值型数据过程中必须重视的工作。正确识别并处理这些数据是保证分析质量的关键步骤。

异常值的识别方法多种多样,包括图形法(如箱线图、正态分布图)和建模法(如线性回归、聚类算法、K近邻算法)。这些方法各有优势,可以根据数据的特性和分析需求选择合适的方法进行异常值检测。

示例操作:查找并处理异常值。

1. 绘制成绩表数据的箱形图

假设我们有一个包含学生英语成绩的 Excel 文件"学生成绩.xlsx",我们先使用箱型图来观察数据集中的异常值。

```
1. # 导入 pandas
2. import pandas as pd
3. # 导入 pyplot 并命名为 plt
4. from matplotlib import pyplot as plt
5. # 读取'学生成绩.xlsx',不读取表头及第一行
6. data = pd.read_excel('学生成绩.xlsx', header = 0)
7. # 将['英语']单独使用变量存储
8. score = data["英语"]
9. # 使用箱型图绘制 score
10. P = plt.boxplot(score)
11. plt.savefig('1.png')
12. # 将异常值输出
13. outlier = P['fliers'][0].get_ydata()
14. print(outlier)
```

在这个示例中,我们先读取了 Excel 文件中的数据,然后选取了"英语"成绩列来绘制箱型图。箱型图的绘制结果将帮助我们直观地观察到数据中的异常值。假设返回结果显示,有个离群点在 400 附近,这说明这个数据是异常数据,需要对它进行进一步处理。

2. 删除异常值

识别出异常值后,下一步是决定如何处理这些值。处理方法可以是删除异常值或对其进行填充,具体方法取决于数据的性质和分析目的。在这个例子中,我们选择删除异常值。

```
1. # 删除"英语"成绩中异常值为 400 的那一行
2. df_clear = data.drop(data[data['英语'] == 400].index)
3. # 输出删除后的结果
4. print(df_clear)
5.
```

通过上述操作,我们删除了英语成绩中为 400 的异常值。这样的处理不仅可以减少数据中的噪声,还可以提高后续分析模型的准确性和可靠性。

【例题 4-11】 在识别并决定删除异常值后,能正确地从 DataFrame 中删除指定的异常值的代码是(   )。

A.
```
1. data = data.drop(data[data['A'] > 100].index)
2.
```

B.
```
1. data = data[~ (data['A'] == 400)]
2.
```

C.
```
1. data.drop(data[data['A'] == 400].index, inplace = True)
2.
```

D.
```
1. data.remove(data['A'] == 400)
2.
```

任务六　Matplotlib 初级应用

一、数据可视化介绍

数据可视化是一种将数据通过视觉元素如图表、图形和地图展示的技术,使得复杂数据集中的信息能够以更直观、易于理解的方式呈现出来。这种方式不仅使数据分析更加高效,而且能够帮助人们识别数据中的模式、趋势和异常。在大数据和信息过载的时代,数据可视化成为沟通、数据分析和决策过程中不可或缺的工具。

二、可视化的重要性

数据可视化的重要性在于其能够将复杂的数据集简化,帮助用户快速、直观地理解数据背后的信息。通过可视化,数据分析师可以更容易地检测到数据中的趋势、模式和异常,从而做出更加有根据的决策。此外,数据可视化也是一种强有力的沟通工具,能够帮助技术和非技术背景的人员共同理解数据分析的结果,促进跨学科和跨部门的合作。

三、可视化的应用

1. 路径图和 3D 图

可视化具有多种实际应用,路径图和 3D 图是数据可视化中的两种常见形式,各有其独特的应用场景和优势。

路径图通常用于表示数据点之间的移动或变化路径,非常适合用于展示物体随时间的移动轨迹、交通流量的动态变化等场景。路径图能够帮助观察者理解对象在空间中的移动规律,分析不同时间点或条件下的变化情况。

3D 图通过在三维空间中展示数据,为数据分析提供了更加深入的视角。这种图形特别适用于需要同时考虑多个变量的场景,如地形图、气候变化模型、医学成像等。3D 图可以提供比 2D 图更丰富的信息,帮助用户从不同角度深入理解数据。

2. 代码实例

以下是使用 Python 中的 Matplotlib 库来生成路径图和 3D 图的两段示例代码。作为展示可视化的重要性的一部分,具体知识我们将在本任务进行学习,代码执行结果如图 4-2 所示,其绘制了一个简单的路径图,展示了随时间变化的距离增长。通过路径图,我们可以直观地看到距离随时间的非线性增长关系。

路径图示例代码如下:

```
1. import matplotlib.pyplot as plt
2. # 定义点的坐标
3. x = [0, 1, 2, 3, 4]
4. y = [0, 1, 4, 9, 16]
5. plt.plot(x, y, marker = 'o')    # 使用'o'标记每个点
6. plt.title('路径图示例')
7. plt.xlabel('时间')
8. plt.ylabel('距离')
9. plt.grid(True)
10. plt.show()
```

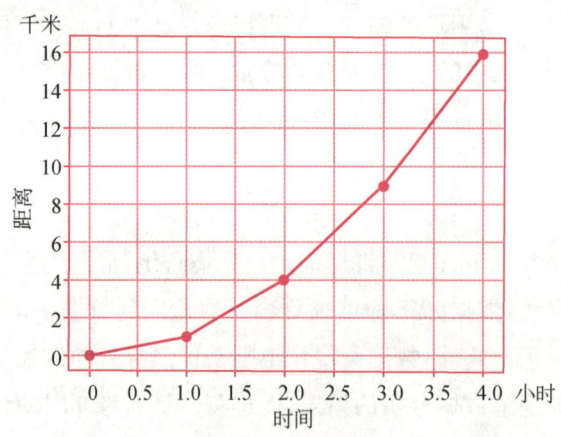

图 4-2 路径图实例

这段代码执行生成了一个 3D 图,展示了一个三维空间中的曲面,如图 4-3 所示。通过这样的 3D 图,用户可以从不同的角度和视角观察数据的分布和变化,从而获得更深入的

洞察。

```
1. from mpl_toolkits.mplot3d import Axes3D
2. import matplotlib.pyplot as plt
3. import numpy as np
4. fig = plt.figure()
5. ax = fig.add_subplot(111, projection = '3d')
6. # 创建数据
7. x, y = np.meshgrid(np.linspace(-5, 5, 50), np.linspace(-5, 5, 50))
8. z = np.sin(np.sqrt(x** 2 +y** 2))
9. # 绘制 3D 曲面
10. ax.plot_surface(x, y, z, cmap = 'viridis')
11. ax.set_title('3D 图示例')
12. ax.set_xlabel('X 轴')
13. ax.set_ylabel('Y 轴')
14. ax.set_zlabel('Z 轴')
15. plt.show()
```

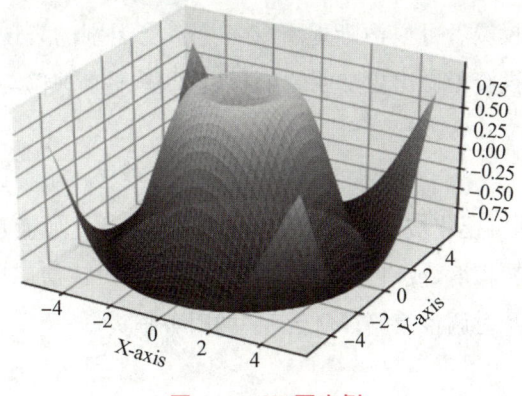

图 4-3　3D 图实例

从以上两个例子中，我们可以明显感受到数据可视化的重要性。数据可视化是现代数据分析不可或缺的一部分，它通过将数据转换为图形或图像来揭示数据的隐藏模式和趋势。路径图和 3D 图是其中两种强大的可视化工具，它们通过提供直观的视觉表现形式，帮助用户理解复杂的数据集和分析结果。通过掌握这些工具，数据分析师可以更有效地传达他们的发现，为决策提供支持。

四、数据可视化在财务大数据中的应用介绍

数据可视化技术在财务领域的应用尤其显著，它能够帮助分析师、管理者以及决策者更好地理解财务数据的含义，从而作出更明智的投资、预算和策略决策。财务大数据通常包含了大量复杂的数据集，如收益报告、市场分析、风险评估和投资组合的性能跟踪。通过将这些数据通过视觉化呈现，相关人员可以迅速把握关键信息，识别趋势和潜在问题。

五、财务报告和仪表盘

财务数据可视化最常见的应用之一是通过创建交互式仪表盘来展示关键财务指标（KPIs），如营业收入、净利润、现金流量和负债比率。这些仪表盘提供了一个实时的、全面的视图，使得管理者可以快速评估公司的财务健康状况，并根据最新的数据调整战略。

六、预算规划与监控

数据可视化工具也被广泛用于预算规划和监控中。通过将预算数据与实际支出进行比较的可视化图表，公司能够及时发现偏差，分析其原因，并采取措施进行调整。这种方式不仅提高了财务规划的精确性，也增加了对未来财务表现的预测能力。

七、投资组合管理

在投资管理领域，数据可视化用于展示投资组合的分布、性能和风险水平。通过使用散点图、柱状图和线图等，投资者可以清晰地看到各个资产类别的表现，以及它们对总体投资组合的贡献。这有助于投资者做出更加明智的投资选择，平衡风险与收益。

八、风险管理

在风险管理中，数据可视化被用来识别和监控财务风险。如通过热图展示不同市场因素对公司财务表现的影响程度，或者使用时间序列分析来追踪信用风险和市场风险的变化趋势。这使得公司能够及时调整策略，降低潜在的财务损失。

任务七　Matplotlib 高级应用（一）

一、Matplotlib 高级应用介绍

Matplotlib 高级应用

Matplotlib 是 Python 编程语言的一个强大的绘图库，它支持各种静态、动态和交互式的 2D 图表。作为 Python 数据科学生态系统中的核心库之一，Matplotlib 使得数据可视化变得既简单又可访问。它提供了一个面向对象的 API，用于嵌入绘图到 Python 的应用程序中，是进行科学计算的 Python 工具之一。

Matplotlib 的设计灵感来源于 MATLAB，因此图表的创建和绘制方式都十分直观。用户可以使用 Matplotlib 来创建高质量的图表，包括但不限于折线图、散点图、柱状图、饼图、直方图等。这些图表能够帮助用户在进行数据分析和数据探索时，更好地理解数据，发现数据之间的关系和模式。

二、Matplotlib 的特点

(1) 强大而灵活：可以绘制各种静态、动态和交互式的图表。

(2) 高度可定制：提供了大量的绘图函数和参数，用户可以自定义图表的几乎所有方面。

(3) 广泛的文档和社区支持：拥有庞大的用户基础和开发者社区，提供大量的学习资源、示例代码和解决问题的论坛。

三、数据可视化中的常见图表

1. 散点图

散点图是数据可视化中常用的图表类型之一，它可以用来观察两个变量之间的关系。下面是一个使用 Matplotlib 生成散点图的代码示例，此代码执行生成一个彩色的散点图，其中点的大小和颜色都是随机的，这有助于展示数据点之间的多重关系，如密度、分类等，如图 4-4 所示。

```
1. import matplotlib.pyplot as plt
2. import numpy as np
3. # 生成数据
4. x = np.random.rand(50)
5. y = np.random.rand(50)
6. colors = np.random.rand(50)
7. area = (30 * np.random.rand(50)) ** 2   # 点的半径大小
8. plt.scatter(x, y, s = area, c = colors, alpha = 0.5)
9. plt.title('Example of a colored scatter plot')
10. plt.xlabel('X- axis')
11. plt.ylabel('Y- axis')
12. plt.show()
```

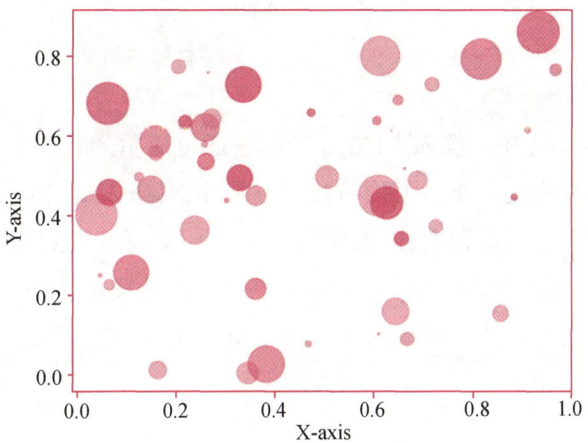

图 4-4　使用 Matplotlib 生成的散点图

2. 折线图

折线图是展示数据随时间变化趋势的一种常见方式,非常适用于时间序列数据的可视化。下面是一个使用 Matplotlib 生成折线图的代码示例,这段代码创建了一个简单的折线图,展示了正弦函数 $\sin(x)$ 的图形。通过折线图,用户可以清晰地看到数据随着时间或其他变量变化的趋势,如图 4-5 所示。

```
1. import matplotlib.pyplot as plt
2. import numpy as np
3. # 生成数据
4. x = np.linspace(0, 10, 100)
5. y = np.sin(x)
6. plt.plot(x, y, '-r', label='sin(x)')
7. plt.title('Example Line Chart')
8. plt.xlabel('X-axis')
9. plt.ylabel('Y-axis')
10. plt.legend(loc='best')
11. plt.grid(True)
12. plt.show()
```

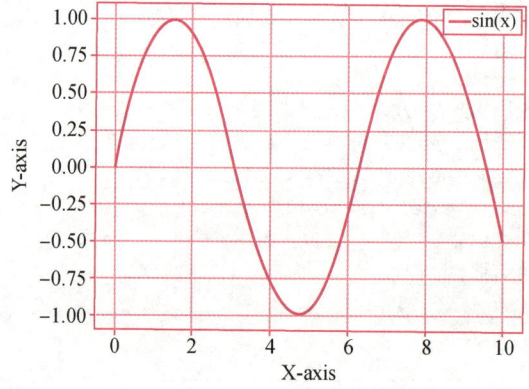

图 4-5　使用 Matplotlib 生成的折线图

Matplotlib 是 Python 中一款强大的绘图库,它通过简单的代码就能生成复杂的图表,极大地促进了数据的可视化工作。无论是数据分析师、科研人员,还是普通的数据爱好者,都可以利用 Matplotlib 来探索数据、呈现数据,从而获得数据背后的深层次信息。通过实际的代码实例,我们可以看到 Matplotlib 在数据可视化方面的实用性和灵活性,是进行数据分析和科学计算的不二之选。接下来我们正式进行 Matplotlib 的学习。

四、Matplotlib 的简单使用

Matplotlib 是 Python 中一个广泛使用的绘图库,它提供了一系列丰富的函数和方法来创建各种静态、动态和交互式的图表。本讲将介绍 Matplotlib 中一些基本的绘图功能,帮助

初学者快速掌握数据可视化的基础技能。

1. 创建图纸 – plt.figure()

plt.figure()函数用于创建一个新的图纸(Figure)，它是所有绘图元素的容器。figsize 参数可以指定图纸的宽度和高度(以英寸为单位)，有助于调整图表的大小适应不同的展示需求。

```
1. import matplotlib.pyplot as plt
2. plt.figure(figsize =(10, 6))    # 创建一个宽 10 英寸、高 6 英寸的图纸
3. plt.show()
```

2. 设置坐标轴显示范围 – plt.xlim()/plt.ylim()

plt.xlim()和 plt.ylim()函数用于设置 x 轴和 y 轴的显示范围，这对于聚焦特定区域的数据展示非常有用。

```
1. plt.xlim(0, 10)    # 设置 x 轴的显示范围为 0 到 10
2. plt.ylim(- 1, 1)   # 设置 y 轴的显示范围为 - 1 到 1
```

3. 设置坐标轴名称 – plt.xlabel()/plt.ylabel()

```
1. plt.xlabel()和 plt.ylabel()函数用于设置 x 轴和 y 轴的名称,有助于提高图表的可读性。
2. plt.xlabel('X Axis Label')    # 设置 x 轴名称
3. plt.ylabel('Y Axis Label')    # 设置 y 轴名称
```

4. 绘制折线图 – plt.plot()

plt.plot()函数是 Matplotlib 中最基本的绘图函数之一，用于绘制折线图。它接受 x 和 y 两个参数，表示点的坐标。

```
1. x = range(10)
2. y = [xi** 2 for xi in x]
3. plt.plot(x, y)    # 绘制折线图
4. plt.show()
```

5. 绘制箱形图 – plt.boxplot()

箱形图是一种用于显示数据分布的图表，尤其适合比较多个数据集。plt.boxplot()函数可以用来绘制箱形图，代码执行结果如图 4-6 所示。

```
1. plt.xlabel('X Axis Label')    # 设置 x 轴名称
2. plt.ylabel('Y Axis Label')    # 设置 y 轴名称
3. plt.title('box plot')
4. data = [np.random.normal(0, std, 100) for std in range(1, 4)]
5. plt.boxplot(data)
6. plt.show()
```

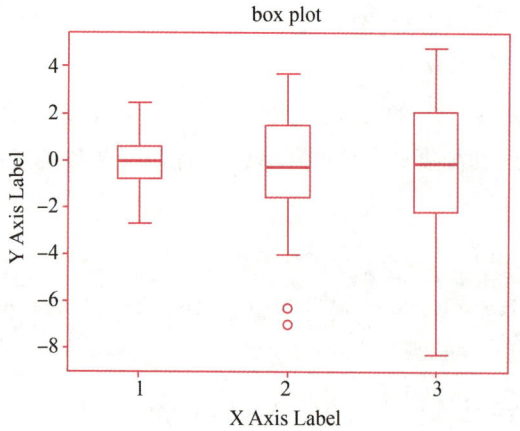

图 4-6　使用 Matplotlib 绘制的箱型图

6. 绘制条形图 – plt.bar()

plt.bar()函数用于绘制条形图,它通过条形的高度反映数值的大小,适合比较不同类别间的数值,代码执行结果如图 4-7 所示。

```
1. import matplotlib.pyplot as plt
2. categories = ['Category 1', 'Category 2', 'Category 3']
3. values = [10, 20, 15]
4. plt.bar(categories, values)
5. plt.xlabel('X Axis Label')   # 设置 x 轴名称
6. plt.ylabel('Y Axis Label')   # 设置 y 轴名称
7. plt.title('Bar Chart')   # 图表标题
8. plt.show()
```

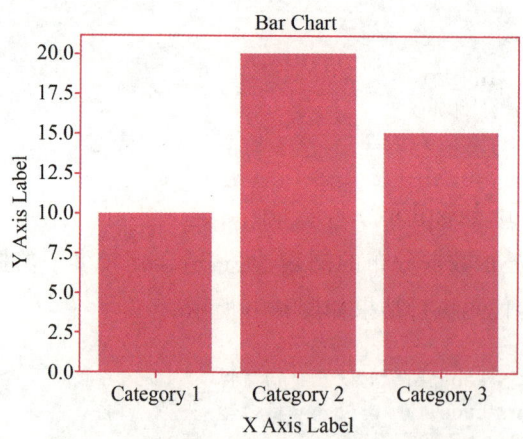

图 4-7　使用 Matplotlib 绘制的条形图

7. 绘制横向条形图 – plt.barh()

plt.barh()函数用于绘制横向条形图,与 plt.bar()相似,但是条形是水平放置的,代码执行结果如图 4-8 所示。

```
1. plt.barh(categories, values)
2. plt.xlabel('X Axis Label')   # 设置 x 轴名称
3. plt.ylabel('Y Axis Label')   # 设置 y 轴名称
4. plt.title('Horizontal Bar Chart')   # 图表标题
5. plt.show()
```

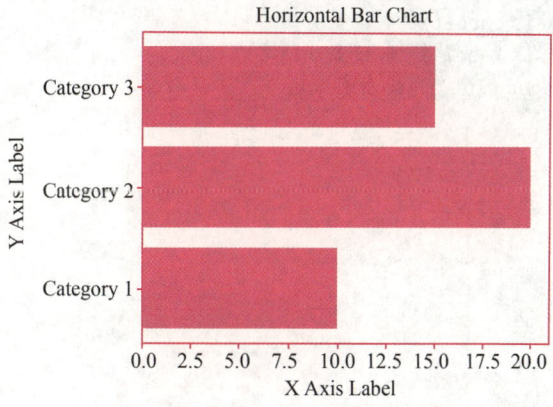

图 4-8　使用 Matplotlib 绘制的横向条形图

8. 绘制饼图-plt.pie()

饼图是表示数据比例的一种直观方式，plt.pie()函数可以用来绘制饼图，它通常用于显示类别的相对比例，代码执行结果如图 4-9 所示。

```
1. sizes = [15, 30, 45, 10]
2. labels = ['Frogs', 'Hogs', 'Dogs', 'Logs']
3. plt.pie(sizes, labels = labels, autopct = '%1.1f%%')
4. plt.axis('equal')   # 保证饼图是圆形
5. plt.title('Pie Chart')   # 图表标题
6. plt.show()
```

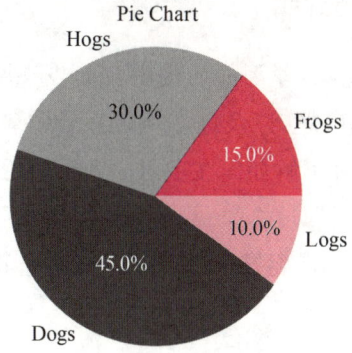

图 4-9　使用 Matplotlib 绘制的饼图

9. 绘制散点图- plt.scatter()

plt.scatter()函数用于绘制散点图,它通过在直角坐标系中表示每个点的位置来展示变量之间的关系,代码执行结果如图4-10所示。

```
1. import numpy as np
2. x = np.random.randn(100)
3. y = np.random.randn(100)
4. plt.scatter(x, y)
5. plt.xlabel('X Axis Label')    # 设置 x 轴名称
6. plt.ylabel('Y Axis Label')    # 设置 y 轴名称
7. plt.title('Scatter Plot')     # 图表标题
8. plt.show()
```

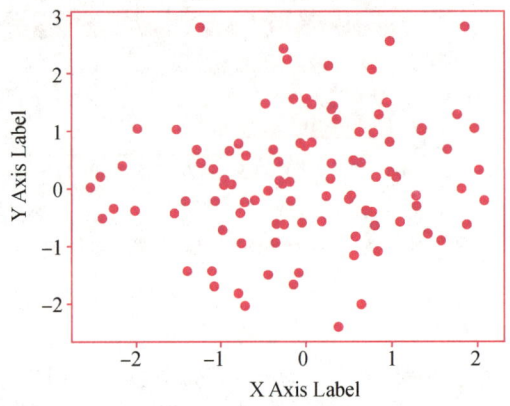

图 4-10 使用 Matplotlib 绘制的散点图

通过本任务的介绍,我们了解到 Matplotlib 库中一些基本但强大的绘图功能。无论是创建图纸、设置坐标轴显示范围和名称、还是绘制折线图、箱形图、条形图、横向条形图、饼图和散点图,Matplotlib 都能以简单直观的方式完成。掌握这些基础技能后,我们将能够更自信地使用 Matplotlib 进行数据可视化,以直观、美观的图表形式展现数据背后的故事。

五、Matplotlib 实战案例介绍

在这个实战案例中,我们将深入学习如何使用 Matplotlib 来完成一个项目的全部流程,包括导入数据包、处理中文乱码问题,以及逐步构建折线图。通过这个案例,你将能够掌握 Matplotlib 库的基本使用方法,并了解如何在项目中实际应用这些技术。

(一) 导入 Matplotlib

在使用 Matplotlib 之前,我们需要导入这个库。虽然有多种导入方式,本案例将采用推荐的方式:

```
1. from matplotlib import pyplot as plt
```

(二) 中文乱码处理

在使用 Matplotlib 进行绘图时，如果图表中包含中文字符，很可能会遇到乱码问题。为了解决这个问题，我们可以通过设置 Matplotlib 的配置参数来指定一个支持中文的字体。同时，为了确保在图表中使用负号时不会出现乱码，我们还需要设置 axes.unicode_minus 为 False：

```
1. plt.rcParams['font.family'] = 'Alibaba PuHuiTi 2.0'
2. plt.rcParams['axes.unicode_minus'] = False
3. 
```

请确保系统中安装了 Alibaba PuHuiTi 2.0 字体，或者选择系统中已有的其他支持中文的字体。

(三) 绘图步骤

1. 创建图纸

图纸（figure）是所有绘图元素的容器。首先，我们可以通过 plt.figure() 函数创建一个新的图纸，并通过 figsize 参数指定其大小：

```
1. plt.figure(figsize=(4,3))   # 创建一个宽4英寸、高3英寸的图纸
```

2. 在图纸上创建绘图区域

创建图纸后，我们可以在图纸上创建一个或多个绘图区域（Axes）。在本案例中，我们直接在图纸上绘制图形，因此可以省略这一步。

3. 描绘点、线

其次，我们将数据点通过线连接起来，绘制成折线图：

```
1. x = [-1, 0, 1, 2]
2. y = [-1, 0, 1, 2]
3. plt.plot(x, y)   # 使用 plt.plot 绘制折线图
```

4. 设置坐标轴显示范围及命名

再次，我们还可以设置坐标轴的显示范围，并为坐标轴添加名称：

```
1. plt.xlim(-1, 2)
2. plt.ylim(-1, 2)
3. plt.xlabel('X')
4. plt.ylabel('Y')
```

5. 保存图表

最后，我们将绘制好的图表保存到文件中：

```
1. plt.savefig("1.png")
```

(四) 按步绘制更大的折线图

接下来，我们将按照以上步骤，绘制一个更大尺寸的折线图，并设置详细的坐标轴显示范围及命名。

```
1. # 绘制一个 8 * 6 的图纸
2. plt.figure(figsize =(8,6))
3. # 设定数值
4. x = [0, 3, 6, 7, 8]
5. y = [5, 8, 7, 4, 3]
6. # 以折线图展示
7. plt.plot(x, y)
8. # 坐标轴显示范围
9. plt.xlim(0, 8)
10. plt.ylim(0, 8)
11. # 坐标轴名称
12. plt.xlabel('X Axis Label')   # 设置 x 轴名称
13. plt.ylabel('Y Axis Label')   # 设置 y 轴名称
14. plt.title('Box Plot')         # 设置标题
15. # 将图像保存并命名
16. plt.savefig("your_name.png")
```

通过这个案例，我们不仅学会了如何使用 Matplotlib 进行基本的折线图绘制，还掌握了如何解决绘图过程中常见的中文乱码问题。此外，我们也了解了如何设置图纸大小、坐标轴的范围和名称，以及如何将绘制好的图表保存为文件。这些技能在处理实际数据可视化项目时将非常有用。

(五) 绘制条形图

使用 Matplotlib 绘制一个表示 2020 年四大直辖市 GDP 水平的条形图。

```
1. # 导入 matplotlib.pyplot 模块
2. from matplotlib import pyplot as plt
3. # 设置中文字体为黑体、中文状态下负号正常显示
4. plt.rcParams['font.family'] = 'SimHei'   # 请根据自己系统的字体进行调整
5. plt.rcParams['axes.unicode_minus'] = False
6. # 绘制一个 8 * 6 的图纸
7. plt.figure(figsize =(8,6))
8. # 2020 年四大直辖市 GDP 水平
9. GDP = [36102, 38700, 14083, 25002]
10. city = ['北京市', '上海市', '天津市', '重庆市']
11. # 绘制条形图
12. plt.bar(city, GDP)
13. # 设置 y 轴范围
14. plt.ylim(10000, 40000)
15.
16. # 设置坐标轴名称
17. plt.xlabel('城市')
18. plt.ylabel('GDP')
```

```
19. # 将图像保存并命名
20. plt.savefig("2.png")
21. plt.show()
22.
```

（六）绘制对比图

使用 Matplotlib 绘制一个展示冰箱销售收入与洗衣机销售收入的对比折线图。

```
1. # 导入 matplotlib.pyplot 模块
2. from matplotlib import pyplot as plt
3.
4. # 设置中文字体为黑体、中文状态下负号正常显示
5. plt.rcParams['font.family'] = 'SimHei'   # 请根据自己系统的字体进行调整
6. plt.rcParams['axes.unicode_minus'] = False
7. # 绘制一个 8 * 6 的图纸
8. plt.figure(figsize =(8,6))
9. # 根据已知条件设置 x 轴、y 轴数据
10. x = ['1月', '2月', '3月', '4月', '5月', '6月']
11. y1 = [100, 80, 120, 150, 90, 150]
12. y2 = [60, 40, 80, 100, 80, 90]
13. # 绘制折线图,展示冰箱销售收入
14. plt.plot(x, y1, linewidth = 2, color ='lightblue', linestyle ='- - ', marker ='* ', label ='冰箱销售收入')
15. # 绘制折线图,展示洗衣机销售收入
16. plt.plot(x, y2, linewidth = 2, color ='steelblue', marker ='* ', label ='洗衣机销售收入')
17. # 设置组合折线图标题
18. plt.title('冰箱销售收入 vs 洗衣机销售收入')
19. # 显示图例
20. plt.legend()
21. # 显示组合折线图并将图像保存并命名
22. plt.savefig("3.png")
23. plt.show()
24.
```

通过上面的代码示例,我们完成了条形图和对比折线图的绘制。在这个过程中,我们解决了中文显示的问题,设置了图表大小、坐标轴的范围、名称,并且保存了图表。这些基本技能是使用 Matplotlib 进行数据可视化的核心,能够在实际项目中有效地展示数据分析结果。

【例题 4-12】 在 Matplotlib 中,(　　)用于创建一个新的图纸。

A. plt.plot()　　　　　　　　　B. plt.figure()

C. plt.show()　　　　　　　　D. plt.axis()

【例题 4-13】 使用(　　)可以在 Matplotlib 中设置图表的标题。

A. plt.title()函数　　　　　　B. plt.xlabel()函数

C. plt.ylabel()函数　　　　　D. plt.legend()函数

【例题 4-14】 在使用 plt.plot()函数绘制折线图时,设置(　　)添加数据点的标记。

A. marker 参数   B. linestyle 参数
C. color 参数   D. linewidth 参数

【例题 4-15】 若要在 Matplotlib 中绘制一个水平条形图，应使用(　　)。
A. plt.bar()   B. plt.barh()
C. plt.plot()   D. plt.scatter()

【例题 4-16】 Matplotlib 中,(　　)用于设置图表中文字的字体。
A. plt.text()   B. plt.fontsize()
C. plt.rcParams['font.family']   D. plt.style.use()

【例题 4-17】 如果在绘制图表时遇到中文显示为乱码，解决方式为(　　)。
A. 更换图表的颜色   B. 更换绘图的样式
C. 调整图表的大小   D. 设置正确的字体支持中文

【例题 4-18】 在 Matplotlib 中，可以使用(　　)设置坐标轴的显示范围。
A. plt.axis()   B. plt.set_xlim()和 plt.set_ylim()
C. plt.xlim()和 plt.ylim()   D. plt.set_axis()

任务八　Matplotlib 高级应用(二)

一、Matplotlib 的高级应用介绍

在这个高级应用教程中，我们将学习如何使用 Python 的 Matplotlib 库结合 Pandas 来从 xls 文件中读取数据并进行绘图。这不仅仅是关于数据可视化的技能，而是关于如何将数据处理和数据可视化结合在一起，以提取和展示数据中的有价值信息。

二、实验目的

实验的目的是通过实际操作学会从 xls 文件中读取数据，并使用 Matplotlib 和 Pandas 库来绘制数据图像，提升数据处理和可视化的能力。

三、涉及知识点

Pandas 数据库导入：使用 Pandas 库从 xls 文件中导入数据。
Matplotlib 绘图：利用 Matplotlib 库绘制直方图、饼状图等。
数据处理：使用 Pandas 进行数据的基本处理和统计分析。
步骤一：查看数据。
我们需要导入处理数据和绘图所需的第三方库：Pandas 和 Matplotlib。

```
1. import pandas as pd
2. import matplotlib.pyplot as plt
3. # 设置显示选项
4. pd.set_option('display.max_columns', None)
5. pd.set_option('display.max_rows', None)
6. # 设置中文编码和负号的正常显示
7. plt.rcParams['font.family'] = 'sans-serif'
8. plt.rcParams['axes.unicode_minus'] = False
9. 读取 xls 文件
10.
```

使用 Pandas 的 read_excel 函数读取 xls 文件数据：

```
1. df = pd.read_excel('销售信息.xls')
```

展示文件前 5 行以了解数据结构：

```
1. print(df.head())
2.
```

使用 iloc 查看特定行列的数据，为接下来的数据处理提供方向：

```
1. print(df.iloc[0:5, 1:5])
2.
```

步骤二：绘制图像。

直方图可以帮助我们了解数据的分布情况。例如，绘制产品价格的直方图：

```
1. plt.hist(df['price'], edgecolor = 'black', label = 'Price')
2. plt.title('Price Distribution')
3. plt.legend()
4. plt.show()
5.
```

饼状图用于展示各部分占总体的比例。例如，计算表格某列的值的比例，并绘制饼状图：

```
1. x1 = df['category'].value_counts()
2. plt.figure(figsize =(8, 8))
3. plt.pie(x1, labels = x1.index, autopct = '%1.2f%%')
4. plt.title('Category Distribution')
5. plt.show()
6.
```

通过 subplot 将多个图表组合在一张图纸上展示：

```
1. plt.subplot(221)
2. # 在这里绘制第一个图表
```

```
3. plt.subplot(222)
4. # 在这里绘制第二个图表
5. # 可以继续添加更多图表
6. plt.show()
7.
```

通过本任务,我们学会了如何使用 Pandas 从 xls 文件中导入数据,并利用 Matplotlib 进行数据可视化。这些技能对于数据分析和数据科学领域非常重要,能够帮助我们更好地理解和展示数据。

接下来,我们将继续利用 Matplotlib 和 Pandas 进行更具体的数据可视化。我们的目标是绘制年龄分布的直方图和消费次数与消费金额关系的散点图,以深入分析数据。

四、绘制年龄分布直方图

直方图是理解数据分布特性的有效图形之一。以下代码演示了如何绘制年龄分布直方图:

```
1. # 绘制图像大小
2. plt.figure(figsize =(8, 6))
3. # 绘制直方图基本样式(内容,边框颜色,图例名称)
4. plt.hist(df['age'], edgecolor ='k', label ='人数')
5. # 显示图像名称
6. plt.title('年龄分布直方图')
7. # 显示图例
8. plt.legend()
9. # 将图像保存并命名
10. plt.savefig("年龄分布直方图.png")
11.
```

这段代码首先设置了图像的大小;其次使用 plt.hist 函数绘制了年龄的直方图,其中 df['age']代表数据框中年龄的列,边框颜色设置为黑色,图例标签设置为"人数";最后,图像被保存为"年龄分布直方图.png"。

五、消费次数与消费金额关系的散点图

散点图可以帮助我们理解两个连续变量之间的关系。以下代码演示了如何绘制消费次数与消费金额关系的散点图:

```
1. # 计算每个消费者的购买次数
2. x = df.groupby('user_id')['order_id'].nunique()
3. # 计算每个消费者的总金额
4. y = df.groupby('user_id')['price'].sum()
5. # 绘制图像大小
6. plt.figure(figsize =(8, 5))
7. # 绘制散点图
```

```
8. plt.scatter(x, y)
9. # 给横纵坐标轴加个名字
10. plt.xlabel('消费次数')
11. plt.ylabel('消费金额')
12. # 给图像命名
13. plt.title('消费次数与消费金额关系')
14. # 将图像保存并命名
15. plt.savefig("消费次数与消费金额关系图.png")
```

这段代码通过分组聚合操作，计算了每个消费者的购买次数和总金额，并使用 plt.scatter 函数绘制了散点图。X 轴代表消费次数，Y 轴代表消费金额。图像最后被保存为"消费次数与消费金额关系图.png"。

通过这两个实例，我们不仅学习了如何从 xls 数据中提取有用信息，还学习了如何通过直方图和散点图对数据进行可视化分析，这对于数据分析师来说是非常重要的技能。

六、用户男女人数对比扇形图

绘制用户性别比例的饼状图，需要首先计算数据中男女人数的总和，这可以通过对性别列进行计数来实现；其次使用 Matplotlib 来绘制饼状图，并通过指定图像大小、内容、显示名称和显示比例等参数来美化图表；最后，给图像命名并保存到本地。

完整的代码如下：

```
1. # 计算男女人数总和
2. x1 = df['sex'].value_counts()
3. # 绘制图像大小
4. plt.figure(figsize =(4,4))
5. # 绘制饼状图(内容,显示名称,显示比例)
6. plt.pie(x1, labels = x1.index, autopct ='%.2f%%')
7. # 给图像命名
8. plt.title('男女占比')
9. # 将图像保存并命名
10. plt.savefig("3.png")
11. 
```

这段代码首先使用 value_counts()方法计算男女人数的总和；其次通过 plt.figure(figsize=(4,4))设置绘图窗口的大小，plt.pie()函数用于绘制饼状图，其中 x1 代表数据，labels=x1.index 用于指定每部分的标签，autopct='%.2f%%'用于显示每部分占总数的百分比，plt.title('男女占比')设置图表的标题；最后，plt.savefig("3.png")将图表保存为 png 文件。

七、一个画布显示多个图像

要将多个图像一同显示在一个画布上，可以使用 Matplotlib 的 subplot 函数。plt.

subplot(221)意味着将画布分为2行2列,并在第一个区域绘图。通过指定不同的区域,你可以在同一个画布上绘制多个图表。

下面的代码演示了如何在一个画布上绘制三个不同的图表:

```
1. # 绘制画布
2. plt.figure(figsize =(16,12))
3. # 绘制第一个图像 - 年龄分布直方图
4. ax1 = plt.subplot(221)
5. plt.hist(df['age'], edgecolor ='k', label ='人数')
6. plt.title('年龄分布直方图')
7. plt.legend()
8. # 绘制第二个图像 - 消费次数与消费金额关系
9. x = df.groupby('user_id')['order_id'].nunique()
10. y = df.groupby('user_id')['price'].sum()
11. ax2 = plt.subplot(212)
12. plt.scatter(x,y)
13. plt.xlabel('消费次数')
14. plt.ylabel('消费金额')
15. plt.title('消费次数与消费金额关系')
16. # 绘制第三个图像 - 男女占比
17. x1 = df['sex'].value_counts()
18. ax3 = plt.subplot(222)
19. plt.pie(x1, labels = x1.index, autopct ='%.2f%%')
20. plt.title('男女占比')
21. # 将图像保存并命名
22. plt.savefig("4.png")
23.
```

这段代码通过分别指定 subplot(221)、subplot(212) 和 subplot(222),在一个 16x12 英寸的画布上绘制了三个不同的图表。每个 subplot 函数的调用都指定了图表应该放置的位置,例如,subplot(221)表示图表应该位于2行2列布局的第一个位置。每个图表绘制完成后,通过 plt.savefig("4.png")将整个画布保存为一个 png 文件。

八、应用举例

在这个案例练习中,我们将通过一个实际的绘图任务来巩固我们对 Matplotlib 库的理解和应用。具体来说,我们将展示如何将三个不同的图表——年龄分布的直方图、消费次数与消费金额的关系散点图,以及用户性别比例的饼图——绘制到同一行中,并对画布大小进行适当的调整以优化视觉效果。这个练习不仅能帮助我们更好地理解数据可视化的技术细节,还能提升我们将数据分析结果以直观形式呈现的能力。下面是具体的步骤和代码示例:

```
1. # 绘制画布
2. plt.figure(figsize =(18,6))    # 调整画布大小为宽18英寸,高6英寸,以适应三个图像
3. # 绘制第一个图像 - 年龄分布直方图
4. plt.subplot(1, 3, 1)   # 指定为第一列
5. plt.hist(df['age'], edgecolor ='k', label ='人数')
```

```
6.  plt.title('年龄分布直方图')
7.  plt.legend()
8.  # 绘制第二个图像 - 消费次数与消费金额关系散点图
9.  x = df.groupby('user_id')['order_id'].nunique()
10. y = df.groupby('user_id')['price'].sum()
11. plt.subplot(1, 3, 2)    # 指定为第二列
12. plt.scatter(x, y)
13. plt.xlabel('消费次数')
14. plt.ylabel('消费金额')
15. plt.title('消费次数与消费金额关系')
16.
17. # 绘制第三个图像 - 用户男女人数对比扇形图
18. x1 = df['sex'].value_counts()
19. plt.subplot(1, 3, 3)    # 指定为第三列
20. plt.pie(x1, labels = x1.index, autopct = '%.2f%%')
21. plt.title('男女占比')
22.
23. # 显示整个画布
24. plt.show()
25.
```

通过学习上述代码,我们不仅能够练习数据的读取和处理,还能通过不同类型的图表展现数据的多面性。这样的练习有助于提高我们解析和呈现复杂数据集的能力,是学习数据科学不可或缺的一环。

【例题 4-19】 阅读以下 Python 代码片段。下列关于该段代码的说法中,正确的是( )。

```
1. import pandas as pd
2. import matplotlib.pyplot as plt
```

A. 只导入了用于数据可视化的库

B. 只导入了用于数据处理的库

C. 同时导入了用于数据处理和数据可视化的库

D. 导入了用于机器学习的库

【例题 4-20】 下列 Python 代码片段的目的是( )。

```
1. plt.hist(df['age'], edgecolor = 'black', label = 'Age Distribution')
2. plt.title('Age Distribution Histogram')
3. plt.legend()
4. plt.show()
5.
```

A. 绘制一个关于年龄分布的饼状图

B. 绘制一个关于年龄分布的散点图

C. 绘制一个关于年龄分布的直方图

D. 绘制一个关于年龄分布的线图

【例题 4-21】 阅读以下 Python 代码片段。plt.subplot(1, 3, 2)中的参数的含义是（　　）。

```
1. plt.subplot(1, 3, 2)
2. plt.scatter(df['order_count'], df['total_spent'])
3. plt.title('Spending Pattern')
4.
```

A. 在一个 3 行 1 列的画布上，绘制在第 2 行的散点图
B. 在一个 1 行 3 列的画布上，绘制在第 2 列的散点图
C. 在一个 3 行 2 列的画布上，绘制在第 1 列的散点图
D. 在一个 2 行 1 列的画布上，绘制在第 3 行的散点图

任务九　Pyecharts 初级应用

一、Pyecharts 初级应用介绍

Pyecharts 初级应用

在现代数据分析和可视化的领域中，将复杂的数据以直观、易理解的形式呈现出来，是提升数据价值的重要一环。Echarts 作为一个由百度开源的数据可视化框架，因其良好的交互性、精巧的图表设计而广受开发者喜爱。Python，这门富有表达力的语言，尤其擅长数据处理，其简洁而强大的功能使其成为数据科学领域的首选语言。当 Echarts 遇上 Python，Pyecharts 应运而生，它是一款将 Echarts 的图表能力与 Python 数据处理能力结合在一起的库，旨在让 Python 开发者能够便捷地创建丰富多彩的交互式图表。

Pyecharts 的诞生意味着 Python 开发者不再需要深入了解 JavaScript 就能够制作出 Echarts 支持的所有类型的图表。它提供了一个 Pythonic 的接口来生成 Echarts 支持的图表，使得数据可视化工作变得更加轻松和高效。通过简单的 Python 脚本，开发者可以快速地处理数据并生成静态或动态的可视化图表，这些图表不仅可以嵌入到 Web 页面中，也可以直接在 Jupyter Notebook 中渲染展示，极大地增强了数据分析报告的表现力和互动性。

二、Pyecharts 的特性

Pyecharts 作为一个高效的数据可视化工具，拥有以下显著特性。

（1）简洁的 API 设计：Pyecharts 提供了简洁而强大的 API，支持链式调用，让图表的创建过程轻松流畅。即使是复杂的数据可视化需求，也能通过几行代码轻松实现。

（2）丰富的图表类型：囊括了 30 多种常见的图表类型，包括柱状图、折线图、饼图、散点图、雷达图、地图、热力图、树图等，满足了绝大多数数据可视化的场景需求。

(3) Notebook 环境支持：Pyecharts 对主流的 Notebook 环境提供了原生支持，包括 Jupyter Notebook 和 JupyterLab。在进行数据分析时，可以即时生成并查看图表，极大地提升了数据分析的效率和体验。

(4) Web 框架集成：可以轻松地集成到 Flask、Django 等主流 Web 框架中。通过简单的配置，就可以将生成的图表嵌入到 Web 页面中，实现数据的在线动态展示。

(5) 灵活的配置项：Pyecharts 提供了高度灵活的配置项，用户可以根据需要调整图表的样式、布局、颜色等，轻松搭配出符合个人品位的精美图表。

(6) 详细的文档和示例：Pyecharts 拥有详细的文档和丰富的示例，无论是初学者还是经验丰富的开发者，都能够快速上手，轻松掌握其使用方法。

(7) 丰富的地理数据支持：提供丰富的地图文件以及原生的百度地图支持，为地理数据的可视化提供了强有力的支持。无论是全球、国家还是地区级别的地图数据展示，Pyecharts 都能够轻松应对。

总的来说，Pyecharts 不仅仅是一个简单的图表绘制工具，它通过结合 Python 的数据处理能力和 Echarts 的可视化能力，为数据分析和数据可视化领域带来了新的可能。无论是数据分析师、数据科学家，还是 Web 开发者，Pyecharts 都能够帮助他们以更加高效、直观的方式展现数据，从而发现数据背后的价值和意义。

三、Pyecharts 应用

Pyecharts 作为一款功能强大的 Python 数据可视化库，其应用范围广泛，可以在数据分析、商业智能、地理信息系统、网络监控等多个领域发挥重要作用。以下是几个具体的应用示例，包括相关的编程代码和注释，展示了如何利用 Pyecharts 生成视觉吸引力强的图表。

示例 1：生成柱状图。

柱状图是展示类别数据对比情况的常用图表类型，非常适合用来展示不同项目之间的对比情况。

```
1. from pyecharts.charts import Bar
2. from pyecharts import options as opts
3. # 创建数据
4. categories = ["衬衫", "羊毛衫", "雪纺衫", "裤子", "高跟鞋", "袜子"]
5. data = [5, 20, 36, 10, 75, 90]
6. # 创建柱状图
7. bar = (
8.     Bar()
9.     .add_xaxis(categories)
10.    .add_yaxis("销量", data)
11.    .set_global_opts(title_opts = opts.TitleOpts(title = "服装销量", subtitle = "简单柱状图"))
12. )
13. # 渲染图表到 HTML 文件，也可以直接在 Jupyter Notebook 中渲染
14. bar.render('bar_chart.html')
```

在这段代码中,首先导入了必要的模块,其次创建了一组数据,并使用 Bar() 函数创建了一个柱状图对象,代码执行结果如图 4-11 所示。通过.add_xaxis()和.add_yaxis()方法添加了 x 轴和 y 轴的数据,最后通过.set_global_opts()方法设置了图表的全局配置选项。

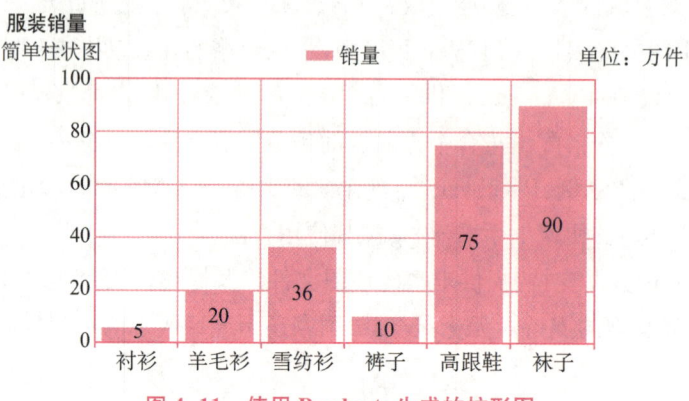

图 4-11　使用 Pyecharts 生成的柱形图

示例 2:生成地图。

地图在展示地理位置数据方面非常有用,特别是在展示不同区域的数据分布时。

```
1. from pyecharts.charts import Map
2. from pyecharts import options as opts
3. from pyecharts.globals import ThemeType
4. # 创建数据
5. regions = ["广东", "北京", "上海", "江苏", "浙江", "四川"]
6. values = [300, 200, 270, 199, 233, 267]
7. # 创建地图,指定图表大小
8. map_ = (
9.     Map(init_opts = opts.InitOpts(width = "800px", height = "600px", theme = ThemeType.WESTEROS))
10.    .add("商业点", [list(z) for z in zip(regions, values)], "china")
11.    .set_global_opts(
12.        title_opts = opts.TitleOpts(title = "商业点分布"),
13.        visualmap_opts = opts.VisualMapOpts(max_= 300, is_piecewise = True),
14.    )
15. )
16. # 渲染图表到 HTML 文件
17. map_.render('china_map.html')
```

在这个例子中,Map()用于创建一个地图对象,.add()方法用于添加地理位置数据,.set_global_opts()方法用来设置图表的全局选项,如标题和视觉映射配置。

示例 3:生成饼图。

饼图是表示数据部分与整体关系的常用图表,适合展示数据的构成比例。

```
1. from pyecharts.charts import Pie
2. from pyecharts import options as opts
```

```
 3. # 创建数据
 4. categories = ["苹果", "梨", "香蕉", "橙子", "樱桃"]
 5. data = [13.8% , 12.1% , 9.13% , 5.27% , 60.42% ]
 6. # 创建饼图
 7. pie = (
 8.     Pie()
 9.     .add("", [list(z) for z in zip(categories, data)])
10.     .set_global_opts(title_opts = opts.TitleOpts(title ="水果销售比例"))
11.     .set_series_opts(label_opts = opts.LabelOpts(formatter ="{b}: {c}"))
12. )
13. # 渲染图表到 HTML 文件
14. pie.render('pie_chart.html')
15.
```

这段代码创建了一个饼图对象,通过.add()方法添加了数据,其中""参数表示不显示系列名。通过.set_global_opts()和.set_series_opts()设置了图表和系列的选项。代码执行结果如图 4-12 所示。

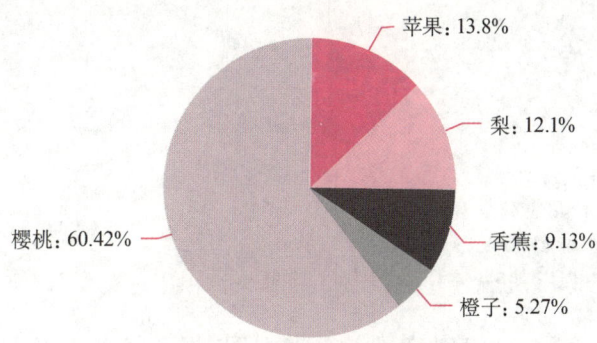

图 4-12　使用 Pyecharts 生成的水果销售比例饼状图

以上示例展示了 Pyecharts 如何用来创建多种类型的图表,从基本的柱状图、地图到饼图,都可以通过简洁的 API 设计轻松完成。这些图表不仅美观,而且富有交互性,极大地提升了数据的表现力和用户的体验。我们将在接下来的案例中具体学习 Pyecharts 的使用。

四、Pyecharts 实战案例

我们将深入探索 Pyecharts 库的实际应用,通过一个完整的案例来演示如何使用 Pyecharts 绘制不同类型的图表。Pyecharts 是一个强大的图表库,允许用户以极少的代码量创建出丰富且美观的数据可视化效果。本案例将包括直方图、折线图和散点图的绘制,通过这些示例,帮助读者能够掌握 Pyecharts 库的基础用法。

首先,我们需要导入 Pyecharts 库中的相关模块和功能,以便构建图表。

```
1. from pyecharts import options as opts
2. from pyecharts.charts import Bar, Line, Scatter
```

这些导入语句使我们能够使用 Bar、Line 和 Scatter 类来创建直方图、折线图和散点图，同时通过 options 模块来配置图表的样式和选项。

其次，在开始绘制图形前，我们需要创建一些模拟数据来支撑我们的图表。

```
1. # 创建 X 轴数据
2. x_data = ['Apple', 'Huawei', 'Xiaomi', 'Oppo', 'Vivo', 'Meizu']
3. # 创建 Y 轴数据
4. y_data = [123, 153, 89, 107, 98, 23]
5. y1_data = [153, 107, 23, 89, 123, 107]
```

这里我们创建了两组 Y 轴数据，y_data 和 y1_data，分别代表线上和线下的销售量，而 x_data 为各个品牌的名称。

直方图是展示分组数据频率分布的图表，非常适合用来展示不同品牌的销售量对比。

```
1. # 所需绘制图形的样式
2. bar = Bar()
3. # 创建 X 轴并导入数据
4. bar.add_xaxis(x_data)
5. # 创建 Y 轴并导入数据
6. bar.add_yaxis('线上销售量', y_data)
7. # 将图形保存为 html 格式，并查看
8. bar.render('bar_sales.html')
```

最后，通过这段代码，我们创建了一个直方图，展示了各个品牌的线上销售量，如图 4-12 所示。

折线图非常适合用来展示数据随时间变化的趋势，这里我们使用它来展示各个品牌的线下销售趋势。

```
1. # 所需绘制图形的样式
2. line = Line()
3. # 创建 X 轴并导入数据
4. line.add_xaxis(x_data)
5. # 创建 Y 轴并导入数据
6. line.add_yaxis('线下销售量', y1_data)
7. # 将图形保存为 html 格式，并查看
8. line.render('line_sales.html')
9.
```

这段代码将创建一个折线图，展示了各个品牌的线下销售量，代码执行结果如图 4-13 所示。

散点图是表示两个变量之间关系的图表类型，适用于展示数据点之间的分布趋势。

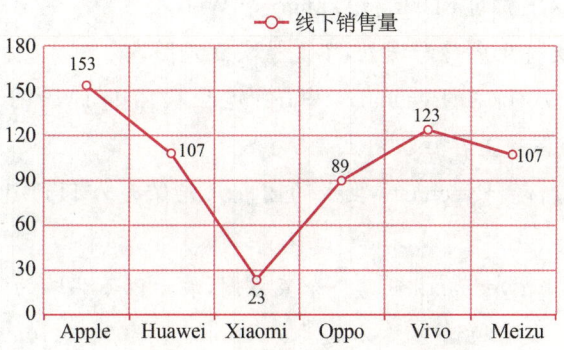

图 4-13　各个品牌的线下销售量

```
1. # 所需绘制图形的样式
2. scatter = Scatter()
3. # 创建 X 轴并导入数据
4. scatter.add_xaxis(x_data)
5. # 创建 Y 轴并导入数据
6. scatter.add_yaxis('线上销售量', y_data)
7. # 将图形保存为 html 格式，并查看
8. scatter.render('scatter_sales.html')
9.
```

通过上述代码，我们创建了一个散点图，展示了各品牌的线上销售量分布情况，代码执行结果如图 4-14 所示。

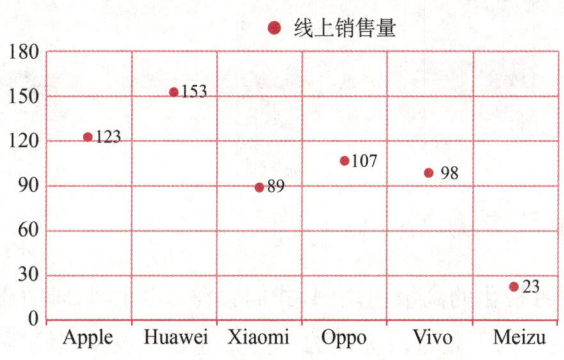

图 4-14　使用 pyecharts 创建的散点图

【例题 4-22】　Pyecharts 支持的图表类型包括（　　）。

A. 直方图、饼图、线图　　　　　　B. 散点图、雷达图、仪表盘

C. 甘特图、水球图、热力图　　　　D. A 和 B 的所有类型

【例题 4-23】　下列关于 Pyecharts 的描述，正确的是（　　）。

A. Pyecharts 无法在 Jupyter Notebook 中直接显示图表

B. Pyecharts 不支持自定义图表的颜色和样式

C. Pyecharts可以集成到Flask和Django等Web框架中
D. Pyecharts仅支持生成静态图表,不支持交互式图表

【例题4-24】 判断题:在Pyecharts中,创建柱状图和折线图的过程中,可以使用.overlap()方法将折线图覆盖在柱状图上。   (   )

【例题4-25】 判断题:Pyecharts生成的图表只能保存为HTML文件,不能直接保存为图片格式。   (   )

【例题4-26】 使用Pyecharts创建一个直方图,展示以下品牌的线上销售量,并将图表保存为HTML文件。品牌和销售量分别为:'Apple'(130),'Huawei'(120),'Xiaomi'(150)。请尝试写出相应的代码片段。

【例题4-27】 修改例题1中的直方图,设置自定义的颜色♯5470C6为柱状图的颜色。请尝试写出相应的代码片段。

【例题4-28】 使用Pyecharts创建一个折线图,展示'Apple'品牌最近5个月的销售趋势,月份和销售量分别为:'Jan'(100),'Feb'(120),'Mar'(150),'Apr'(130),'May'(160)。请尝试写出相应的代码片段。

【例题4-29】 基于例题1的数据,将直方图和折线图合并显示,直方图展示线上销售量,折线图展示同一品牌的线下销售量。线下销售量分别为:'Apple'(90),'Huawei'(110),'Xiaomi'(140),请尝试写出相应的代码片段。

【例题4-30】 修改例题4的代码,为合并后的图表添加图例,并启用工具箱支持保存为图片。请尝试写出相应的代码片段。

任务十　Pyecharts高级应用

一、Pyecharts高级应用介绍

Pyecharts高级应用

在Pyecharts数据可视化的高级应用中,我们会深入探讨如何使用Pyecharts库来创建更复杂和互动性的图表。以下是本讲涉及的一些关键知识点及其简要介绍。

1. 导入绘图模块

```
1. from pyecharts.charts import *
```

这行代码导入了Pyecharts库中所有的图表类,使我们能够使用各种类型的图表,如饼状图、柱状图、折线图等。

2. 导入附加功能模块

```
1. from pyecharts import options as opts
```

这行代码导入了 Pyecharts 的 options 模块,并将其重命名为 opts。该模块包含了设置图表样式和配置的各种选项,如标题、图例、工具箱等。

3. 绘制饼状图

```
1. pie = Pie()
```

通过创建 Pie 类的实例来绘制饼状图。饼状图主要用于展示各部分占总体的比例。

4. 数据导入图表

```
1. pie.add("系列名称", [list(z) for z in zip(x_data, y_data)])
```

这行代码演示了如何将数据导入到饼状图中。它先将 x_data(通常是类别)和 y_data(数值)配对,然后作为一个系列添加到饼状图中。

5. 在 Jupyter Notebook 中展示图表

```
1. pie.render_notebook()
```

这行代码使图表能够直接在 Jupyter Notebook 中渲染和显示,非常适合进行数据分析时的即时可视化反馈。

6. 合并图表

```
1. combined_chart = chart1.overlap(chart2)
```

这段代码将两个图表进行叠加显示,比如将折线图叠加在柱状图之上,以展示更多维度的数据关系。

7. 将图像绘制在同一行

```
1. grid = Grid()
```

创建一个 Grid 布局实例,用于在同一行或同一个画布上组织多个图表的布局。

8. 控制图像的绘制位置

```
1. grid.add(chart, grid_opts = opts.GridOpts(pos_left ="55%"))
```

这行代码展示了如何将单个图表添加到网格布局中,并通过 GridOpts 配置项控制图表的位置。pos_left="55％"表示图表的左边界距离画布左边界的百分比。

9. 将图像以标签页形式展示

```
1. tab = Tab()
2. tab.add(chart, "标签名称")
```

创建一个 Tab 实例,可以将多个图表以标签页的形式组织起来。这种方式便于用户在不同的图表间进行切换,非常适合同时展示多个相关的数据视图。

通过以上高级应用知识点的介绍,我们可以看到 Pyecharts 提供了丰富的功能来创建、配置和组织图表,从而能够更好地满足数据可视化的高级需求。

二、Pyecharts 高级应用案例实战

在本实战案例中,我们将深入学习如何使用 Pyecharts 进行数据可视化的高级应用。我们将通过构建数据、绘制饼状图、直方图,并为图表添加标题与工具箱,来展示 Pyecharts 在实际项目中的强大功能和灵活性。

首先,我们需要导入 Pyecharts 的绘图模块和附加功能模块,以便我们可以创建各种类型的图表并自定义它们的样式。

```
1. # 导入绘图模块
2. from pyecharts.charts import *
3. # 导入附加功能模块
4. from pyecharts import options as opts
5.
```

其次,我们创建 X 轴和 Y 轴的数据。这里我们以几个知名手机品牌的线上和线下销量为例,构建我们的数据集。

```
1. # 创建 X 轴数据
2. x_data = ['Apple', 'Huawei', 'Xiaomi', 'Oppo', 'Samsung']
3. # 创建 Y 轴数据
4. y_data = [123, 153, 89, 107, 95]
5. y1_data = [56, 77, 93, 68, 45]
6.
```

饼状图是数据可视化中常用的图表类型,非常适合展示各部分占总体的比例。

```
1. # 所需绘制图形的样式
2. pie = Pie()
3. # 将数据导入图表
4. pie.add("", [list(z) for z in zip(x_data, y_data)], radius =["30%", "75%"])
5. # 设置全局配置
6. pie.set_global_opts(title_opts = opts.TitleOpts(title ="手机品牌线上销量占比"))
7. # 将图形保存为 html 格式,并查看
8. pie.render('pie_chart.html')
9.
```

最后,通过这段代码,我们创建了一个饼状图,显示了各手机品牌线上销量的占比,并设置了图表的标题和半径大小,使图表更具可读性。

在 Pyecharts 中添加工具箱是一个非常实用的功能,它允许用户与图表进行交互,如保存图表为图片等。

```
1. # 在图像中添加工具箱
2. bar.set_global_opts(toolbox_opts = opts.ToolboxOpts())
3. # 将图形保存为 html 格式,并查看
4. bar.render('bar_with_toolbox.html')
```

通过 set_global_opts 方法并传入 toolbox_opts 参数,我们可以为图表添加一个工具箱。opts.ToolboxOpts()创建了一个默认的工具箱,用户可以通过它保存图表为不同格式的图片。使用 render 方法将图表保存为 HTML 文件,可以在任何浏览器中查看。

三、绘制组合图——将图形合并

首先,我们创建一个散点图和一个折线图,展示相同的 X 轴数据但不同的 Y 轴数据。

```
1. # 创建一个散点图
2. scatter = Scatter()
3. scatter.add_xaxis(x_data)
4. scatter.add_yaxis("线下销售量", y1_data)
5. # 创建一个折线图
6. line = Line()
7. line.add_xaxis(x_data)
8. line.add_yaxis("线上销售量", y_data)
```

其次,我们将这两个图形合并在一起,展示在同一个图表中。

```
1. # 将两个图像合并
2. overlap = scatter.overlap(line)
3. # 将图形保存为 html 格式,并查看
4. overlap.render('combined_chart.html')
```

最后,使用 overlap 方法可以将折线图覆盖到散点图上,这种方式适用于展示两组数据之间的关系或比较。通过 render 方法保存的 HTML 文件可以展示这个组合图表。

四、绘制组合图——将图表并行显示

我们创建两个图形:一个散点图和一个折线图,每个图形都包含线上和线下销售量的数据。

```
1. # 创建散点图
2. scatter = Scatter()
3. scatter.add_xaxis(x_data)
4. scatter.add_yaxis("线上销售量", y_data)
5. scatter.add_yaxis("线下销售量", y1_data)
6. scatter.set_global_opts(title_opts = opts.TitleOpts(title = "散点图"))
7.
8. # 创建折线图
9. line = Line()
```

```
10. line.add_xaxis(x_data)
11. line.add_yaxis("线上销售量", y_data)
12. line.add_yaxis("线下销售量", y1_data)
13. line.set_global_opts(title_opts = opts.TitleOpts(title ="折线图"))
14.
```

使用 Grid 布局,我们可以将这两个图形并行显示在同一行中。

```
1. # 所需绘制图形的样式
2. grid = Grid()
3. # 将第一个图像在左边绘制
4. grid.add(scatter, grid_opts = opts.GridOpts(pos_right ="55%"))
5. # 将第二个图像在右边绘制
6. grid.add(line, grid_opts = opts.GridOpts(pos_left ="55%"))
7. # 将图形保存为 html 格式,并查看
8. grid.render('parallel_charts.html')
9.
```

这段代码通过 Grid 布局控制每个图表的位置,pos_right 和 pos_left 参数用来调整图表在水平方向上的位置。通过这种方式,两个图表被并排显示,便于比较和分析。

我们使用 Tab 来分模块显示多个图表,这对于创建包含多个视图的报告非常有用。

```
1. # 所需绘制图形的样式
2. tab = Tab()
3. # 创建第一个表,并命名
4. tab.add(bar, "直方图")
5. # 创建第二个表,并命名
6. tab.add(pie, "饼状图")
7. # 创建第三个表,并命名
8. tab.add(scatter, "散点图")
9. # 将图形保存为 html 格式,并查看
10. tab.render('tabbed_charts.html')
```

通过 Tab 布局,我们可以将不同的图表添加为不同的标签页,用户可以通过点击标签在不同的图表之间切换。这种方式组织图表不仅使得信息结构更加清晰,而且提升了用户体验。

【例题 4-31】 假设你是一名数据分析师,负责分析一家公司过去一年(12 个月)的月度收入。已知数据如下:

```
1. 月份:1 月至 12 月
2. 收入(单位:万美元):120, 135, 150, 145, 160, 175, 165, 180, 195, 190, 200, 210
```

使用 Pyecharts 绘制一个折线图来展示公司每个月的收入趋势,并将图表保存为 income_trend.html。请写出完整的 Python 代码,并简要说明你的图表设计选择。

【例题 4-32】 一家公司想要分析其两个产品(A 和 B)在过去一年的销售额与广告费用

之间的关系。以下是产品 A 和产品 B 的相关数据：

> 1. 产品 A 销售额(单位：万美元)：[80, 82, 85, 88, 86, 90, 95, 92, 94, 100, 105, 110]
> 2. 产品 A 广告费用(单位：万美元)：[4, 4.5, 4.2, 4.8, 5, 5.3, 5.5, 5.2, 5.4, 5.8, 6, 6.2]
> 3. 产品 B 销售额(单位：万美元)：[70, 72, 75, 78, 76, 80, 85, 82, 84, 90, 95, 100]
> 4. 产品 B 广告费用(单位：万美元)：[3.5, 3.8, 3.6, 4.0, 4.3, 4.6, 4.8, 4.5, 4.7, 5.0, 5.2, 5.5]

使用 Pyecharts 绘制一个散点图来对比分析两个产品的销售额与广告费用之间的关系。请提供完成这项任务的 Python 代码，并解释你的图表设计及分析结论。

【例题 4-33】 作为财务分析师，你需要展示公司最近一季度每个月的总收入和总成本。以下是数据：

> 1. 月份：['1月', '2月', '3月']
> 2. 总收入(单位：万美元)：[200, 220, 240]
> 3. 总成本(单位：万美元)：[120, 130, 150]

要求使用 Pyecharts 绘制一个堆叠柱状图，展示每个月的总收入和成本。请提供完整的 Python 代码，并解释为何选择堆叠柱状图以及如何从图表中获取信息。

【例题 4-34】 公司的财务部门希望有一个仪表盘来显示当前季度利润率的实时数据。假设当前季度利润率为 35%。

使用 Pyecharts 绘制一个仪表盘图表，显示当前季度的利润率，并将图表保存为 profit_gauge.html。请写出完整的 Python 代码，并解释你选择仪表盘图表来展示这种类型数据的原因。

【例题 4-35】 一家公司希望对其四个主要产品线(产品 X，产品 Y，产品 Z，产品 W)的销售额和利润率进行多维度的对比分析。

已知数据如下：

> 1. 产品线：['产品 X', '产品 Y', '产品 Z', '产品 W']
> 2. 销售额(单位：万美元)：[100, 150, 120, 130]
> 3. 利润率(%)：[20, 25, 22, 18]

使用 Pyecharts 创建一个并行坐标系图表来展示这四个产品线的销售额和利润率。请提供 Python 代码，并详细解释为何选择并行坐标系图表及如何从该图表中提取分析信息。

练习

一、单选题

1. 数据采集的重要性体现在(   )。

    A. 只是数据分析的初步阶段，重要性不大

B. 数据采集是数据分析不可或缺的一部分，涉及数据的获取

C. 主要体现在对数据的存储上

D. 仅限于数据的可视化过程

2. 在使用数据接口采集数据时，下列步骤中，(　　)不是必要的。

A. 理解接口规则　　　　　　　　B. 编写代码采集数据

C. 手动录入数据　　　　　　　　D. 改写代码以采集特定数据

3. 在数据清洗过程中，不适用的操作是(　　)。

A. 删除重复值　　　　　　　　　B. 填充缺失值

C. 忽略异常值　　　　　　　　　D. 优化数据结构

4. 使用 Matplotlib 库绘制折线图时，以下选项中，不必要的是(　　)。

A. 导入 Matplotlib 库　　　　　　B. 设定图像大小

C. 指定数据类型　　　　　　　　D. 设置坐标轴名称

5. Pyecharts 支持的图表类型中，不包括(　　)。

A. 3D 图　　　　　　　　　　　B. 雷达图

C. Excel 表格　　　　　　　　　D. 散点图

6. 关于缺失值处理，以下哪项描述不正确的是(　　)。

A. 缺失值处理可以通过删除缺失数据实现

B. 缺失值可以通过平均值填充

C. 所有数据集的缺失值都必须删除

D. 缺失值处理可以通过数据插补实现

7. Matplotlib 在绘制图表时，用于设置图表标题的函数是(　　)。

A. plt.title()　　　　　　　　　　B. plt.xlabel()

C. plt.ylabel()　　　　　　　　　D. plt.legend()

8. 当使用 Python 进行网络爬虫开发时，通常用于解析 HTML 文档的库是(　　)。

A. pandas　　　　　　　　　　　B. NumPy

C. BeautifulSoup　　　　　　　　D. PyTorch

9. 在使用 requests 库请求网页数据时，用于发送 GET 请求的是(　　)。

A. requests.get()　　　　　　　　B. requests.post()

C. requests.request()　　　　　　D. requests.send()

10. 在 Python 中，通常用(　　)库进行网页请求以实现数据爬取。

A. Pandas　　　　　　　　　　　B. NumPy

C. Requests　　　　　　　　　　D. Matplotlib

二、编程题

1. 下面的 Python 代码片段的作用是(　　)。

```
1. import requests
2. response = requests.get('https://www.example.com')
3. print(response.status_code)
```

A. 打印网页的 HTML 内容   B. 打印请求的 URL 地址

C. 打印请求的状态码   D. 发送一个 POST 请求到指定的 URL

2. 以下代码中,可以从 HTML 文档中找到所有的< a >标签的是(   )。

    A.

```
1. import requests
2. from bs4 import BeautifulSoup
3. response = requests.get('http://example.com')
4. soup = BeautifulSoup(response.text, 'html.parser')
5. links = soup.find_all('a')
6. print(links)
```

    B.

```
1. import requests
2. from bs4 import BeautifulSoup
3. response = requests.get('http://example.com')
4. soup = BeautifulSoup(response.content, 'html.parser')
5. links = soup.select('a')
6. print(links)
```

    C.

```
1. import requests
2. from bs4 import BeautifulSoup
3. response = requests.get('http://example.com')
4. soup = BeautifulSoup(response.content, 'html.parser')
5. links = soup.find('a')
6. print(links)
```

    D.

```
1. import pandas as pd
2. df = pd.read_html('http://example.com')
3. print(df['a'])
```

3. 如果你想要检查一个网页是否包含某个特定的字符串"Welcome to Python",以下(   )代码可以实现。

    A.

```
1. import requests
2. response = requests.get('http://example.com')
3. if "Welcome to Python" in response.text:
4.     print("Found!")
```

```
5. else:
6.     print("Not found!")
```

B.

```
1. import requests
2. response = requests.post('http://example.com', data ={"key": "Welcome to Python"})
3. print(response.text)
```

C.

```
1. import requests
2. response = requests.get('http://example.com')
3. if response.status_code == 200:
4.     print("Welcome to Python")
```

D.

```
1. "Welcome to Python" in open('http://example.com').read()
```

4. 给定以下 Python 代码片段，补全代码以发送一个 GET 请求到 https://api.example.com/data 并打印响应内容。请在横线处填写正确的代码。

```
1. import requests
2.
3. # 补全代码
4. response = _____('https://api.example.com/data')
5. print(_____)
```

5. 给定以下 Python pandas 代码片段，补全代码以填充 DataFrame 中的所有缺失值为 0。请在横线处填写正确的代码。

```
1. import pandas as pd
2. import numpy as np
3. data = {'Name': ['Tom', 'Nick', 'Julia', 'Bill'],
4.         'Age': [20, 21, np.nan, 19],
5.         'Score': [np.nan, 92, 88, 95]}
6.
7. df = pd.DataFrame(data)
8.
9. # 补全代码
10. df = df._____(_____ = 0)
11. print(df)
```

三、判断题

1. 使用 pd.read_excel() 函数可以读取 .xlsx 格式的文件，并将其内容存储为 DataFrame。（　　）
2. 在使用 matplotlib.pyplot 进行数据可视化时，无需导入 matplotlib.pyplot 模块。（　　）
3. scatter.add_yaxis() 方法可以向散点图中添加一个 Y 轴数据系列。（　　）
4. 在 Pyecharts 库中，创建图表对象后[如 Bar()、Line()、Pie() 等]，使用 .render() 方法可以将图表保存为 HTML 文件，而不是直接在 Jupyter Notebook 中显示。（　　）
5. 使用 plt.boxplot() 函数可以绘制箱形图，用于展示数据的分布情况，包括中位数、上下四分位数等统计信息。（　　）

四、不定项选择题

1. 在进行数据分析时，使用数据接口采集数据的正确步骤包括（　　）。
   A. 了解接口规则　　　　　　　　B. 随意改写代码
   C. 运行示范代码　　　　　　　　D. 改写代码以采集特定数据
2. 网络爬虫在数据采集中的应用包括（　　）。
   A. 从招聘网站爬取招聘数据　　　B. 从电商网站爬取商品价格
   C. 从社交媒体网站爬取用户公开信息　D. 直接修改网站后台数据
3. 在处理数据集时，对于缺失值和重复值的处理方法正确的有（　　）。
   A. 删除重复值　　　　　　　　　B. 使用平均值填充缺失值
   C. 忽略缺失值和重复值　　　　　D. 使用前一个或后一个非缺失值填充缺失值
4. 使用 Matplotlib 和 Pyecharts 进行数据可视化时，下列说法正确的有（　　）。
   A. Matplotlib 仅适用于生成静态图表　　B. Pyecharts 支持生成交互式图表
   C. Pyecharts 无法集成到 Web 框架中　　D. Matplotlib 和 Pyecharts 都支持生成 3D 图表
5. 在异常值处理中，正确的检测方法包括（　　）。
   A. 基于 3σ 准则　　　　　　　　B. 箱型图检测
   C. 仅通过肉眼观察数据分布　　　D. 基于聚类分析

拓展阅读

可视化新闻呈现国计民生

项目五

使用 Python 计算工资

◇知识目标

1. 掌握工资计算的基本原理和方法,包括应发工资、"五险一金"和个人所得税的基础知识。
2. 学习如何使用 Python 读取和处理薪酬数据,理解数据的格式和处理流程。
3. 理解"五险一金"和个人所得税的计算方法,以及这些计算在 Python 中的实现方式。
4. 掌握实发工资的计算流程,包括从应发工资中扣除"五险一金"和个人所得税后的计算方法。

◇能力目标

1. 能够熟练使用 Python 读取职工薪酬数据,进行初步的数据处理和分析。
2. 使用 Python 计算应发工资,包括基本工资、奖金、补贴等各项薪酬的总和。
3. 熟练计算"五险一金"和个人所得税,能够根据最新的税率和政策在 Python 中实现相应的计算函数。
4. 能够综合应用以上技能,计算并输出员工的实发工资,以及生成详细的薪酬报告。

◇素养目标

1. 通过学习工资计算的原理和方法,提升学生对薪酬管理和财务知识的理解。
2. 发展学生使用编程技能解决实际问题的能力,特别是在处理和分析财务数据方面。
3. 增强学生对数据准确性和隐私保护的认识,尤其是在处理员工薪酬信息时。
4. 提升学生项目管理和团队协作能力,特别是在与人力资源和财务部门合作进行工资计算项目时。

任务一 环境搭建及数据准备

一、工资计算介绍及环境搭建

工资计算介绍

工资计算通常包括应发工资的计算、各项社会保险费和住房公积金的扣除、个人所得税的计算以及实发工资的确定。这个过程涉及多个变量和计算步骤,包括基本工资、奖金、补贴、五险一金的比例和基数、个税的税率和速算扣除数等。建立一套自动化的工资计算流程,可以有效避免手工计算的烦琐和错误,提高工资发放的准确性和高效性。

1. 引入 Pandas 模块

在开始工资计算之前,需要引入 Pandas 模块。Pandas 是 Python 的一个强大的数据分析工具包,它提供了易于使用的数据结构和数据分析工具,非常适合于处理和分析结构化数据。通过 Pandas,我们可以轻松地读取、处理和分析工资数据。

示范代码:

```
1. #(1)引入 pandas 模块
2. import pandas as pd
3.
```

通过引入 Pandas 模块,我们就可以使用它提供的 DataFrame 等数据结构来存储工资数据,以及利用它强大的数据处理功能来进行工资计算。

2. 工资计算的基本流程

工资计算的基本流程大致可以分为以下五个步骤。

(1) 读取职工薪酬数据:需要先从 Excel 等文件中读取职工的薪酬数据,包括基本工资、奖金、补贴等信息。

(2) 计算应发工资:根据职工的工资构成,计算每位职工的应发工资总额。

(3) 计算五险一金:根据国家和地方的政策,计算职工需要缴纳的五险一金。

(4) 计算应纳所得税额:根据职工的应纳税所得额和相关税率,计算每位职工应纳的个人所得税。

(5) 计算实发工资:在应发工资基础上扣除五险一金和个人所得税,得到职工的实发工资。

【例题 5-1】 工资计算的目的是(　　)。

A. 提高员工满意度　　　　　　　B. 减少企业成本
C. 确保工资发放的准确性和效率　　D. 增加企业利润

【例题 5-2】 在 Python 中,引入 Pandas 模块的正确命令是(　　)。

A. import pandas　　　　　　　B. import pandas as pd
C. import pd　　　　　　　　　D. include pandas as pd

二、数据准备

1. 读取职工薪酬数据

在现代企业管理中,职工薪酬数据通常存储在 Excel 等电子表格文件中。利用 Python 的 Pandas 模块,我们可以轻松地读取这些数据文件,将数据加载到 DataFrame 中进行后续的处理和分析。

读取职工薪酬数据

以下是读取职工薪酬数据的代码示例：

```
1. #(1)职工薪酬文件路径"职工薪酬.xlsx"赋值
2. file = '职工薪酬.xlsx'
3. #(2)读取职工薪酬文件
4. df = pd.read_excel(file)
5. #(3)以"0"填充原表缺失值
6. df.fillna(0, inplace = True)
7. #(4)预览职工薪酬前5行数据
8. print(df.head())
9.
```

这段代码演示了如何读取Excel文件中的职工薪酬数据，并使用fillna方法将所有缺失值填充为0。通过head方法预览了数据的前5行，以确保数据加载正确。

2. 数据预处理的重要性

在读取数据后，对数据进行初步处理是非常重要的。这包括缺失值处理、数据类型转换、数据清洗等步骤。缺失值处理是数据处理中的常见任务，不恰当的缺失值处理可能会影响后续的数据分析和计算结果。在本案例中，我们选择将缺失值统一填充为0，这种处理方式适用于部分场景，但在实际应用中需要根据数据的具体情况和分析目标来确定最合适的处理方法。

3. 使用Pandas处理Excel数据

Pandas提供了read_excel函数来读取Excel文件，这使得从Excel文件中导入数据变得非常简单。通过指定文件路径和其他参数，我们可以灵活地读取数据，并将其加载到DataFrame中。此外，Pandas还提供了丰富的数据处理功能，如数据筛选、排序、分组、汇总等，这些功能可以帮助我们高效地处理和分析数据。

【例题5-3】 使用Pandas读取Excel文件并填充缺失值为0，正确的代码是（　　）。

A.

```
1. df = pd.read_excel('职工薪酬.xlsx')
2. df.fill(0)
3.
```

B.

```
1. df = pd.read_excel('职工薪酬.xlsx')
2. df.fillna(0, inplace = True)
3.
```

C.

```
1. df = pd.read('职工薪酬.xlsx')
2. df.fillna(0)
3.
```

D.

```
1. df = pd.load_excel('职工薪酬.xlsx', fill = 0)
2.
```

【例题 5-4】 在 Pandas 中,预览 DataFrame 前 5 行数据的方法是(   )。

A. df.first(5)　　　　　　　　B. df.head(5)
C. df.preview(5)　　　　　　　D. df.show(5)

任务二　计算应纳税所得额

一、计算应发工资

当我们谈论工资管理时,理解和计算缺勤扣款及应发工资是一个至关重要的环节。这不仅直接关系到员工的收入,也是公司财务管理中不可或缺的一部分。正确的计算方法不仅可以确保公平性,还可以避免潜在的法律风险。本任务将通过具体示范代码,介绍如何使用 Python 中的 Pandas 库来精确计算缺勤扣款和应发工资。

计算应发工资

1. 缺勤扣款的计算

缺勤扣款的计算基于员工的出勤情况。通常,企业会根据员工的缺勤天数以及日工资来计算缺勤扣款金额,以确保工资的准确无误。

示范代码:

```
1. # 计算 6 月份缺勤扣款金额,并保留两位小数
2. # 缺勤扣款 = 缺勤天数 * 日工资
3. # 缺勤天数 lose_day = 22 - 出勤天数
4. # 日工资 day_money = 基本工资 / 21.75
5. lose_day = 22 - df['出勤天数']
6. day_money = df['基本工资'] / 21.75
7. df['缺勤扣款'] = round(lose_day * day_money, 2)
8.
```

这段代码先计算了员工的缺勤天数,然后根据日工资计算了缺勤扣款金额,并保留了两位小数,以确保工资的准确性。

2. 应发工资的计算

应发工资的计算是将员工的基本工资、绩效工资、月奖金和津贴等收入合计,然后扣除缺勤扣款,得出员工的应发工资。

```
1. # 计算应发工资,应发工资 = 基本工资 + 绩效工资 + 月奖金 + 津贴 - 缺勤扣款
```

```
2. df['应发工资'] = df['基本工资'] +df['绩效工资'] + df['月奖金'] +df['津贴'] -df['缺勤扣款']
3.
```

3. 数据预览

在完成缺勤扣款和应发工资的计算后,对数据进行预览是一个好习惯。这可以帮助我们快速检查计算结果是否符合预期。

```
1. # 预览职工薪酬前 5 行数据
2. print(df.head())
3.
```

【例题 5-5】 如果一个员工的基本工资是 6 600 元,本月出勤 20 天,那么这个员工的缺勤扣款金额(保留两位小数)是(　　)元。

A. 150.00　　　　B. 160.00　　　　C. 170.00　　　　D. 180.00

【例题 5-6】 员工 A 的基本工资为 5 000 元,绩效工资为 500 元,月奖金为 1 000 元,津贴为 300 元,缺勤扣款为 200 元,员工 A 的应发工资是(　　)元。

A. 6 600　　　　B. 6 500　　　　C. 6 400　　　　D. 6 300

二、计算五险一金

社会保险费和住房公积金是现代社会保障体系的重要组成部分,它们不仅关系到员工的福利和权益,也是公司人力资源管理中的关键环节。正确计算各项社保费用和公积金是确保公司遵守国家法律法规、维护员工权益的基础。本任务将详细介绍如何使用 Python 的 Pandas 库计算个人和公司应承担的社会保险费及住房公积金。

1. 计算个人承担的社保及住房公积金

个人承担的社保费用和住房公积金通常包括养老保险、医疗保险、失业保险和住房公积金等,具体比例根据国家和地区的政策有所不同。

示范代码:

```
1. # 计算个人承担的社保及住房公积金,三险一金(个人) = 社保缴纳基数 *缴纳比例 +3,结果保留两位小数
2. df['三险一金(个人)'] = round(df['社保缴纳基数'] *0.152 +3, 2)
3.
```

这段代码通过社保缴纳基数和固定的缴纳比例来计算个人应承担的三险一金总额,并保留两位小数以确保计算的准确性。

2. 计算公司承担的社保及住房公积金

公司承担的社保费用和住房公积金包括养老保险、医疗保险、失业保险、工伤保险和生育保险等,这部分费用直接影响到企业的人力成本。

```
1. # 计算公司承担的社保及住房公积金,四险一金(单位) = 社保缴纳基数 *缴纳比例,结果保留两
位小数
2. df['四险一金(单位)'] = round(df['社保缴纳基数'] *  0.3279, 2)
3.
```

通过这段代码,我们可以计算出公司应承担的四险一金总额,并保留两位小数。

3. 数据预览

在完成社保及公积金的计算后,进行数据预览可以帮助我们检查计算结果是否正确。

```
1. # 预览前 5 行数据
2. print(df.head())
3.
```

4. 数据提取和整理

为了方便后续的分析和报告制作,我们可以对计算结果进行提取和整理,将重要的信息汇总到一张新表中。

```
1. # 提取"员工工号""姓名",并提取"应发工资"项目至最后一列项目,用 concat 函数进行横向合并
2. df1 = pd.concat([df['员工工号'], df['姓名'], df.loc[:, '应发工资':]], axis = 1)
3. # 预览提取后的前 5 行数据
4. print(df1.head())
5.
```

【例题 5-6】 如果员工的社保缴纳基数为 8 000 元,那么该员工个人承担的三险一金(保留两位小数)是(   )元。

A. 1 216.00   B. 1 220.00   C. 1 212.00   D. 1 218.00

【例题 5-7】 对于一个社保缴纳基数为 10 000 元的员工,公司需要承担的四险一金金额(保留两位小数)是(   )元。

A. 3 279.00   B. 3 280.00   C. 3 279.50   D. 3 280.50

三、计算应纳所得税额

在进行个人所得税计算时,正确确定本期应纳税所得额和累计应纳税所得额是至关重要的。这两个指标直接影响到计算出的税额大小。本任务将介绍如何通过 Python 的 Pandas 库及自定义函数来准确计算这些值。

计算应纳税所得额

1. 自定义应纳税所得额判断函数

为了确保应纳税所得额的准确性,我们需要先定义一个函数来判断所得额是否大于零,因为只有当所得额大于零时,个人所得税才需要缴纳。

示范代码:

```
1. # 自定义应纳税所得额判断函数 taxable
2. def taxable(x):
```

```
3.    if x > 0:
4.        return x
5.    else:
6.        return 0
7.
```

这个简单的函数 taxable 用于确保我们计算的应纳税所得额不会是负数。

2. 计算本期应纳税所得额

本期应纳税所得额的计算需要从员工的应发工资中减除费用、三险一金（个人承担部分）和专项附加扣除等。

```
1. # 计算本期应纳税所得额
2. df['本期应纳税所得额'] = (df['应发工资'] - 5000 - df['三险一金(个人)'] - df['专项附加扣除']).map(taxable)
3.
```

通过这段代码，我们可以得到每位员工的本期应纳税所得额。

3. 计算累计应纳税所得额

累计应纳税所得额的计算是在本期应纳税所得额的基础上加上上期的累计应纳税所得额。

```
1. # 计算累计应纳税所得额
2. df['累计应纳税所得额'] = df['上期累计应纳税所得额'] + df['本期应纳税所得额']
3.
```

这样，我们就可以得到每位员工到当前为止的累计应纳税所得额。

4. 数据预览和整理

在完成计算后，进行数据预览和整理同样重要，它可以帮助我们检查计算结果的准确性，并为后续的分析和报告制作提供方便。

```
1. # 预览前 5 行数据
2. print(df.head())
3.
4. # 提取重要信息进行整理
5. df2 = pd.concat([df['员工工号'], df['姓名'], df.loc[:, '应发工资':]], axis = 1)
6. # 预览整理后的前 5 行数据
7. print(df2.head())
8.
```

【例题 5-8】 若一个员工的应发工资为 8 000 元，三险一金个人部分为 1 500 元，专项附加扣除为 500 元，减除费用为 5 000 元，那么该员工的本期应纳税所得额是（　　）元。

A. 1 000　　　　　B. 0　　　　　C. 1 500　　　　　D. 2 000

【例题 5-9】 假设员工上期累计应纳税所得额为 30 000 元，本期应纳税所得额为 2 000 元，那么该员工的累计应纳税所得额是(　　)元。

A. 32 000　　　　B. 28 000　　　　C. 30 000　　　　D. 35 000

任务三　计算个人所得税

一、创建个税计算函数

个人所得税(以下简称个税)是指根据个人的收入水平,按照国家规定的税率征收的税。正确计算个人所得税对于保证职工收入的合法权益,以及企业遵守国家税务法规至关重要。在本任务中,我们将通过创建一个自定义函数(以下简称个税计算函数),来计算个人所得税,此函数将基于中国目前的个人所得税法进行设计。

1. 创建自定义计算个人所得税的函数

为了便于计算个人所得税,首先,我们可以创建一个自定义函数 tax,该函数接收应纳税所得额作为参数;其次,根据不同的收入区间应用不同的税率和速算扣除数;最后,返回计算后的税额。

示范代码:

```python
# 命名自定义函数 tax
def tax(x):
    # 应纳税所得额大于960000,税率45%,速算扣除181920
    if x > 960000:
        return round(x * 0.45 - 181920, 2)
    # 应纳税所得额 660000 至 960000,税率35%,速算扣除 85920
    elif x > 660000:
        return round(x * 0.35 - 85920, 2)
    # 应纳税所得额 420000 至 660000,税率30%,速算扣除 52920
    elif x > 420000:
        return round(x * 0.3 - 52920, 2)
    # 应纳税所得额 300000 至 420000,税率25%,速算扣除 31920
    elif x > 300000:
        return round(x * 0.25 - 31920, 2)
    # 应纳税所得额 144000 至 300000,税率20%,速算扣除 16920
    elif x > 144000:
        return round(x * 0.2 - 16920, 2)
    # 应纳税所得额 36000 至 144000,税率10%,速算扣除 2520
    elif x > 36000:
        return round(x * 0.1 - 2520, 2)
    # 应纳税所得额小于 36000,税率3%
    else:
        return round(x * 0.03, 2)
```

通过这个函数，我们能够根据给定的应纳税所得额快速计算出个人所得税额。

2. 应用自定义函数进行个税计算

一旦定义了个人所得税计算函数，我们就可以应用它来计算具体某个或某些职工的个人所得税了。这个函数可以被应用于从数据表中提取的每一条记录，以自动化地计算每位职工的个税。

【例题 5-10】 如果一个员工的应纳税所得额为 500 000 元，根据提供的税率和速算扣除数，该员工需要缴纳的个人所得税额（保留两位小数）是（　　）元。

A. 104 080　　B. 105 000　　C. 106 920　　D. 107 500

【例题 5-11】 根据自定义的 tax 函数，一个应纳税所得额为 80 000 元的员工，其个人所得税额（保留两位小数）应该是（　　）元。

A. 2 400　　B. 2 460　　C. 2 520　　D. 2 540

二、调用个税计算函数

调用个税计算函数

在工资管理系统中，准确计算每位员工的当月应纳税额是确保工资发放合规性的关键步骤。本任务将深入讨论如何利用之前创建的自定义 tax 函数，结合 Pandas 库的强大功能，来计算职工的当月应纳税额。

1. 使用自定义 tax 函数计算税额

我们已经创建了一个自定义的 tax 函数，可以根据不同的应纳税所得额计算出相应的个人所得税。现在，我们将使用这个函数来计算员工的当月应纳税额。

示范代码：

```
1. #(1)计算上期累计应纳税额,上期累计应纳税额 = 上期累计应纳税所得额 *税率,通过 map 调用 tax 函数判断
2. df['上期累计应纳税额'] = df['上期累计应纳税所得额'].map(tax)
3. #(2)计算累计应纳税额,累计应纳税额 = 累计应纳税所得额 *税率,通过 map 调用 tax 函数判断
4. df['累计应纳税额'] = df['累计应纳税所得额'].map(tax)
5. #(3)计算当月应纳税额,当月应纳税额 = 累计应纳税额 -上期累计应纳税额
6. df['当月应纳税额'] = df['累计应纳税额'] -df['上期累计应纳税额']
7.
```

这一系列操作先利用自定义的 tax 函数计算了上期和当前期的累计应纳税额，然后通过这两个值的差额得到了当月的应纳税额。

2. 数据预览和整理

在完成计算后，进行数据预览是非常重要的，它可以帮助我们快速检查计算结果是否符合预期。

```
1. #(4)预览前 5 行数据
2. print(df.head())
```

3. 为了进一步分析或报告制作的需要,我们可以对计算结果进行提取和整理,将重要信息汇总到一张新表中。

```
4. #(5)提取"员工工号""姓名",并提取"应发工资"项目至最后一列项目,用concat函数进行横向合并
5. df3 = pd.concat([df['员工工号'], df['姓名'], df.loc[:, '应发工资':]], axis = 1)
6. #(6)预览提取后的前5行数据
7. print(df3.head())
8.
```

【例题 5-12】 如果一个员工的上期累计应纳税所得额为 200 000 元,本期累计应纳税所得额为 250 000 元,根据自定义的 tax 函数,该员工当月应纳税额(保留两位小数)是( )元。

A. 5 000　　　　B. 7 500　　　　C. 10 000　　　　D. 12 500

【例题 5-13】 在使用 map 函数调用 tax 函数计算税额的过程中,如果累计应纳税所得额列的一个值为 420 000 元,该值对应的累计应纳税额(保留两位小数)是( )元。

A. 85 920　　　　B. 52 920　　　　C. 31 920　　　　D. 16 920

任务四　计算实发工资

在完成应纳税所得额的计算和确定个人所得税额之后,最终步骤是计算员工的实发工资。实发工资是员工在扣除所有必要的税费和个人缴纳的社会保险费用后,实际能够得到的收入。本任务将详细介绍如何使用 Python 的 Pandas 库来计算实发工资,并通过示范代码展示这一过程。

计算实发工资

一、计算实发工资介绍

计算实发工资是工资管理流程中的最后一步,它直接关系到每位员工的实际收入。实发工资的计算方式相对简单,即应发工资减去个人应承担的三险一金和当月应纳税额。

示范代码:

```
1. #计算实发工资
2. df['实发工资'] = df['应发工资'] - df['三险一金(个人)'] - df['当月应纳税额']
3.
```

这段代码通过从应发工资中扣除三险一金(个人部分)和当月应纳税额,得到了员工的实发工资。

二、数据预览

在完成实发工资的计算后,预览数据是一个良好的实践,它可以帮助我们验证计算的准确性并及时发现可能存在的问题。

```
1. # 预览前5行数据
2. print(df.head())
3.
```

三、数据整理

对于进一步的分析或报告制作，我们可能需要整理和提取关键的工资信息。使用 Pandas 的 concat 函数，我们可以轻松地合并需要的列。

```
1. # 提取"员工工号""姓名"以及从"应发工资"到最后的列，进行横向合并
2. df4 = pd.concat([df['员工工号'], df['姓名'], df.loc[:, '应发工资':]], axis = 1)
3. # 预览提取后的前5行数据
4. print(df4.head())
5.
```

【例题5-14】若一个员工的应发工资为10 000元，其三险一金个人部分为1 500元，当月应纳税额为950元，那么该员工的实发工资是(　　)元。

A. 7 550　　　　B. 8 500　　　　C. 8 550　　　　D. 9 500

【例题5-15】在使用Pandas进行数据整理时，下列选项中，正确描述了如何将"员工工号""姓名"和从"应发工资"开始至最后一列的数据进行横向合并的是(　　)。

A. df4 = pd.concat([df['员工工号'], df['姓名'], df['应发工资':]], axis=0)

B. df4 = pd.concat([df['员工工号'], df['姓名'], df.loc[:, '应发工资':]], axis=1)

C. df4 = pd.merge([df['员工工号'], df['姓名'], df.loc['应发工资':]])

D. df4 = df[['员工工号', '姓名', '应发工资':]]

练习

一、单选题

1. 在Python中，使用(　　)可以帮助进行工资计算的数据分析。

   A. NumPy　　　　　　　　　　B. PyTorch

   C. Pandas　　　　　　　　　　D. TensorFlow

2. 使用Pandas读取Excel文件的函数是(　　)。

   A. pd.read_excel()　　　　　　B. pd.read_csv()

   C. pd.import_excel()　　　　　D. pd.load_excel()

3. 使用Pandas填充DataFrame中的缺失值为0的方法是(　　)。

   A. df.fillna(0)　　　　　　　　B. df.fill(0)

   C. df.replace(None, 0)　　　　D. df.fillna(0, inplace=True)

4. 计算应发工资时，需要扣除(　　)。

A. 月奖金 B. 缺勤扣款
C. 绩效工资 D. 津贴

5. 如果使用 Pandas 计算某员工的缺勤扣款,涉及的操作可能是(　　)。
   A. 直接读取缺勤扣款列 B. 使用基本工资除以出勤天数
   C. 缺勤天数乘以日工资 D. 直接加上绩效工资

6. 计算"三险一金"时,个人需要承担的部分通常包括(　　)。
   A. 养老保险、医疗保险、失业保险 B. 工伤保险、生育保险
   C. 企业年金 D. 补充医疗保险

7. 使用 Pandas 处理数据时,预览 DataFrame 前 5 行数据的方法是(　　)。
   A. df.preview(5) B. df.show(5)
   C. df.head(5) D. df.first(5)

8. 在 Python 中,定义一个函数用于判断应纳税所得额,如果大于 0 则返回该值,否则返回 0。这个函数的简化版可以是(　　)。
   A. def check_tax(x): return x if x > 0 else 0
   B. def tax(x): return max(x, 0)
   C. def calculate_tax(x): if x > 0: return x else: return 0
   D. def taxable(x): if x > 0: return x else: return 0

9. 在 Pandas 中,将多个 DataFrame 横向合并的方法是(　　)。
   A. 使用 pd.concat()函数,并设置 axis=1
   B. 使用 pd.merge()函数
   C. 使用 pd.join()函数
   D. 直接相加两个 DataFrame

10. 在进行工资计算时,实发工资的计算方式是(　　)。
    A. 应发工资加上"三险一金"和个人所得税
    B. 应发工资减去"三险一金"和个人所得税
    C. 基本工资加上奖金和补贴
    D. 绩效工资减去缺勤扣款

二、多选题

1. 工资计算的基本流程包括(　　)。
   A. 读取职工薪酬数据 B. 计算应发工资
   C. 计算"五险一金" D. 计算实发工资

2. 属于个人承担的"三险一金"部分的有(　　)。
   A. 养老保险 B. 医疗保险
   C. 失业保险 D. 工伤保险

3. 在进行个人所得税计算时,需要考虑的因素有( )。
   A. 本期应纳税所得额　　　　　B. 累计应纳税所得额
   C. 应发工资　　　　　　　　　D. 三险一金(个人承担部分)
4. 使用 Pandas 进行数据处理时,正确的操作有( )。
   A. 使用'pd.read_excel()'读取 Excel 文件
   B. 使用'fillna()'方法填充缺失值
   C. 使用'concat()'函数进行 DataFrame 的合并
   D. 直接使用'pd.fill()'方法填充缺失值
5. 计算实发工资时需要考虑扣除的项目有( )。
   A. 三险一金(个人部分)　　　　B. 个人所得税
   C. 基本工资　　　　　　　　　D. 奖金和补贴

三、判断题

1. 工资计算包括计算毛工资、扣除各种社会保险费和住房公积金、计算个人所得税和确定净工资。( )
2. 在开始进行工资计算之前引入了 Pandas 模块,以其数据分析能力可以提升工资数据处理的高效性和准确性。( )
3. 工资计算的基本过程不涉及从文件(如 Excel)中读取员工薪酬数据。( )
4. 在计算应付工资时,不考虑因工作缺席的扣除项。( )
5. 确定员工净薪资不需要计算社会保险和住房公积金("五险一金")。( )
6. 计算应税所得时,必须确定当前的应税所得和累计应税所得。( )
7. 精确计算所得税不需要自定义函数来确定应税所得金额。( )
8. 计算个人所得税时,不需要根据收入等级应用不同的税率和速算扣除数。( )
9. 工资计算的最后一步不是在扣除社会保险、住房公积金和个人所得税后确定员工的净薪水。( )
10. 使用 Python 和 Pandas 自动化工资计算过程不会帮助提高工资发放的准确性和效率。( )

四、不定项选择题

1. 在 Python 中,可用于处理数据分析的命令有( )。
   A. 'import pandas as pd'　　　　B. 'df = pd.read_excel(file)'
   C. 'df.fillna(0, inplace=True)'　　D. 'include pandas as pd'
2. 计算缺勤扣款时需要的信息有( )。
   A. 出勤天数　　　　　　　　　B. 日工资
   C. 基本工资　　　　　　　　　D. 绩效工资

3. 可以预览 Pandas DataFrame 中的数据的方法有(　　)。
   A. 'df.head()'　　　　　　　　　　B. 'df.preview()'
   C. 'df.show()'　　　　　　　　　　D. 'print(df.head())'
4. 个人所得税的计算依据的指标有(　　)。
   A. 应纳税所得额　　　　　　　　　B. 适用税率
   C. 速算扣除数　　　　　　　　　　D. "三险一金"的比例
5. 可以提高工资计算的高效性和准确性的措施有(　　)。
   A. 引入 Pandas 模块　　　　　　　B. 使用自定义函数进行计算
   C. 手动处理每一项数据　　　　　　D. 应用机器学习算法优化计算过程

拓展阅读

AI 赋能会计数字化转型
智能财务驱动"数智企业发展"

项目六

使用 Python 进行职工薪酬分析

◇知识目标

1. 掌握职工薪酬分析的基本概念,理解薪酬分析的目的和重要性。
2. 学习计算工会经费的方法及其在 Python 中的具体实现步骤。
3. 理解如何进行部门薪酬分析,包括收集数据、计算平均薪酬和薪酬差异等。
4. 掌握项目薪酬分析的技巧,了解如何使用 Python 分析特定项目或活动的薪酬开支。

◇能力目标

1. 能够使用 Python 进行薪酬数据的收集、处理和分析,提取有价值的信息。
2. 熟练计算并分析工会经费,以及根据分析结果提出合理的建议和措施。
3. 运用 Python 进行部门和项目薪酬分析,识别薪酬结构的差异和趋势。
4. 结合薪酬分析的结果,为薪酬政策的调整和优化提供数据支持和建议。

◇素养目标

1. 提升学生的数据分析能力,特别是在处理和解析财务数据方面的技能。
2. 发展学生的批判性思维,能够在分析过程中识别数据的异常点和潜在问题。
3. 增强学生的报告撰写和数据呈现的能力,能够清晰地向管理层展示分析结果和建议。
4. 加强学生的团队合作和跨部门沟通的能力,特别是在进行薪酬分析和提出改进措施时。

任务一 环境搭建及数据准备

一、职工薪酬分析与环境搭建

1. 职工薪酬分析

在现代企业管理中,职工薪酬分析是人力资源管理和财务管理的重要组成部分。它涉及对员工工资、奖金、福利等各项薪酬数据的收集、整理和分析,以确保薪酬制度的公平性、合理性和竞争力。本任务将介绍如何使用 Python 的 Pandas 库来进行基础的职工薪酬数据

职工薪酬分析

处理和分析。

2. 引入 Pandas 模块

Python 的 Pandas 库提供了强大的数据结构和数据分析工具,非常适合处理和分析薪酬数据等各种表格数据。

示范代码:

```
1. # 引入 pandas 模块
2. import pandas as pd
3.
```

通过引入 Pandas 模块,我们可以使用其提供的 DataFrame 等数据结构来存储和操作职工薪酬数据。

3. 读取薪酬数据

接下来,我们将读取一个名为"薪酬数据.xlsx"的 Excel 文件,该文件包含了企业员工的各项薪酬信息。

示范代码:

```
1. # 读取"薪酬数据.xlsx"表格
2. df = pd.read_excel('薪酬数据.xlsx')
3.
```

这段代码使用 pd.read_excel 函数从 Excel 文件中读取数据,并将其存储在 DataFramedf 中。这使得我们能够利用 Pandas 的强大功能来分析和处理薪酬数据。

4. 预览职工薪酬分析表

为了初步了解数据的结构和内容,我们可以预览薪酬数据表的前 5 行。

示范代码:

```
1. # 预览职工薪酬分析表前 5 行数据
2. print(df.head())
3.
```

通过打印 DataFrame 的前 5 行,我们可以快速查看薪酬数据表的列名称、数据类型及前几条记录,为后续的数据分析提供依据。

【例题 6-1】 在使用 Pandas 读取 Excel 文件的数据时,用于加载数据的函数是(   )。

A. pd.to_excel()   B. pd.read_csv()

C. pd.read_excel()   D. pd.DataFrame()

【例题 6-2】 若要预览 DataFrame 的前 5 行数据,应使用的方法是(   )。

A. df.tail(5)   B. df.head(5)

C. df.sample(5)   D. df.first(5)

二、计提工会经费

计提工会经费

在企业的职工薪酬管理中,工会经费的计提是一个重要环节,它体现了企业对员工权益的支持和对工会活动的资助。根据相关法规和企业内部政策,工会经费通常根据职工的应发工资按一定比例计提。下面将介绍如何使用 Python 的 Pandas 库来计算工会经费,并进行数据的处理和预览。

1. 计算工会经费

工会经费的计算通常基于职工的应发工资,通过应发工资乘以一定的比例(如 2%)来实现。

示范代码:

```
1. # 计算工会经费,工会经费=应发工资* 2%,保留两位小数
2. df['工会经费'] = round(df['应发工资'] * 0.02, 2)
3.
```

这段代码通过对 DataFrame df 中的应发工资列进行操作,计算每位员工应贡献的工会经费,并将结果保留两位小数存储在新列工会经费中。

2. 提取相关数据列

为了更便于分析和报告展示,我们可能需要提取特定的数据列,并将它们组合在一起。例如,我们可能只需要员工工号和应发工资及工会经费等相关信息。

示范代码:

```
1. # 提取"员工工号"、并提取"应发工资"项目至最后一列项目,用concat 函数进行横向拼接
2. df5 = pd.concat([df['员工工号'], df.loc[:, '应发工资':]], axis = 1)
3.
```

这段代码使用 pd.concat 函数将员工工号列与从应发工资到最后一列(包括新计算的工会经费)的所有列进行横向拼接,形成一个新的 DataFrame df5。

3. 预览数据

完成数据处理后,我们可以预览处理后的数据,以确认是否符合我们的需求。

```
1. # 预览前 5 行数据
2. print(df5.head())
3.
```

通过打印 df5 的前 5 行数据,我们可以快速检查新 DataFrame 中包含的信息,确保工会经费的计算和数据提取正确无误。

【例题 6-3】 在计算工会经费时,若应发工资为 10 000 元,工会经费按照 2% 的比例计提,那么计提的工会经费金额为(　　)元。

A. 200   B. 20   C. 2 000   D. 2

【例题 6-4】 使用 Pandas 进行数据拼接时，若要横向拼接 DataFrame，应使用的参数是（ ）。

A. merge   B. join   C. concat   D. combine

任务二　按部门及项目分类分析

一、按部门分类分析

在企业管理中，按部门进行职工薪酬分析是一项重要的工作，它可以帮助企业了解各部门的薪酬成本结构，并作为优化资源配置、提升组织效率的依据。本任务我们将利用 Python 的 Pandas 库，通过简单的代码示例，展示如何进行部门薪酬分析。

按部门分析

1. 提取员工薪酬数据

我们需要从已有的薪酬数据中提取关键信息，包括员工工号、部门、应发工资等，并创建一个新的员工薪酬表。

示范代码：

```
1. # 提取员工薪酬数据到新建员工薪酬表 salary
2. salary = df[['员工工号', '部门', '应发工资', '四险一金(单位)', '工会经费', '职工福利费', '职工教育经费']]
3.
```

2. 输出员工薪酬表

提取完数据后，我们可以通过打印命令查看新建的员工薪酬表。

```
1. # 输出员工薪酬表 salary
2. print(salary)
3.
```

3. 进行薪酬分析

使用 Pandas 的 pivot_table 函数，我们可以轻松地按部门对薪酬数据进行汇总和分析。

```
1. # 新建薪酬分析表 pd_class
2. pd_class = salary.pivot_table(index = '部门', aggfunc = 'sum')
3.
```

4. 计算薪酬合计数

为了更深入地分析，我们还需计算每个部门的薪酬合计数。

```
1. # 计算 pd_class 薪酬合计数
2. pd_class['薪酬合计'] = pd_class['应发工资'] +pd_class['四险一金(单位)'] +pd_class['工会经费'] +pd_class['职工福利费'] +pd_class['职工教育经费']
3.
```

5. 输出薪酬分析结果

完成计算后,输出薪酬分析表以查看各部门薪酬合计数。

```
1. # 输出 pd_class 计算结果
2. print(pd_class)
3.
```

6. 格式转换和比例计算

为了更直观地展示各部门在总薪酬中的占比,我们创建一个格式转换函数,并计算占比。

```
1. # 创建自定义 formatPercent 函数
2. def formatPercent(x):
3.     return "{:.2f}%".format(x *100)
4.
5. # 计算人总成本和各部门占比
6. pd_class_all = pd_class['薪酬合计'].sum()
7. pd_class['占比'] = (pd_class['薪酬合计'] / pd_class_all).map(formatPercent)
8.
```

7. 输出最终结果

输出包含占比的薪酬分析结果,以便进行进一步的分析和决策。

```
1. # 输出包含占比的 pd_class 计算结果
2. print(pd_class)
3.
```

【例题 6-5】 在 Pandas 中,若要按部门对薪酬数据进行加总分析,下列代码中,正确的是（　　）。

A. df.groupby('部门').sum()

B. df.pivot_table(index='部门', aggfunc='sum')

C. df.sort_values('部门')

D. df['部门'].value_counts()

【例题 6-6】 若要使用 formatPercent 函数将数值 0.35 转换为百分比格式,正确的输出是（　　）。

A. "35" 　　　　　　　　　　　　B. "35%"

C. "0.35%"　　　　　　　　　　　D. "3 500%"

二、按项目对薪酬分类分析

在企业财务管理中,对职工薪酬的项目分析对于理解各薪酬项目对企业总成本的影响至关重要。本任务将通过 Python 的 Pandas 库,演示如何对员工薪酬按项目进行数据透视、汇总计算,并计算各项目占用人总成本的比例。

按项目分析

1. 创建薪酬分析表

我们将创建一个新的薪酬分析表 pd_sum,将员工薪酬表 salary 按部门进行数据透视,同时计算各薪酬项目的加总值,并进行表格转置,以便更直观地分析每个薪酬项目。

示范代码:

```python
# 新建薪酬分析表 pd_sum
pd_sum = salary.pivot_table(index='部门', aggfunc='sum', margins=True, margins_name='合计').T

```

2. 输出薪酬分析结果

完成数据透视和汇总后,我们可以查看 pd_sum 表格的计算结果。

```python
# 输出 pd_sum 计算结果
print(pd_sum)

```

3. 计算用人总成本

为了进一步分析,我们需要计算用人总成本,即所有薪酬项目加总的值。

```python
# 计算人总成本 pd_sum_all
pd_sum_all = pd_sum['合计'].sum()

```

4. 计算薪酬类别占比

了解每个薪酬项目在用人总成本中的占比对于优化薪酬结构、制定合理的薪酬政策具有重要意义。

```python
# 计算薪酬类别占比
pd_sum['占比'] = (pd_sum['合计'] / pd_sum_all).map(formatPercent)

```

5. 输出最终结果

计算完各薪酬项目的占比后,我们输出最终的薪酬分析结果。

```python
# 输出 pd_sum 计算结果
print(pd_sum)

```

【例题 6-7】 在使用 pivot_table 函数创建薪酬项目的透视表时,若要将所有薪酬项目的总和也包括在内,设置的参数是(   )。

  A. margins=True   B. fill_value=0

  C. columns='薪酬项目'   D. index='部门'

【例题 6-8】 若想通过 map 函数将某薪酬项目的数值转换为占总成本的百分比表示,下列代码片段中,正确的是(   )。

  A. df['薪酬项目'].map(lambda x: x/total_cost)

  B. df['薪酬项目'].map(lambda x: "{:.2f}%".format((x/total_cost) * 100))

  C. df['薪酬项目']/total_cost

  D. "{:.2f}%".format(df['薪酬项目']/total_cost)

练习

一、单选题

1. 在 Python 中,(   )库通常用于数据分析和职工薪酬数据处理。

  A. PyGame   B. Pandas

  C. TensorFlow   D. Flask

2. 为了将数据从 Excel 文件读入到 DataFrame,应使用 Pandas 库中的函数是(   )。

  A. read_csv()   B. read_excel()

  C. to_excel()   D. to_csv()

3. 若要在 Pandas DataFrame 中筛选出薪酬高于平均水平的记录,应使用的方法是(   )。

  A. df[df['Salary'] > df['Salary'].mean()]

  B. df['Salary'].filter(df['Salary'] > df['Salary'].mean())

  C. df['Salary'] > df['Salary'].average()

  D. df.query('Salary' > 'Salary'.mean())

4. 使用 Pandas 进行数据分析时,删除 DataFrame 中的缺失值的方法是(   )。

  A. df.dropna()   B. df.fillna()

  C. df.delete_na()   D. df.remove_missing()

5. 使用 Pandas 计算 DataFrame 中某列的平均值的方法是(   )。

  A. df['column_name'].average()   B. df['column_name'].sum()/len(df)

  C. df['column_name'].mean()   D. average(df['column_name'])

6. 在 Pandas 中,重命名 DataFrame 的列名的方法是(   )。

  A. df.rename(columns={'old_name':'new_name'})

  B. df.columns['old_name'] = 'new_name'

  C. df.set_columns('old_name', 'new_name')

D. df.rename_column('old_name', 'new_name')
7. 若要将两个 DataFrame 按照某个共同列进行合并,应使用的方法是(   )。
   A. df.concat()　　　　　　　　　　B. df.join()
   C. df.merge()　　　　　　　　　　D. df.combine()
8. 使用 Pandas 将 DataFrame 导出到 CSV 文件中的方法是(   )。
   A. df.to_csv('filename.csv')　　　B. df.export_csv('filename.csv')
   C. df.save_as_csv('filename.csv')　D. df.write_to_csv('filename.csv')
9. 在 Pandas 中,(   )可以对数据进行分组聚合。
   A. df.aggregate()　　　　　　　　B. df.groupby()
   C. df.collect()　　　　　　　　　　D. df.assemble()
10. 使用 Pandas 计算 DataFrame 中每列的缺失值数量的方法是(   )。
    A. df.isnull().sum()　　　　　　　B. df.missing().count()
    C. df.na().total()　　　　　　　　D. df.nulls().calculate()

二、判断题

1. 使用 Python 的 Pandas 库可以进行基础的职工薪酬数据处理和分析。(   )
2. Pandas 库不适合处理和分析薪酬数据等各种表格数据。(   )
3. pd.read_excel()函数用于从 CSV 文件读取数据并加载到 DataFrame 中。(   )
4. 在进行职工薪酬分析时,预览数据表的前 5 行数据不能提供数据的初步理解。(   )
5. 计提工会经费是根据职工的应发工资按一定比例(例如 2%)计提的。(   )
6. 在 Pandas 中,计算工会经费不可以使用应发工资列乘以一个固定比例的方法。(   )
7. 提取特定数据列并进行横向拼接需要使用 pd.merge 函数。(   )
8. 按部门进行职工薪酬分析不能帮助企业了解各部门的薪酬成本结构。(   )
9. 使用 Pandas 的 pivot_table 函数可以按部门对薪酬数据进行汇总和分析。(   )
10. 在进行薪酬项目分析时,不需要计算各项目占用人总成本的比例。(   )

三、多选题

1. 职工薪酬分析在现代企业管理中的作用包括(   )。
   A. 确保薪酬制度的公平性　　　　B. 提升员工满意度
   C. 优化企业的财务管理　　　　　D. 增强企业的竞争力
2. 在进行职工薪酬分析时,使用 Pandas 库进行的操作包括(   )。
   A. 读取薪酬数据　　　　　　　　B. 预览职工薪酬分析表
   C. 计算工会经费　　　　　　　　D. 提取特定数据列并进行横向拼接
3. 计提工会经费的步骤包括(   )。
   A. 基于职工的应发工资　　　　　B. 乘以一定的比例

C. 保留两位小数 D. 按部门分析职工薪酬

4. 在进行按部门薪酬分析时,需要执行的操作有(   )。
   A. 提取员工薪酬数据 B. 输出员工薪酬表
   C. 使用 pivot_table 函数汇总数据 D. 计算薪酬合计数

5. 按项目分析薪酬时涉及的操作包括(   )。
   A. 创建新的薪酬分析表 B. 计算用人总成本
   C. 计算薪酬类别占比 D. 输出最终的薪酬分析结果

四、不定项选择题

1. 在使用 Pandas 库进行数据处理时,常用的函数包括(   )。
   A. 'pd.read_excel()' B. 'df.head()'
   C. 'df.fillna()' D. 'df.pivot_table()'

2. 计提工会经费时,需要参考的数据项有(   )。
   A. 应发工资 B. 员工工号
   C. 工会经费比例 D. 工会经费保留小数位数

3. 在进行按部门薪酬分析时,可以用于汇总和分析数据的方法有(   )。
   A. 提取特定数据列 B. 输出员工薪酬表
   C. 使用 pivot_table 函数 D. 计算薪酬合计数

4. 进行薪酬项目分析时,包含的步骤有(   )。
   A. 数据透视汇总 B. 计算人总成本
   C. 输出薪酬分析结果 D. 计算各项目占总成本的比例

5. 职工薪酬分析的目的包括(   )。
   A. 确保薪酬公平合理 B. 分析薪酬结构
   C. 提升员工满意度 D. 优化资源配置

拓展阅读

浙江:"数智"助力优化税收营商环境

项目七

使用 Python 进行收入与发票核对

知识目标

1. 理解收入与发票核对的重要性,包括其在财务管理中的作用和目的。
2. 学习使用 Python 模块进行数据处理的基本方法,尤其是处理财务数据的常用模块。
3. 掌握如何用 Python 读取和处理凭证与开票数据,包括数据格式化和预处理。
4. 学会使用 Python 进行数据的筛选、计算和比较,特别是在处理凭证金额和开票数据时。

能力目标

1. 能够熟练使用 Python 读取财务数据,包括凭证和开票信息,并进行初步处理。
2. 运用 Python 对凭证金额进行筛选和计算,以及筛选开票数据,提高数据处理的效率和准确性。
3. 利用 Python 比较收入与开票数据的差异,快速识别和分析数据不一致的原因。
4. 熟练使用 Python 过滤不符合条件的数据,特别是收入与发票不符的记录,并提取关键客户记录。

素养目标

1. 通过学习收入与发票核对的过程,提升学生对财务数据准确性和完整性的重视。
2. 发展学生使用编程技能解决实际财务问题的能力,提高工作效率和问题解决的速度。
3. 增强学生数据分析报告的撰写能力,能够清晰地展示核对结果和分析发现的问题。
4. 加强学生与财务和审计团队的合作能力,提高在核对过程中的沟通效率和问题解决能力。

任务一 环境搭建及数据准备

一、收入与发票核对及环境搭建

在现代企业的财务管理中,确保账务数据的准确性、可靠性是至关重要的一环。收入与发票核对作为保障企业财务准确性、可靠性的重要步骤,不仅有助于企业正确申报税收,还能有效防止财务造假等不良行为。本任务将通过一个应用案例,介绍如何使用 Python 中的 Pandas 库来进行收入与发票的核对。

1. 收入与发票核对应用案例

企业在进行销售活动时,会产生相应的收入,并对销售的商品或提供的服务开具发票。收入与发票核对即是比对账务记录中的收入数据与实际开具发票的数据是否一致,这一过程对于企业财务的准确性和透明性至关重要。

在进行核对时,我们需要处理和分析大量的数据,这对于传统的手工操作来说既耗时又容易出错。因此,利用自动化工具,如 Python 中的 Pandas 库来进行这一工作,不仅能提高效率,还能提高数据处理的准确性。

2. 引入必要的模块

在开始之前,我们需要引入进行数据处理所需的 Python 模块。Pandas 是处理和分析数据的强大工具,而 warnings 模块则用于控制警告消息的输出。

示范代码:

```
1. # 引入 pandas
2. import pandas as pd
3. # 引入 warnings
4. import warnings
5. warnings.filterwarnings("ignore")
6. # 将数据输出格式设置为保留 2 位小数
7. pd.options.display.float_format = '{:.2f}'.format
8.
```

通过上述代码,我们设置了数据显示格式,使所有的浮点数在输出时保留两位小数,同时通过引入 warnings 模块并过滤掉所有警告消息,使代码的运行结果更加清晰。

3. 收入与发票核对的重要性

进行收入与发票核对的主要目的是确保账务数据的准确性,这对于企业的财务管理和税务申报都至关重要。不一致的数据可能表明了账务处理的错误,或者是故意的财务造假,因此,定期的收入与发票核对可以帮助企业及时发现和纠正这些问题。

【例题 7-1】 在 Python 中,为了避免在使用 Pandas 时出现警告信息,应该引入( )模块并使用( )函数。

A. import errors; errors.filterwarnings()

B. import logging; logging.ignore()

C. import warnings; warnings.filterwarnings("ignore")

D. import ignore_warnings; ignore_warnings.filterwarnings()

【例题 7-2】 在 Pandas 中,设置数据输出格式以保留两位小数的方式为( )。

A. pd.set_option('display.precision', 2)

B. pd.options.display.float_format = '{:.2f}'.format
C. pd.float_format('0.00')
D. pd.display('decimal:2')

二、读取收入记账凭证数据

在企业的日常财务管理中,核对收入与发票是确保财务数据准确性和完整性的重要步骤。这不仅关系到企业的会计准则遵守,还直接影响到企业税务申报的准确性。本任务将介绍如何使用 Python 的 Pandas 库读取收入记账凭证数据,并对数据进行初步处理,为后续的收入与发票核对工作打下基础。

1. 读取收入记账凭证数据

在开始核对工作之前,第一步需要将存储在 Excel 文件中的收入记账凭证数据读取到 Python 环境中。Pandas 库提供了方便读取 Excel 文件的功能,能够快速将数据加载到 DataFrame 中。

示范代码:

```
1. # 读取收入记账凭证数据(文件路径:'收入与发票数据.xlsx',第 1 个 sheet 页:'收入记账凭证')
2. file = '收入与发票数据.xlsx'
3. dfj = pd.read_excel(file, sheet_name = '收入记账凭证')
4.
```

通过指定文件路径和 sheet 名称,我们可以准确地读取需要的数据集。

2. 数据清洗

在数据被读取进来之后,进行数据清洗是非常必要的步骤。数据清洗包括填充缺失值、调整数据格式等,以确保数据的质量。

```
1. # 将缺失值填充为 0
2. dfj.fillna(0, inplace = True)
3.
```

这段代码将所有缺失值填充为 0,确保在进行数值计算时不会出现错误。

3. 查看数据

在完成数据的基本处理之后,查看数据是检查数据读取和清洗是否正确的有效手段。

```
1. # 查看数据
2. print(dfj)
3.
```

通过预览数据,我们可以对数据的结构和内容有一个直观的了解,为后续的分析工作提供信息。

【例题 7-3】 使用 Pandas 读取 Excel 文件中名为'收入记账凭证'的 sheet 页时,正确的代码是（   ）。

A. df = pd.read_csv('收入与发票数据.xlsx', sheet_name='收入记账凭证')

B. dfj = pd.read_excel('收入与发票数据.xlsx', sheet_name=0)

C. dfj = pd.read_excel('收入与发票数据.xlsx', sheet_name='收入记账凭证')

D. dfj = pd.open_excel('收入与发票数据.xlsx', '收入记账凭证')

【例题 7-4】 在使用 Pandas 处理 Excel 文件数据时，若想要将所有缺失值填充为 0，正确的代码是（   ）。

A. dfj.fill(0)　　　　　　　　　　B. dfj.fillna(0, inplace=True)

C. dfj.replace(NaN, 0)　　　　　　D. dfj.missing_values(0)

三、读取开票数据

在财务管理和审计过程中，核对开票数据与实际收入数据的一致性是保证财务真实性和准确性的重要步骤。下面将详细介绍如何使用 Python 中的 Pandas 库来读取和处理开票数据，为后续的数据核对和分析打下坚实基础。

1. 读取开票数据

开票数据通常记录在企业财务管理软件或 Excel 文件中，包含了开票日期、客户名称、开票金额等关键信息。准确读取这些数据对于后续的收入核对至关重要。

示范代码：

```python
#(1)读取开票数据(文件路径:'收入与发票数据.xlsx',第 2 个 sheet 页:'开票数据')
file = '收入与发票数据.xlsx'
dft = pd.read_excel(file, sheet_name='开票数据')
#(2)将缺失值填充为 0
dft.fillna(0, inplace=True)
#(3)查看数据
print(dft)

```

通过上述代码，我们可以从指定的 Excel 文件中读取开票数据，并使用 fillna 方法处理可能存在的缺失值，确保数据的完整性。

2. 缺失值的处理

在财务数据处理中，缺失值的处理是一个不可忽视的环节。不同的处理方法可能会对数据分析和核对结果产生重大影响。在本案例中，我们选择将所有缺失值统一填充为 0，这种处理方式适合于开票金额等数值型数据的处理。

3. 数据预览

在完成数据读取和初步处理之后，预览数据是验证数据正确性的有效手段。

```python
print(dft.head())

```

通过预览开票数据的前几行,我们可以快速检查数据是否正确读取,以及缺失值填充是否按预期进行。

【例题 7-5】 如果需要从名为"收入与发票数据.xlsx"的 Excel 文件中读取名为"开票数据"的 sheet 页,下列代码中,正确的是( )。

A. dft = pd.read_csv('收入与发票数据.xlsx', '开票数据')

B. dft = pd.read_excel('收入与发票数据.xlsx', sheet_name='开票数据')

C. dft = pd.read_excel('开票数据.xlsx')

D. dft = pd.read_table('收入与发票数据.xlsx', sheet_name='开票数据')

【例题 7-6】 在处理开票数据时,将所有缺失值填充为 0 的正确 Pandas 代码是( )。

A. dft.fill(0, inplace=True)

B. dft.fillna(0)

C. dft.replace('NaN', 0, inplace=True)

D. dft.fillna(0, inplace=True)

任务二 筛选凭证并计算开票数据

一、筛选凭证

在进行收入与发票核对的过程中,筛选出与开票收入相关的记账凭证并计算凭证金额是一个关键步骤。这不仅有助于准确反映企业的营业收入情况,也是确保财务报表准确性的重要环节。下面将通过具体示范代码,介绍如何使用 Python 中的 Pandas 库来筛选收入记账凭证并计算凭证金额。

1. 筛选收入记账凭证

在众多记账凭证中,只有部分凭证涉及开票收入。因此,需要从整个记账凭证数据集中筛选出科目名称包含"开票收入"的记账凭证。

示范代码:

```
1. # 筛选收入记账凭证,保留科目名称包含开票收入的记账凭证
2. dfj1 = dfj[dfj['科目名称'].str.contains('开票收入')]
3.
```

通过使用 Pandas 的 str.contains 方法,我们能够轻松筛选出所有与开票收入相关的记账凭证。

2. 计算凭证金额

在财务会计中,凭证金额通常由贷方金额和借方金额共同决定。为了反映实际的收入

筛选并计算凭证金额

情况,需要计算每笔记账凭证的凭证金额,即贷方金额减去借方金额。

```
1. # 计算凭证金额(贷方- 借方)
2. dfj1['凭证金额'] = dfj1['贷方'] -dfj1['借方']
3.
```

这个步骤帮助我们得到了每一笔与开票收入相关凭证的实际金额,为后续的收入核对提供了基础数据。

3. 数据预览

在完成数据筛选和凭证金额计算之后,查看处理后的数据是一个好习惯。

```
1. # 查看数据
2. print(dfj1)
3.
```

通过预览筛选和计算后的记账凭证数据,我们可以初步验证数据处理的正确性和准确性。

【例题7-7】 使用Pandas筛选出科目名称包含"开票收入"的记账凭证的正确代码是( )。

A. dfj1 = dfj[dfj['科目名称'].str.match('开票收入')]
B. dfj1 = dfj[dfj['科目名称'] == '开票收入']
C. dfj1 = dfj[dfj['科目名称'].str.contains('开票收入')]
D. dfj1 = dfj.contains('科目名称': '开票收入')

【例题7-8】 在Pandas中,计算记账凭证的凭证金额(贷方金额减去借方金额)的正确代码是( )。

A. dfj1['凭证金额'] = dfj1['贷方'].subtract(dfj1['借方'])
B. dfj1['凭证金额'] = dfj1['贷方']+dfj1['借方']
C. dfj1['凭证金额'] = dfj1['贷方']-dfj1['借方']
D. dfj1['凭证金额'] = dfj1['借方']-dfj1['贷方']

二、筛选开票数据

筛选开票数据

筛选开票数据是收入与发票核对流程中的关键步骤之一。在财务管理中,确保所有开票数据的准确性和完整性对于企业的收入确认和税务申报至关重要。下面将通过具体的示范代码,介绍如何使用Python中的Pandas库来筛选有效的开票数据,即那些未被作废的开票记录。

1. 筛选有效的开票数据

在处理开票数据时,我们需要区分哪些开票记录是有效的,哪些是已经被作废的。有效的开票数据是指那些未被标记为作废(例如,作废标记为0)的记录。这些数据反映了实际发生的营业活动和收入情况。

示范代码：

```
1. # 筛选开票数据,保留开票未作废的开票数据
2. dft1 = dft[dft['作废'] == 0]
3.
```

通过这段代码，我们能够从整个开票数据集中筛选出所有未作废的记录，为后续的数据核对和分析提供准确的基础数据。

2. 查看筛选后的数据

在完成数据筛选之后，查看筛选结果是一个好习惯。这可以帮助我们快速验证筛选逻辑的正确性和数据处理的准确性。

```
1. # 查看数据
2. print(dft1)
3.
```

通过预览筛选后的开票数据，我们可以初步检查数据是否符合预期，例如确认筛选后的数据中不存在被作废的记录。

【例题7-9】 在 Pandas 中，筛选未作废的开票数据的方法是（　　）。

A. dft1 = dft[dft['作废'] > 0]
B. dft1 = dft[dft['作废'] == 1]
C. dft1 = dft[dft['作废'] == 0]
D. dft1 = dft.filter('作废' == 0)

【例题7-10】 在使用 Pandas 查看数据时，能正确输出筛选后的开票数据的前五行的命令是（　　）。

A. print(dft1.top(5))　　　　　　B. print(dft1.head())
C. print(dft1.first(5))　　　　　　D. print(dft1[0:5])

任务三　识别并筛选不符数据

一、比较收入与开票数据的差异

在企业的财务管理中，确保记账数据与实际开票数据相符是至关重要的。这不仅关系到财务报表的准确性，还直接影响到企业的税务合规性。下面将深入讲解如何使用 Python 和 Pandas 库来比较收入记账凭证数据和开票数据之间的差异，并计算这些差异的具体金额。

比较收入与开票数据的差异

1. 汇总收入记账凭证与开票数据

为了准确比较收入记账凭证与开票数据之间的差异,需要对这两类数据进行透视汇总。

示范代码:收入记账凭证数据汇总

```
1. # 将收入记账凭证的"凭证金额"列按客户名称进行透视汇总
2. dfj2 = pd.pivot_table(dfj1, index = ['客户名称'], values = ['凭证金额'], aggfunc = 'sum').reset_index()
3.
```

示范代码:开票数据汇总

```
1. # 将开票数据的"开票金额"列按购方名称进行透视汇总
2. dft2 = pd.pivot_table(dft1, index = ['购方名称'], values = ['开票金额'], aggfunc = 'sum').reset_index()
3.
```

通过上述代码,我们可以得到按客户名称和购方名称汇总的收入记账凭证金额和开票金额。

2. 比较数据差异

在汇总数据准备好后,将这两部分数据进行连接比对,以找出可能存在的差异。

示范代码:连接和比对数据

```
1. # 将"凭证金额"和"开票金额"按客户进行连接、比对
2. diff = dfj2.merge(dft2, how = 'outer', left_on = '客户名称', right_on = '购方名称')
3.
```

3. 计算差异金额

连接比对后,我们需要计算"凭证金额"和"开票金额"之间的具体差异。

示范代码:计算差异金额

```
1. # 计算"凭证金额"和"开票金额"的差异
2. diff['差异金额'] = diff['凭证金额'] - diff['开票金额']
3.
```

这段代码帮助我们识别和计算了每个客户在收入记账凭证和开票数据之间的金额差异。

4. 查看差异数据

在完成差异计算之后,查看最终的差异数据是非常重要的。

```
1. # 查看数据
2. print(diff)
3.
```

通过预览差异数据，我们可以直观地看到哪些客户的记账数据和开票数据存在不符，以及这些不符的具体金额。

【例题 7-11】 使用 Pandas 进行数据汇总时，下列选项中，正确实现了按客户名称汇总"凭证金额"的操作是（　　）。

A. dfj2 = dfj1.groupby(['客户名称'])['凭证金额'].sum()

B. dfj2 = pd.pivot_table(dfj1, index='客户名称', values='凭证金额', aggfunc='sum').reset_index()

C. dfj2 = dfj1.pivot('客户名称', '凭证金额')

D. dfj2 = dfj1.sum(['客户名称'], ['凭证金额'])

【例题 7-12】 在 Pandas 中，下列选项中，正确计算了"凭证金额"和"开票金额"之间的差异的是（　　）。

A. diff['差异金额'] = diff.sum('凭证金额' − '开票金额')

B. diff['差异金额'] = diff['凭证金额'].subtract(diff['开票金额'])

C. diff['差异金额'] = diff['凭证金额'] − diff['开票金额']

D. diff = diff.compute('凭证金额' − '开票金额')

二、过滤收入与发票不符的数据

在进行收入与发票核对的过程中，识别出差异金额不为 0 的客户并进行详细分析是至关重要的步骤。这有助于财务人员深入理解造成差异的原因，并采取相应的措施来调整和改正。下面将通过具体的示范代码，展示如何使用 Python 中的 Pandas 库找出差异金额不为 0 的客户，并尝试将原始数据按照金额进行匹配。

过滤收入与发票不符的数据

1. 找出差异金额不为 0 的客户

对于每个客户，我们需要识别出在记账凭证与开票数据之间存在金额差异的记录。

示范代码：

```
1. # 找到差异金额不为0的客户,将原始数据按开票金额匹配(以北京祝强家电有限公司为例)
2. #(1)筛选出特定客户的记账凭证数据
3. dfj2 = dfj1[dfj1['客户名称'] == '北京祝强家电有限公司']
4. #(2)筛选出同一客户的开票数据
5. dft2 = dft1[dft1['购方名称'] == '北京祝强家电有限公司']
6.
```

这两步操作确保了我们只关注特定客户的数据，从而可以更准确地进行后续的分析。

2. 将原始数据按金额匹配

在确认了存在差异的客户后，我们需要尝试按照金额将记账凭证数据和开票数据进行匹配，以便进一步分析差异的原因。

示范代码：

```
1. #（3）将客户名称与购方名称进行数据连接，并使用diff1保存
2. diff1 = dfj2.merge(dft2, how = 'outer', left_on = '凭证金额', right_on = '开票金额')
3.
```

通过这段代码，我们试图通过凭证金额和开票金额来连接两部分数据。这有助于我们识别出具体哪些记录在金额上不一致。

3. 输出连接结果

输出连接后的结果，以便进行进一步的分析。

```
1. #（4）输出连接结果diff1
2. print(diff1)
3.
```

【例题 7-13】 如果我们需要筛选出名为"北京祝强家电有限公司"的客户的记账凭证数据，正确的 Pandas 代码是（　　）。

A. dfj3 = dfj1[dfj1['客户名称'].str.contains('北京祝强家电有限公司')]

B. dfj3 = dfj1[dfj1['客户名称'] == '北京祝强家电有限公司']

C. dfj3 = dfj1.query("客户名称 == '北京祝强家电有限公司'")

D. dfj3 = dfj1.loc[dfj1['客户名称'].match('北京祝强家电有限公司')]

【例题 7-14】 若要按照"凭证金额"和"开票金额"连接记账凭证数据和开票数据，正确的 Pandas merge 代码是（　　）。

A. diff1 = dfj3.join(dft3, on='凭证金额', how='inner', rsuffix='开票金额')

B. diff1 = dfj3.merge(dft3, on=['凭证金额', '开票金额'], how='outer')

C. diff1 = dfj3.merge(dft3, left_on='凭证金额', right_on='开票金额', how='inner')

D. diff1 = dfj3.merge(dft3, how='outer', left_on='凭证金额', right_on='开票金额')

三、提取收入与发票不符的客户记录

提取收入与发票不符的客户记录

在收入与发票核对过程中，识别并分析差异金额不为0的客户数据是至关重要的。这不仅可以帮助企业及时发现和纠正财务记录的不准确之处，还能提高企业的财务透明度和信用度。下面将通过具体的示范代码，介绍如何使用 Python 中的 Pandas 库输出所有差异金额不为0的客户的原始数据，以便进行深入分析。

1. 设置判断条件筛选差异金额不为0的客户

需要先设置合适的判断条件来筛选出那些差异金额不为0的记录。在实际操作中，由于计算或舍入误差的存在，我们通常会设置一个小的阈值来判断金额是否为"0"。

示范代码：

```
1. # 设置判断条件，当差异金额不为0时进行判断
```

```
2. for index, row in diff[(diff['差异金额'] > 0.001) | (diff['差异金额'] < - 0.001)].
iterrows():
3.      # 将客户名称使用 dfj3 保存
4.      dfj3 = dfj1[dfj1['客户名称'] == row['客户名称']]
5.      # 将购方名称使用 dft3 保存
6.      dft3 = dft1[dft1['购方名称'] == row['购方名称']]
7.
```

2. 连接并输出差异金额不为 0 的客户数据

在识别出差异金额不为 0 的客户后，我们需要将相关的记账凭证数据和开票数据进行连接，并输出这部分数据以便于进一步的分析和处理。

示范代码：

```
1.   # 将客户名称与购方名称进行数据连接，并使用 diff2 保存
2.   diff2 = dfj3.merge(dft3, how = 'outer', left_on = '凭证金额', right_on = '开票金额')
3.   # 输出连接结果 diff2
4.   print(diff2)
5.
```

通过以上操作，我们可以详细查看每个存在财务差异的客户的具体数据情况，包括记账凭证的金额和对应的开票金额。

【例题 7-15】 如果我们想要筛选出差异金额绝对值大于 0.001 的记录，正确的 Pandas 代码片段是（   ）。

A. diff[abs(diff['差异金额']) > 0.001]

B. diff[(diff['差异金额'] > 0.001) | (diff['差异金额'] < −0.001)]

C. diff.query("差异金额 > 0.001 or 差异金额 < −0.001")

D. diff.filter(lambda x: x['差异金额'] > 0.001 or x['差异金额'] < −0.001)

【例题 7-16】 在进行数据连接操作时，如果想要保留左右两边表中所有的行并按照"凭证金额"和"开票金额"进行匹配，应该使用的方法是（   ）。

A. diff2 = dfj3.merge(dft3, on='凭证金额', how='inner')

B. diff2 = dfj3.merge(dft3, on='开票金额', how='left')

C. diff2 = dfj3.merge(dft3, left_on='凭证金额', right_on='开票金额', how='right')

D. diff2 = dfj3.merge(dft3, left_on='凭证金额', right_on='开票金额', how='outer')

 练习

一、单选题

1. 在 Python 中，为了处理数据分析任务，我们通常需要导入（   ）模块来操作数据框。

A. NumPy B. Pandas
C. Matplotlib D. Sys

2. 若我们想要填补 DataFrame 中的缺失值为 0,应使用 Pandas 库中的函数(　　)。

A. 'fillna(0)' B. 'replace()'
C. 'dropna()' D. 'isnull()'

3. 当需要读取一个名为"收入与发票数据.xlsx"的 Excel 文件到 DataFrame 时,应使用(　　)。

A. 'pd.read_csv()' B. 'pd.to_excel()'
C. 'pd.read_excel()' D. 'pd.DataFrame()'

4. 使用 Pandas 选择 DataFrame 中"客户名称"列包含"北京强盛电子有限公司"的行的方法是(　　)。

A. 'df[df['客户名称'].contains('北京强盛电子有限公司')]'
B. 'df[df['客户名称'] == '北京强盛电子有限公司']'
C. 'df[df['客户名称'].str.contains('北京强盛电子有限公司')]'
D. 'df.query('客户名称 == "北京强盛电子有限公司"')'

5. 在使用 Pandas 对 DataFrame 进行数据筛选后,重置索引的方式是(　　)。

A. 'df.reset_index()' B. 'df.set_index()'
C. 'df.index.reset()' D. 'df.reindex()'

6. 收入确认的原则要求(　　)。

A. 收入在产生时确认 B. 所有收入在年底确认
C. 只有现金销售收入被确认 D. 信用销售不确认为收入

7. 发票核对不一致的原因可能是(　　)。

A. 客户支付过多 B. 会计错误
C. 销售人员提成计算错误 D. 产品质量问题

8. 有效管理发票流程的策略是(　　)。

A. 增加手工处理 B. 使用自动化软件
C. 仅在客户请求时核对发票 D. 减少财务团队的规模

9. 发票与收入数据不匹配时,应先(　　)。

A. 忽略差异 B. 调查原因
C. 直接调整会计记录 D. 通知销售团队

10. 发票核对对企业管理的重要性体现在(　　)。

A. 促进销售增长 B. 增强供应链效率
C. 保证财务报告的准确性 D. 提高产品质量

二、多选题

1. 收入与发票核对的重要性体现在（　　）。
   A. 避免财务报表错误　　　　　　B. 提高会计工作效率
   C. 确保税务合规　　　　　　　　D. 促进客户关系管理

2. 在进行收入与发票核对时，需要比对的信息有（　　）。
   A. 客户名称　　　　　　　　　　B. 交易金额
   C. 交易日期　　　　　　　　　　D. 服务或产品描述

3. 发票管理的最佳实践包括的措施有（　　）。
   A. 使用电子发票系统　　　　　　B. 定期进行发票与收入匹配核对
   C. 实施严格的发票审核流程　　　D. 开发客户反馈机制

4. 发票核对过程中发现问题的解决步骤包括（　　）。
   A. 立即修改财务记录　　　　　　B. 调查产生差异的原因
   C. 与客户或供应商沟通　　　　　D. 更新内部控制和流程

5. 企业减少发票与收入不匹配风险的方式有（　　）。
   A. 通过增加手工处理发票　　　　B. 采用先进的发票处理软件
   C. 培训员工识别常见的发票错误　D. 定期审计发票处理流程

6. 发票遗漏可能对企业造成的影响有（　　）。
   A. 错误的税金计算　　　　　　　B. 收入和利润的高估
   C. 财务报表的不准确　　　　　　D. 客户满意度下降

7. 发票与收入核对对于税务管理的意义包括（　　）。
   A. 减少税务审计的风险　　　　　B. 确保正确的增值税申报
   C. 避免重复计税　　　　　　　　D. 提高税务申报的准确性

8. 收入与发票不一致的原因可能包括（　　）。
   A. 会计错误　　　　　　　　　　B. 客户退货未及时处理
   C. 销售折扣未正确应用　　　　　D. 销售数据输入错误

9. 收入与发票核对在财务审计中的作用有（　　）。
   A. 确保所有交易都已记录　　　　B. 验证交易的真实性和准确性
   C. 检查内部控制的有效性　　　　D. 估算未来收入

10. 电子发票系统带来的好处包括（　　）。
    A. 减少纸质发票的使用　　　　　B. 加快发票处理速度
    C. 提高发票数据的安全性　　　　D. 促进环境保护

三、判断题

1. 收入与发票核对有助于企业正确申报税收，防止财务造假。　　　　　　　（　　）

2. 在 Python 中，为避免使用 Pandas 时出现警告信息，应该使用"import errors"模块。
（　　）
3. 使用 Pandas 读取 Excel 文件时，只能通过指定 sheet 的索引号来选择特定的 sheet 页。
（　　）
4. 在进行收入与发票核对时，如果发现数据不一致，应先调整会计记录以消除差异。（　　）
5. Pandas 的"pivot_table"函数无法用于进行数据透视汇总。　　　　　（　　）

四、不定项选择题

1. 在使用 Pandas 进行数据处理时，常用的函数包括（　　）。

   A. 'pd.read_excel()'用于读取 Excel 文件

   B. 'df.head()'用于预览 DataFrame 的前几行

   C. 'df.fillna()'用于填充缺失值

   D. 'df.pivot_table()'用于创建数据透视表

2. 收入与发票核对的重要性体现在（　　）。

   A. 确保账务数据的准确性　　　　B. 帮助企业及时发现和纠正问题

   C. 支持企业税务合规　　　　　　D. 促进客户关系管理

3. 进行收入与发票核对时，需要比对的信息包括（　　）。

   A. 客户名称　　　　　　　　　　B. 交易金额

   C. 开票日期　　　　　　　　　　D. 服务或产品描述

4. 在进行财务数据差异分析时，可能采取的步骤包括（　　）。

   A. 按客户名称汇总凭证金额　　　B. 比较收入记账凭证与开票数据

   C. 计算差异金额　　　　　　　　D. 筛选差异金额不为 0 的记录

5. 在使用 Pandas 处理财务数据时，应用的技术或方法包括（　　）。

   A. 使用'merge'函数连接不同数据集

   B. 利用条件筛选进行数据清洗

   C. 应用'pivot_table'进行数据汇总

   D. 使用'fillna'处理缺失值

拓展阅读

你的隐私、大数据怎知道（片段）

项目八

使用 Python 进行固定资产折旧

◆ 知识目标

1. 理解固定资产折旧的基本原理,包括折旧的意义、方法和计算过程。
2. 学习如何使用 Python 读取固定资产数据,包括资产的购置日期、原始价值和预计使用年限。
3. 掌握计算已折旧月数和剩余折旧月数的方法及其在 Python 中的实现。
4. 学会计算当月折旧及转出金额,以及固定资产的账面价值,并理解其财务含义。

◆ 能力目标

1. 能够熟练使用 Python 处理固定资产数据,进行必要的数据预处理和格式化。
2. 运用 Python 根据固定资产的相关信息计算其已折旧月数和剩余折旧月数。
3. 利用 Python 准确计算当月折旧金额和固定资产的账面价值,理解其在财务报表中的作用。
4. 熟练应用 Python 进行固定资产折旧的计算和分析,提高财务分析的效率和准确性。

◆ 素养目标

1. 通过学习固定资产折旧的原理和计算方法,提升对财务核算和资产管理的理解。
2. 发展学生使用编程技能解决财务问题的能力,尤其是在资产管理和财务分析方面。
3. 增强学生对财务数据准确性和完整性的重视,提高在财务报告准备中的细致度和准确度。
4. 加强学生与财务和管理团队的沟通能力,有效地在团队内分享分析结果和建议。

任务一　环境搭建及数据准备

固定资产折旧介绍

一、固定资产折旧及环境搭建

固定资产折旧是会计和财务管理中的一个重要概念,它涉及对企业长期使用的资产价值随时间减少的系统分配。此过程不仅反映了固定资产的使用和磨损,也是财务报表准确反映企业财务状况的重要组成部分。固定资产折旧影响着企业的税务处理、利润分配和资本支出决策。因此,准确计算固定资产的折旧对于企业管理至关重要。

1. 固定资产折旧的基本概念

固定资产折旧本质上是一个成本分配的过程,旨在将固定资产的购置成本在其预期使用寿命内合理地分摊到各个会计期间。折旧的计算方法多种多样,包括直线法、双倍余额递减法、年数总和法等,不同的计算方法适用于不同类型的固定资产和不同的财务管理需求。

2. 引入必要的 Python 模块

在进行固定资产折旧计算时,Pandas 和 Datetime 模块是两个非常有用的 Python 库。Pandas 提供了丰富的数据结构和函数,适合处理和分析财务数据;而 Datetime 模块则允许我们处理和计算涉及时间的数据。

示范代码:

```
1. # 引入 pandas 模块
2. import pandas as pd
3. # 引入 datetime 模块
4. import datetime as dt
5.
```

通过引入这些模块,我们可以轻松处理固定资产的购置日期、使用寿命以及计算折旧等涉及时间的财务计算。

3. 固定资产折旧的计算和应用

固定资产折旧的计算不仅需要考虑购置成本和预期使用寿命,还需要考虑残值(资产在预期使用寿命结束时的预计价值)和折旧方法。通过合理的折旧计算,企业可以准确地反映每个会计期间的成本和利润情况,从而为管理层提供准确的财务信息,支持其做出更好的经营决策。

固定资产折旧的正确计算和会计处理不仅对企业内部管理重要,也是企业对外报告财务状况的重要组成部分。它直接影响企业的财务报表和税务申报,进而影响投资者、债权人和其他利益相关者对企业的评价和决策。

【例题 8-1】 在 Python 中,要进行日期和时间的处理,我们需要导入的模块是( )。
A. Pandas   B. Numpy   C. Datetime   D. Math

【例题 8-2】 在进行财务分析时,处理和分析固定资产清单数据的首选 Python 库是( )。
A. Matplotlib   B. Pandas   C. Scipy   D. Sympy

二、读取数据

读取数据

在进行固定资产折旧分析时,需要先获取和准备相关的数据。通常,这些数据包含了固定资产的购置成本、购置日期、预计使用年限以及残值等信息,它们通常被组织在固定资产清单表中。下面通过具体的示范代码,介绍如何使用 pandas 库来读取固定资产清单数据,并进行初步的数据处理。

1. 读取固定资产清单表

固定资产清单表通常存储在 Excel 文件中,包含了企业所有固定资产的详细信息。使用 Pandas 库的 read_excel 函数,我们可以轻松地将这些数据读取到 Python 环境中,为后续的折旧计算作准备。

示范代码:

```
1. # 读取固定资产清单表
2. file = '固定资产清单.xlsx'
3. capex = pd.read_excel(file, sheet_name = '固定资产清单')
4.
```

在这段代码中,file 变量存储了 Excel 文件的路径,sheet_name 参数指定了包含固定资产清单的工作表名称。capex 变量随后被赋值为读取到的数据框架。

2. 处理缺失值

在实际的数据中,可能会存在一些缺失值,这些缺失值可能会影响后续的折旧计算。因此,对数据进行预处理,填充或清除缺失值是必要的步骤。

```
1. # 将缺失值填充为 0
2. capex.fillna(0, inplace = True)
3.
```

使用 fillna 函数,我们可以将数据中的所有缺失值(NaN)填充为 0。inplace=True 参数表示直接在原数据框架上修改,而不是创建一个新的数据框架。

3. 查看数据

在完成数据读取和预处理之后,查看数据是检查数据是否正确读取和处理的重要步骤。

```
1. # 查看数据
2. print(capex)
3.
```

通过打印 capex 变量,我们可以查看固定资产清单的数据内容,确认数据是否已正确准备,以及是否需要进一步的处理。

【例题 8-3】 使用 Pandas 读取 Excel 文件'固定资产清单.xlsx'中的'固定资产清单'工作表的正确代码是( )。

A. pd.read_csv('固定资产清单.xlsx', sheet_name='固定资产清单')

B. pd.read_excel('固定资产清单.csv', sheet_name='固定资产清单')

C. pd.read_excel('固定资产清单.xlsx', sheet_name='固定资产清单')

D. pd.open_excel('固定资产清单.xlsx', tab='固定资产清单')

【例题 8-4】 在处理固定资产清单数据时,如果发现数据中有缺失值,要将这些缺失值填充为 0,正确的 Pandas 代码是(　　)。

A. capex.fillna(0)　　　　　　　　B. capex.replace('NaN', 0)

C. capex.fillna(0, inplace=True)　　D. capex.fill_missing(0)

任务二　计算折旧月数

一、计算已折旧月数

在固定资产管理和折旧计算中,确定资产的已折旧月数是衡量资产价值和计算折旧费用的基础。下面将通过实用的 Python 代码示例,介绍如何根据资产的购置日期和截止日期,计算其已折旧月数。

1. 定义截止日期

我们需要明确折旧计算的截止日期。这个日期是进行折旧计算时参照的当前日期或财务报告期末日期。

示范代码:

```
1. # 根据已知的截止日期,定义变量并赋值
2. end_date = dt.datetime(2021, 7, 31)
3.
```

在这段代码中,我们创建了一个 datetime 对象 end_date,表示折旧计算的截止日期。

2. 创建自定义函数计算已折旧月数

我们需要创建一个自定义函数 depmonth,它将基于资产的购置日期和截止日期来计算已折旧的月数。

示范代码:

```
1. def depmonth(start_date):
2.     return (end_date.year - start_date.year) * 12 + (end_date.month - start_date.month) - 1
3.
```

这个函数接受一个 start_date 参数(资产的购置日期),并返回从购置日期到截止日期之间的全月份数量。这里减去 1 是为了确保按照全月折旧的原则计算。

3. 应用自定义函数计算已折旧月数

```
1. # 有了 depmonth 函数,我们可以轻松地计算出固定资产清单中每项资产的已折旧月数。
```

```
2. # 调用自定义函数,根据购置日期计算已折旧月数
3. capex['已折旧月数'] = capex['购置日期'].map(depmonth)
4.
```

通过 map 函数,我们将 depmonth 函数应用于 capex 数据框中的每个购置日期值,计算并存储每项资产的已折旧月数。

4. 查看数据

查看更新后的 capex 数据框,确认已折旧月数的计算结果。

```
1. # 查看数据
2. print(capex)
3.
```

通过打印 capex 数据框,我们可以查看包含已折旧月数的完整固定资产清单,这为进一步的折旧费用计算和资产价值分析提供了基础。

【例题 8-5】 假设有一项固定资产的购置日期为 2019-01-01,截至 2021-07-31,该资产已折旧(   )个月。

A. 30 B. 31 C. 29 D. 28

二、计算剩余折旧月数

固定资产的剩余折旧月数是指从当前日期到资产预计使用寿命结束时,还可以继续折旧的月份数。这个指标对于理解资产的剩余价值、规划未来的财务成本和进行资产更新决策具有重要意义。下面我们将通过实用的示范代码展示如何利用 Python 和 Pandas 库计算固定资产的剩余折旧月数。

计算剩余折旧月数

1. 计算剩余折旧月数

为了计算剩余折旧月数,我们需要知道每项资产的预计使用年限和已经折旧的月数。剩余折旧月数等于资产的预计使用年限转换为月数减去已经折旧的月数。为了防止计算结果出现负数,我们使用 max 函数确保结果不低于 0。

示范代码:

```
1. # 计算剩余折旧月数
2. capex['剩余折旧月数'] = (capex['预计使用年限']* 12 - capex['已折旧月数']).map
  (lambda x: max(x, 0))
3.
```

在这段代码中,capex['预计使用年限'] * 12 将预计使用年限转换为月数,从中减去 capex['已折旧月数']得到剩余折旧月数。使用.map(lambda x: max(x, 0))确保结果非负,即如果计算结果为负,则将其调整为 0。

2. 查看数据

完成剩余折旧月数的计算后,查看更新后的 capex 数据框,确认计算结果是否符合预期。

```
1. # 查看数据
2. print(capex)
3.
```

通过查看数据,我们可以检查每项资产的剩余折旧月数,这有助于财务管理者更好地理解资产的剩余价值和进行财务规划。

【例题 8-6】 一个固定资产的预计使用年限为 5 年,已折旧月数为 24 个月,那么该资产的剩余折旧(　　)个月。

A. 36　　　　　B. 60　　　　　C. 48　　　　　D. 35

任务三　计算账面价值

一、计算当月折旧及转出金额

计算当月折旧及转出金额

在固定资产的会计处理中,计算当月折旧和确定是否需要进行资产转出是重要的财务活动。下面将探讨在不同固定资产使用状态下如何正确计算当月折旧,并决定资产是否需要转出。

1. 计算思路

固定资产的折旧计算和转出处理依据资产的使用状态和剩余折旧月数,主要分为以下几种情况:

(1) 对于报废或改建的固定资产,如果剩余折旧月数大于 0,则按正常方式计算当月折旧;如果剩余折旧月数等于 0,则需要特殊处理,当月折旧计算公式为:当月折旧＝固定资产原值－期初累计折旧－减值准备－原值×预计净残值率。

(2) 对于非报废或改建状态的资产,若剩余折旧月数为 0,则按照特殊公式计算当月折旧;否则,按正常方式计算。

为了实现上述计算逻辑,我们可以创建一个自定义函数 dep 来处理这些计算。

示范代码:

```
1. def dep(x):
2.     # 报废或改建,且有剩余折旧月数
3.     if (x['使用状态'] == '报废' or x['使用状态'] == '改建') and x['剩余折旧月数'] > 0:
4.         x['当月折旧'] = round((x['原值'] - x['期初累计折旧'] - x['减值准备'] - x['原值'] * x['预计残值率']) / x['剩余折旧月数'], 2)
```

```
5.            x['转出金额'] = round(x['原值'] - x['期初累计折旧'] - x['减值准备'] - x['当月折旧'], 2)
6.        # 报废或改建,无剩余折旧月数
7.        elif (x['使用状态'] == '报废' or x['使用状态'] == '改建') and x['剩余折旧月数'] == 0:
8.            x['当月折旧'] = round(x['原值'] - x['期初累计折旧'] - x['减值准备'] - x['原值'] * x['预计残值率'], 2)
9.            x['转出金额'] = round(x['原值'] - x['期初累计折旧'] - x['减值准备'] - x['当月折旧'], 2)
10.       # 非报废或改建,无剩余折旧月数
11.       elif x['剩余折旧月数'] == 0:
12.           x['当月折旧'] = round(x['原值'] - x['期初累计折旧'] - x['减值准备'] - x['原值'] * x['预计残值率'], 2)
13.           x['转出金额'] = 0
14.       # 正常计算当月折旧
15.       else:
16.           x['当月折旧'] = round((x['原值'] - x['期初累计折旧'] - x['减值准备'] - x['原值'] * x['预计残值率']) / x['剩余折旧月数'], 2)
17.           x['转出金额'] = 0
18.       return x
19.
20. # 调用 dep 函数,对每一行数据应用计算逻辑
21. capex = capex.apply(dep, axis = 1)
22.
```

通过 apply 方法,dep 函数被应用到 capex 数据框的每一行上,根据不同的使用状态和剩余折旧月数条件计算当月折旧及转出金额。

2. 查看计算结果

完成当月折旧和转出金额的计算后,查看更新后的 capex 数据框以确认计算结果。

```
1. # 查看数据
2. print(capex)
3.
```

通过查看数据,我们可以确认每项固定资产的当月折旧额和转出金额,这对于财务报告和资产管理决策具有重要价值。

【例题 8-7】 如果一项固定资产的使用状态为"报废",原值为 10 000 元,期初累计折旧为 2 000 元,减值准备为 500 元,预计残值率为 0.1,且剩余折旧月数为 0,那么该资产的当月折旧和转出金额分别(　　)。

A. 当月折旧:7 000 元,转出金额:1 000 元

B. 当月折旧:8 000 元,转出金额:0 元

C. 当月折旧:7 500 元,转出金额:500 元

D. 当月折旧:0 元,转出金额:7 500 元

二、计算固定资产账面价值

计算固定资产账面价值

固定资产账面价值是指在某一特定时间点,固定资产在财务报表上反映的价值。它是通过原值减去累计折旧、减值准备以及任何相关的资产转出金额来计算的。下面将详细讲解如何使用 Python 和 Pandas 库来计算固定资产的账面价值,并通过示范代码展示整个过程。

1. 计算固定资产账面价值

计算固定资产账面价值的核心公式为:固定资产账面价值＝固定资产原值－期初累计折旧－当月折旧－减值准备－转出金额。这个计算过程不仅帮助企业了解其固定资产的当前价值,而且对于编制财务报表和进行资产管理决策都至关重要。

示范代码:

```
1. # 计算固定资产账面价值
2. capex['账面价值'] = round(capex['原值'] - capex['期初累计折旧'] - capex['当月折旧'] - capex['减值准备'] - capex['转出金额'], 2)
3.
```

在这段代码中,我们通过 Pandas 库对固定资产清单 capex 中的每一项资产进行计算,得出其账面价值,并存储在新的列账面价值中。round 函数用于将结果四舍五入到小数点后两位,以满足财务报告的精度要求。

2. 查看计算结果

```
1. 完成固定资产账面价值的计算后,查看更新后的 capex 数据框,确认计算结果。
2. # 查看数据
3. print(capex)
4.
```

通过打印 capex 数据框,我们可以检查每项资产的账面价值,这对于评估资产净值、编制财务报表和制定资产管理策略具有重要价值。

【例题 8-8】 若一项固定资产的原值为 100 000 元,期初累计折旧为 20 000 元,当月折旧为 2 000 元,减值准备为 5 000 元,转出金额为 10 000 元,该资产的账面价值是(　　)元。

A. 73 000　　　　　　　　　　B. 75 000
C. 77 000　　　　　　　　　　D. 80 000

 练习

一、单选题

1. 固定资产折旧的目的是(　　)。

   A. 减少公司税负　　　　　　B. 反映资产价值随时间减少的情况

C. 增加公司的盈利 D. 减少资产总额

2. （　　）不是固定资产折旧的常用方法。
   A. 直线法 B. 双倍余额递减法
   C. 现金法 D. 生产单位法

3. 如果一项固定资产的原值为10 000元，预计使用年限为5年，残值为1 000元，使用直线法计算的年折旧额是（　　）元。
   A. 1 800 B. 2 000
   C. 1 000 D. 2 200

4. 双倍余额递减法折旧的特点是（　　）。
   A. 折旧额每年相同 B. 折旧额逐年递减
   C. 折旧额逐年递增 D. 折旧额第一年最高，然后逐年减少

5. 生产单位法计算折旧时，需要的信息是（　　）。
   A. 固定资产原值和残值 B. 资产的预计使用年限
   C. 资产的实际使用量 D. A 和 C

6. 在 Python 中计算固定资产折旧时，用于将资产购置日期从字符串转换为 Datetime 对象的函数是（　　）。
   A. 'pd.to_datetime()' B. 'datetime.strptime()'
   C. 'np.datetime64()' D. 'datetime.now()'

7. 计算资产已经折旧的月份数时，通常使用 Python 中（　　）操作来计算 'end_date' 和资产的 'start_date' 之间的差异。
   A. '(end_date−start_date).days // 30'
   B. '(end_date−start_date).months'
   C. '(end_date.year−start_date.year) * 12+(end_date.month − start_date.month)'
   D. 'round((end_date−start_date).total_seconds()/(60 * 60 * 24 * 30))'

8. 在 Python 中，确保折旧计算结果不低于零的方法是（　　）。
   A. 使用 'min()' 函数 B. 使用 'max()' 函数，并将 0 作为参数之一
   C. 应用 if-else 语句 D. 使用 'abs()' 函数

9. 使用 Pandas 方法对包含固定资产数据的 DataFrame 应用自定义折旧计算函数时，通常使用（　　）来对所有行执行操作。
   A. '.map()' B. '.apply()'
   C. '.transform()' D. '.aggregate()'

10. 对于标记为"报废"或"在建工程"的固定资产，若剩余折旧期为0个月，当月的折旧费用的计算方法是（　　）
    A. 通过将资产原价除以预计使用寿命
    B. 作为资产原价与残值之间的差额

C. 作为总成本减去任何累计折旧和减值损失
D. 上述均不是

二、多选题

1. 计算固定资产的折旧需要考虑在内的因素有（　　）。
   A. 资产的原值　　　　　　　　B. 预计使用年限
   C. 残值　　　　　　　　　　　D. 折旧方法
2. 固定资产折旧的计算方法中，常见的有（　　）。
   A. 直线法　　　　　　　　　　B. 双倍余额递减法
   C. 年数总和法　　　　　　　　D. 生产单位法
3. 直线法折旧的特点包括（　　）。
   A. 折旧额每年相同　　　　　　B. 折旧率固定
   C. 资产的残值被考虑在内　　　D. 折旧速度加快
4. 在双倍余额递减法中，关于资产折旧说法正确的有（　　）。
   A. 折旧额逐年递减　　　　　　B. 初始年份折旧额较高
   C. 适用于技术更新快的资产　　D. 折旧速度较直线法慢
5. 固定资产残值是指（　　）。
   A. 资产使用寿命结束时的预计销售价值　B. 资产购置时的成本
   C. 资产使用过程中的维护费用　D. 资产的折旧总额
6. 年数总和法计算折旧时，需要的信息有（　　）。
   A. 资产的原值　　　　　　　　B. 资产的残值
   C. 资产的预计使用年限　　　　D. 资产的实际使用量
7. 在资产负债表上，固定资产折旧累计的显示位置在（　　）。
   A. 资产部分　　　　　　　　　B. 负债部分
   C. 所有者权益部分　　　　　　D. 资产减项
8. 下列情况下，可能需要对固定资产进行减值测试的有（　　）。
   A. 资产的市场价值下降　　　　B. 资产的使用期限缩短
   C. 资产无法产生预期的经济利益　D. 折旧方法改变
9. 固定资产的折旧处理在利润表中的体现方式有（　　）。
   A. 作为收入　　　　　　　　　B. 作为经营成本
   C. 作为财务费用　　　　　　　D. 作为折旧和摊销费用
10. 固定资产折旧对企业的财务管理的影响包括（　　）。
    A. 影响现金流量　　　　　　　B. 影响利润分配
    C. 影响资产负债结构　　　　　D. 影响投资决策

三、判断题

1. 固定资产折旧反映的是固定资产的价值随时间的增加的减少。（ ）
2. 在 Python 中，使用 Pandas 库处理固定资产折旧数据时，不能处理涉及时间的数据。
（ ）
3. 双倍余额递减法的折旧方法适用于技术更新速度快的固定资产。（ ）
4. 计算剩余折旧月数时，需要将资产的预计使用年限转换为天数进行计算。（ ）
5. 固定资产的账面价值可以为负数。（ ）

四、不定项选择题

1. 固定资产折旧计算时考虑的因素包括（　　）。
   A. 资产的原值　　　　　　　　B. 预计使用年限
   C. 残值　　　　　　　　　　　D. 资产的使用状态
2. 在 Python 中处理固定资产折旧相关计算时，可能需要使用的模块有（　　）。
   A. Pandas　　　　　　　　　　B. Datetime
   C. Numpy　　　　　　　　　　D. Matplotlib
3. 固定资产折旧的常用计算方法有（　　）。
   A. 直线法　　　　　　　　　　B. 双倍余额递减法
   C. 年数总和法　　　　　　　　D. 现金法
4. 固定资产的账面价值计算公式为（　　）。
   A. 固定资产的账面价值＝原值－累计折旧
   B. 固定资产的账面价值＝原值－累计折旧－减值准备
   C. 固定资产的账面价值＝原值－累计折旧－减值准备－转出金额
   D. 固定资产的账面价值＝原值－减值准备
5. 固定资产折旧对企业的影响有（　　）。
   A. 影响财务报表的准确性　　　B. 影响利润分配
   C. 影响资产负债结构　　　　　D. 影响企业的税务负担

拓展阅读

诚信是金融强国建设的基石

项目九

使用 Python 计算货币时间价值

◇ 知识目标

1. 理解货币时间价值的基本概念,包括未来价值、现值以及复利的原理。
2. 学习使用 Python 进行财务计算的模块,如 Numpy 和 Pandas,以及如何用这些模块读取和处理财务数据。
3. 掌握在 Python 中进行时间格式转换和计算时间间隔的方法,了解其在财务分析中的应用。
4. 理解复利系数的计算方法,以及如何计算时间价值,包括现值和未来价值的计算。

◇ 能力目标

1. 能够熟练使用 Python 读取财务数据,进行必要的数据预处理,包括时间格式的转换和间隔天数的计算。
2. 运用 Python 计算复利系数,以及根据复利原理计算投资的未来价值和现值。
3. 利用 Python 创建和使用自定义函数,以简化和自动化财务计算过程。
4. 熟练应用函数参数传递,优化投资时点和计算方案,提高财务分析的灵活性和准确性。

◇ 素养目标

1. 通过学习货币时间价值的计算,提升学生对财务理论和投资分析的理解。
2. 发展学生使用编程技能解决财务问题的能力,提高在财务规划和分析方面的工作效率。
3. 增强学生的逻辑思维和问题解决能力,学会通过编程方法优化财务计算和投资决策。

任务一 环境搭建及数据准备

一、货币时间价值环境搭建

1. 货币时间价值的概念

货币时间价值(time value of money,TVM)是财务管理中的一个核心概念,它表明了由于时间的推移,货币拥有增值的能力。简而言之,货币时间价值认为"一元钱今天拥有的价值,高于未来某一天拥有的同一元钱的价值"。这一概念是现代金融理论的基石之一,对于理解和计算投资回报、贷款成本、退休金需求等具有重要意义。

2. 引入模块

在 Python 中处理货币时间价值的计算时,Pandas 和 Datetime 是两个非常重要的模块。Pandas 提供了强大的数据结构和数据分析工具,而 Datetime 模块则允许我们处理时间和日期信息。通过组合使用这两个模块,我们可以轻松地处理涉及时间序列的财务数据。

引入模块

示范代码:

```
1. # 引入 pandas 模块
2. import pandas as pd
3. # 引入 datetime 模块
4. import datetime as dt
5.
```

通过引入这两个模块,我们为处理货币时间价值问题的数据分析和计算打下了基础。

3. 货币时间价值的基本理论

货币时间价值基于一个基本假设:在合理的投资机会下,资金可以产生正回报。因此,拥有资金的时间越长,其增值的潜力就越大。这一理论背后的数学原理主要涉及复利计算——即利息不仅可以在本金上产生,还可以在之前赚取的利息上再次产生利息。

货币时间价值的两个基本公式包括:

未来价值(FV)计算公式:

$$FV = PV /times (1+r)^n$$

其中 PV 是现值,r 是每期利率,n 是期数。

现值(PV)计算公式:

$$PV = /frac\{FV\}\{(1+r)^n\}$$

用于确定未来某一金额在当前具有的价值。

这些公式不仅适用于金融领域的专业人士进行复杂的财务分析,也适用于个人理财,如计算贷款成本、评估投资项目、规划退休金等。

【例题 9-1】 在 Python 中处理时间序列财务数据时,需要引入(   )模块。

A. Numpy 和 Matplotlib

B. Pandas 和 Datetime

C. Scipy 和 Seaborn

D. Math 和 Calendar

二、定义变量并赋值

在进行货币时间价值的计算时,定义并赋值变量是开始分析工作的第一步。这些变量通常包括投资回报率、投资期限、现值、未来价值和其他相关参数。下面将通过具体示范代码,介绍如何在 Python 中定义这些基础变量并为它们赋值,为进行货币时间价值计算打下基础。

1. 定义投资回报率变量

投资回报率是影响货币时间价值计算的一个关键因素。它代表了投资在一定时期内的收益率。在 Python 中,我们可以直接定义一个变量来表示这个年化投资回报率,并为其赋予具体的值。

示范代码:

```
1. # 根据已知的投资回报率,定义变量并赋值
2. rate_annual = 0.08
3.
```

这里,rate_annual 变量被赋值为 0.08,意味着年化投资回报率为 8%。这个变量将在后续的时间价值计算中被使用。

2. 定义目标时点变量

在进行货币时间价值分析时,我们经常需要设定一个目标时点,以计算到达该时点时的投资价值。这可以是未来的某个日期,也可以是从现在开始计算的一段时间。

示范代码:

```
1. # 根据已知的目标时点,定义变量并赋值
2. target_time = '2022-1-1'
3.
```

在这个例子中,target_time 变量被赋值为 '2022-1-1',表示目标时点为 2022 年 1 月 1 日。这个日期可以根据具体需求进行调整。

3. 变量在货币时间价值计算中的应用

定义并赋值变量后,我们可以利用这些变量进行具体的货币时间价值计算。例如,使用年化投资回报率和目标时点,我们可以计算出在这段时间内投资的复合增长情况。

【例题 9-2】 如果要设定一个年化投资回报率为 8%,在 Python 中正确定义该变量的代码是( )。

A. rate_annual = 8　　　　　　　　B. annual_rate = '0.08'
C. rate_annual = 0.08　　　　　　　D. annual_rate = 8%

【例题 9-3】 如果目标时点设定为 2022 年 1 月 1 日,在 Python 中正确定义该时间点的方式是( )。

A. target_time = '1/1/2022'　　B. target_date = '2022-1-1'
C. target_time = '2022-1-1'　　D. time_target = dt.date(2022, 1, 1)

三、导入数据

在进行货币时间价值的分析时,准确导入和处理投资数据是必要的第一步。这不仅涉及数据的导入,还包括将数据转换为便于分析的格式。下面将通过具体的示范代码,展示如何将投资情况数据导入 Python,并转换为 Pandas 库中的 DataFrame 数据结构,以便进行后续的时间价值计算。

导入数据

1. 定义变量并赋值

在实际的财务分析中,投资情况通常包括投资的时间点和相应的投资金额。将这些数据准确地定义在 Python 中是处理货币时间价值问题的基础。

示范代码:

```
1. # 根据已知投资情况数据,定义变量并赋值
2. investment = [['2021-1-1', 20000], ['2021-5-1', 50000], ['2021-8-12', 30000]]
3.
```

通过上述代码,我们定义了一个名为 investment 的变量,该变量包含了三次不同时间点的投资情况,每次投资包括投资的时间点和投资金额。

2. 转换为 DataFrame 数据结构

为了便于分析,需要将投资数据转换为 DataFrame 数据结构。DataFrame 是 Pandas 库提供的一种强大的二维数据结构,非常适合处理财务时间序列数据。

```
1. # 转换为 DataFrame 数据结构
2. data = pd.DataFrame(investment, columns =['投资时点', '投资金额'])
3.
```

通过这段代码,我们将投资数据转换为了 DataFrame 格式,并指定了两列的列名为"投资时点"和"投资金额"。

3. 查看转换后数据

在数据转换完成后,查看转换后的数据是一个好习惯。这可以帮助我们确认数据是否正确转换,以及是否准备好进行后续的分析。

```
1. # 查看转换后数据
2. print(data)
3.
```

通过预览数据,我们可以看到每次投资的时间点和金额,为进一步的时间价值计算奠定了基础。

【例题9-4】 如果有一个投资情况列表[['2021-1-1', 20000], ['2021-5-1', 50000], ['2021-8-12', 30000]],要将其转换为DataFrame并命名列为"投资时点"和"投资金额",正确的Pandas代码是(　　)。

A. pd.DataFrame(investment, columns=['日期', '金额'])

B. investment = pd.DataFrame([['2021-1-1', '20000'], ['2021-5-1', '50000'], ['2021-8-12', '30000']])

C. data = pd.DataFrame(investment, columns=['投资时点', '投资金额'])

D. data = pd.List(investment, names=['投资时点', '投资金额'])

四、转换时间格式

转换时间格式

在处理货币时间价值问题时,准确处理和转换时间数据是至关重要的。时间数据的格式会直接影响到后续计算的准确性和高效性。下面将通过具体的示范代码,介绍如何将字符串格式的时间数据转换为datetime格式,这是进行时间价值计算的重要步骤。

1. 转换投资时点的时间格式

投资数据中的"投资时点"通常以字符串格式存储,例如"2021-1-1"。为了便于进行日期计算,我们需要将这些字符串格式的时间转换为datetime格式。

示范代码:

```
1. # 将字符串格式的投资时点转换为datetime格式
2. data['投资时点'] = pd.to_datetime(data['投资时点'])
3.
```

通过使用Pandas库的to_datetime函数,我们可以轻松地将字符串格式的日期转换为Datetime格式,从而为后续的日期计算打下基础。

2. 转换目标时点的时间格式

同样地,目标时点也需要从字符串格式转换为Datetime格式。目标时点是指我们想要评估投资价值的具体日期,通常用于计算未来价值或现值。

```
1. # 将字符串格式的目标时点转换为datetime格式
2. target = dt.datetime.strptime(target_time, '%Y-%m-%d')
3.
```

这里我们使用了Datetime模块的strptime函数,它允许我们指定字符串的日期格式(如'%Y-%m-%d'),并将其转换为datetime对象。

3. 查看数据类型

转换格式后,查看数据类型是确认转换成功的重要步骤。

```
1. # 查看数据类型
2. print(data.dtypes)
```

```
3. print(type(target))
4.
```

通过这些代码,我们可以确认"投资时点"列已成功转换为 Datetime64 类型,目标时点变量 target 的类型为 datetime.datetime。

【例题 9-5】 若要将 DataFrame 中名为"投资时点"的列中的字符串日期转换为 Datetime 格式,正确的 Pandas 代码是(　　)。

A. data['投资时点'].convert_to('datetime')

B. data['投资时点'] = pd.to_datetime(data['投资时点'])

C. data['投资时点'] = data['投资时点'].to_date()

D. data['投资时点'].apply(dt.datetime.strptime, args=('%Y-%m-%d',))

【例题 9-6】 给定目标时点 target_time = '2022-1-1',若要将其转换为 Datetime 对象,正确使用 Datetime 模块的代码是(　　)。

A. target = pd.to_datetime(target_time)

B. target = dt.datetime(target_time)

C. target = dt.datetime.strptime(target_time, '%Y-%m-%d')

D. target = dt.to_date(target_time, format='%Y-%m-%d')

任务二　计算时间价值

一、计算间隔天数

在分析货币时间价值时,计算目标时点与投资时点之间的间隔天数是一项关键的步骤。这个间隔天数不仅直接关系到未来价值和现值的计算,还能帮助我们更准确地评估投资的时间效益。下面通过具体的示范代码,展示如何利用 Python 中的 Pandas 和 Datetime 模块来计算这些关键的间隔天数。

计算间隔天数

1. 计算间隔天数

为了计算目标时点与每个投资时点之间的间隔天数,我们需要先确保所有涉及的时间数据都是 datetime 格式。随后,我们可以简单地通过减法运算来计算两个日期之间的天数差。

示范代码:

```
1. # 计算目标时点与投资时点的间隔天数
2. data['间隔天数'] = (target - data['投资时点']).dt.days
3.
```

在这段代码中,target 是我们之前已经转换为 Datetime 格式的目标时点,而 data['投资时点']也应已经是 Datetime 格式。通过对这两个日期进行减法运算,并利用.dt.days 属性,我们可以得到两个日期之间的间隔天数,并将这个结果存储在新的列"间隔天数"中。

2. 查看数据

在完成间隔天数的计算后,查看计算结果是非常重要的。这不仅可以帮助我们验证计算的正确性,还可以直观地了解每笔投资距离目标时点的时间距离。

```
1. # 查看数据
2. print(data)
3.
```

通过这段代码,我们可以查看包含"间隔天数"的完整数据框架,每行数据现在都会显示从投资时点到目标时点的具体天数。

【例题 9-7】 如果你有一个日期列 data['投资时点']已经转换为 Datetime 格式,目标日期 target 也是 datetime 对象,计算这两个日期之间的间隔天数并存储在新列'间隔天数'中的方式为(   )。

A. data['间隔天数'] = (data['投资时点']－target).days
B. data['间隔天数'] = (target－data['投资时点']).dt.days
C. data['间隔天数'] = (data['投资时点']/target).dt.days
D. data['间隔天数'] = (data['投资时点']－target).dt.years

二、计算复利系数

计算复利系数

复利系数是理解和计算货币时间价值的核心概念之一。它不仅体现了利息的累积效应,还是未来价值(FV)和现值(PV)计算的基础。下面将通过具体的示范代码,介绍如何根据年投资回报率和间隔天数来计算复利系数,进而用于货币时间价值的分析和计算。

1. 转换年投资回报率为日利率

考虑到投资回报率通常以年化率的形式给出,而我们的计算需要基于日利率进行,首先需要将年化投资回报率转换为日利率。

示范代码:

```
1. # 将年投资回报率转换为日利率
2. rate_daily = (1+rate_annual) ** (1/365)-1
3.
```

这里,rate_annual 是给定的年化投资回报率,通过将其转换为等效的日利率 rate_daily,我们可以适用于日常的复利计算。

2. 计算复利系数

复利系数反映了投资在特定时间间隔内的增长情况。根据日利率和投资的时间间隔

(间隔天数),我们可以计算出复利系数。

```
1. # 根据日利率和间隔天数计算复利系数
2. data['系数'] = (1+rate_daily) ** data['间隔天数']
3.
```

在这段代码中,data['间隔天数']表示目标时点与每笔投资时点之间的时间间隔天数,而 data['系数']则存储了每笔投资对应的复利系数。

3. 查看数据

完成复利系数的计算后,查看包含这一新信息的数据框架是有益的。

```
1. # 查看数据
2. print(data)
3.
```

通过查看数据,我们可以直观地看到每笔投资在目标时点的复利增长系数,这对于评估投资的增值潜力至关重要。

【例题 9-8】 已知年投资回报率 rate_annual 为 0.08,正确计算日利率 rate_daily 的方式为( )。

A. rate_daily = rate_annual/365

B. rate_daily = (1+rate_annual)/365

C. rate_daily = (1+rate_annual) ** (1/365)-1

D. rate_daily = rate_annual ** (1/365)

【例题 9-9】 如果已知日利率 rate_daily 和数据框架 data 中的间隔天数,计算复利系数并存储在新列'系数'中的方式为( )。

A. data['系数'] = rate_daily * data['间隔天数']

B. data['系数'] = (1 + rate_daily) * data['间隔天数']

C. data['系数'] = (1 + rate_daily) ** data['间隔天数']

D. data['系数'] = (rate_daily) ** data['间隔天数']

三、计算时间价值

在财务分析中,计算投资的时间价值是评估其真实价值的关键步骤。时间价值的概念基于一个重要的前提——一定量的货币在今天拥有的价值,不同于它在未来的某一天的价值。这是因为货币可以投资产生利息,因此,货币的价值随时间而增加。下面通过具体的示范代码,展示如何利用之前计算的复利系数来计算特定投资的时间价值。

计算时间价值

1. 计算投资的时间价值

计算时间价值的基本方法是将投资金额乘以相应的复利系数。这样,我们可以得到考虑了时间价值后的投资金额,反映了投资在未来某一时点的价值。

示范代码：

```
1. # 计算飞鱼公司该项投资的时间价值
2. data['投资金额_时间价值'] = data['投资金额'] * data['系数']
3.
```

在这段代码中，data['投资金额']代表原始的投资金额，而data['系数']是我们之前计算得到的复利系数。通过将投资金额与复利系数相乘，我们得到了考虑了时间价值的投资金额，存储在新列'投资金额_时间价值'中。

2. 查看数据

完成时间价值的计算后，查看包含这一新信息的数据框架是有益的。

```
1. # 查看数据
2. print(data)
3.
```

通过查看数据，我们可以直观地了解每笔投资在考虑了时间价值后的实际价值，这对于评估和比较不同投资项目的价值非常重要。

【例题 9-10】 如果一个投资项目在'2021-1-1'投资了 20 000 元，日利率为 0.000 22，投资至'2022-1-1'时的复利系数是（　　）。

A. 1.000 22 ** 365

B. 1.000 22 * 365

C. （1＋0.000 22）** 365

D. 20 000 * (1＋0.00022) ** 365

【例题 9-11】 计算时间价值的过程中，如果已知日利率和间隔天数，投资金额的时间价值的计算公式为（　　）。

A. 投资金额的时间价值＝初始投资金额×日利率

B. 投资金额的时间价值＝初始投资金额×间隔天数

C. 投资金额的时间价值＝初始投资金额×复利系数

D. 投资金额的时间价值＝初始投资金额＋日利率

任务三　计算投资金额

自定义函数

一、自定义函数

在财务分析和个人理财中，理解和计算货币的时间价值对于评估投资项目的真实价值和进行有效的资金管理至关重要。为了简化这一计算过程，我们可以通过创建自定义函数来自动化这个任务。本讲将介绍如何定义一个函数,该函数能够接受投资回报率、目标时点和投资情况作为输入参数,并返回每笔投资考虑时间价值后的金额以及所有投资的总时间价值。

1. 创建自定义函数 TVM

TVM(time value of money)函数的目的是计算考虑时间价值后的投资金额。它通过将年投资回报率转换为日利率,并利用复利公式计算投资在目标时点的时间价值。

示范代码:

```
1.  def TVM(rate_annual, target_time, investment):
2.      # 将年投资回报率转换为日利率
3.      rate_daily = (1 +rate_annual) ** (1/365) -1
4.      # 转换投资情况为 DataFrame 数据结构
5.      data = pd.DataFrame(investment, columns =['投资时点', '投资金额'])
6.      # 将投资时点转换为 datetime 格式
7.      data['投资时点'] = pd.to_datetime(data['投资时点'])
8.      # 计算目标时点
9.      target = dt.datetime.strptime(target_time, '%Y-%m-%d')
10.     # 计算间隔天数
11.     data['间隔天数'] = (target -data['投资时点']).dt.days
12.     # 根据日利率和间隔天数计算复利系数
13.     data['系数'] = (1 + rate_daily) **data['间隔天数']
14.     # 计算时间价值
15.     data['投资金额_时间价值'] = data['投资金额'] *data['系数']
16.     # 返回投资时间价值数据及合计
17.     return data, data['投资金额_时间价值'].sum()
18.
```

2. 函数使用示例

该函数可以被用于计算一系列投资在未来某一时点的时间价值。例如,如果一个投资者想要知道他们在不同时间点进行的几笔投资在未来某一日期的总价值,他们可以直接调用 TVM 函数并传入相应的参数。

【例题 9-12】 使用 TVM 函数计算时间价值时,需要传入参数是( )。

A. 投资回报率、投资时点、投资金额

B. 年投资回报率、目标时点、投资情况列表

C. 年投资回报率、日利率、投资金额

D. 目标时点、投资金额、复利系数

【例题 9-13】 在 TVM 函数中,将年投资回报率转换为日利率的方式为( )。

A. (1+rate_annual)/365　　　　B. (1+rate_annual) ** (1/365)−1

C. rate_annual/365　　　　　　D. rate_annual ** (1/365)

二、传入参数

在进行货币时间价值分析时,能够准确计算投资终值是评估投资项目成功与否的关键。

传入参数

投资终值即考虑了时间价值后的未来价值,它反映了投资在经过一段时间后的增值情况。下面将通过具体的示范代码,介绍如何使用之前创建的 TVM 函数,通过传入具体的参数来计算一个项目的投资终值。

1. 传入参数计算投资终值

为了计算特定投资项目的时间价值,我们需要将项目的具体投资情况作为参数传入到 TVM 函数中。这包括年投资回报率、目标时点以及具体的投资情况。

示范代码:

```
1. # 将飞鱼公司芯片项目的投资情况传入 TVM 参数,计算飞鱼公司该项目投资的时间价值
2. data1, sum1 = TVM(0.08, '2022-1-1', [['2021-1-1', 20000], ['2021-5-1', 50000], ['2021-8-12', 30000]])
3.
```

在这段代码中,我们将年投资回报率设为 8%(0.08),目标时点设为'2022-1-1',并传入了三笔不同时间点的投资情况。通过调用 TVM 函数,我们可以得到每笔投资考虑时间价值后的金额,以及所有投资的合计时间价值。

2. 查看数据和投资时间价值的合计数

在完成时间价值的计算后,查看具体的投资情况及其时间价值,以及投资时间价值的合计数是非常有用的。

```
1. # 查看数据
2. print(data1)
3. # 返回投资时间价值的合计数
4. print(sum1)
5.
```

通过这段代码,我们可以查看每笔投资在目标时点的时间价值,以及所有投资加总后的时间价值。这为评估整个投资项目提供了重要的信息。

【例题 9-14】 如果要计算飞鱼公司在不同时间点进行的几笔投资在'2022-1-1'的总时间价值,年投资回报率为 8%,正确的 TVM 函数调用方式是(   )。

A. TVM(0.08, '2022-1-1', 20000, 50000, 30000)
B. TVM(0.08, '2022-1-1', [[' 2021-1-1', 20000], [' 2021-5-1', 50000], [' 2021-8-12', 30000]])
C. TVM(' 2022-1-1', 0.08, [20000, 50000, 30000])
D. TVM(0.08, '2022-1-1', [' 2021-1-1', 20000], [' 2021-5-1', 50000], [' 2021-8-12', 30000])

三、更改投资时点

更改投资时点

在财务分析中,投资的现值(present value, PV)是一项重要的指标,它表示在考虑特定

回报率下,未来收益在当前具有的价值。计算投资现值的过程中,目标时点的选择至关重要,因为它直接影响到计算的结果。下面将通过具体的示范代码,展示如何通过更改目标时点来计算投资的现值。

1. 更改目标时点计算投资现值

投资现值的计算依赖于将未来的投资回报折现到当前时点的过程。通过更改目标时点,我们可以计算出在不同时间点对同一笔投资的现值评估。

示范代码:

```
1. # 将目标时点改为 2021-01-01,再次运行 TVM 函数
2. data2, sum2 = TVM(0.08, '2021-1-1', Time_money)
3.
```

在这段代码中,我们将目标时点设置为"2021-1-1",此时目标时点位于投资时间之前,我们可以通过 TVM 函数计算得到投资在这一新目标时点的现值及其合计。

2. 查看数据和投资现值的合计数

在完成现值的计算后,查看具体的投资情况及其现值,以及投资现值的合计数是非常有用的。

```
1. # 查看数据
2. print(data2)
3. # 返回投资时间价值的合计数
4. print(sum2)
5.
```

通过查看数据,我们可以直观地了解每笔投资在新目标时点的现值,以及所有投资加总后的现值。这为评估整个投资项目在不同时间点的价值提供了重要的信息。

【例题 9-15】 若要将目标时点设为'2021-1-1'并计算飞鱼公司芯片项目的投资现值,正确的 TVM 函数调用方式是( )。

A. TVM(0.08,'2021-1-1',Time_money)

B. TVM(0.08,'2021-1-1',[['2021-1-1',20000]])

C. TVM('2021-1-1',0.08,[20000,50000,30000])

D. TVM(0.08,'2021-1-1',['2021-1-1',20000],['2021-5-1',50000],['2021-8-12',30000])

练习

一、单选题

1. 货币时间价值的概念表明( )。

A. 一笔钱在不同时间的价值是相同的   B. 一笔钱在未来的价值大于现在

C. 一笔钱现在的价值大于未来   D. 所有的钱都是等值的

2. 年利率为 8% 时,日利率的计算方法是(　　)。
   A. 年利率除以 365   B. (1+年利率)^(1/365)−1
   C. 年利率乘以 365   D. 年利率加上 1 后除以 365

3. 在 Python 中,(　　)模块用于处理日期和时间。
   A. Pandas   B. Numpy
   C. Datetime   D. Time

4. 若要将字符串格式的日期转换为 datetime 格式,应使用(　　)。
   A. .to_datetime()方法   B. .strptime()方法
   C. .strftime()方法   D. .convert_dates()方法

5. (　　)不是计算时间价值时考虑的因素。
   A. 投资金额   B. 投资回报率
   C. 投资期限   D. 投资人的年龄

6. 复利计算公式不包括(　　)。
   A. 本金   B. 利率
   C. 投资期限   D. 投资地点

7. 如果想计算从今天起一年后,某笔投资的未来价值,需要用到(　　)。
   A. 本金和年利率   B. 本金和日利率
   C. 年利率和投资期限   D. 所有选项

8. 自定义函数在 Python 中通常用(　　)定义。
   A. def   B. function
   C. declare   D. method

9. 在金融分析中,通常假设一年有(　　)天来计算日利率。
   A. 360   B. 365
   C. 366   D. 364

10. 时间价值的计算通常用于评估(　　)。
    A. 只有长期投资   B. 只有短期投资
    C. 所有类型的投资   D. 不涉及金钱的投资

二、多选题

1. 货币时间价值表明,(　　)会影响一笔资金的未来价值。
   A. 投资金额   B. 投资回报率
   C. 投资时间长度   D. 投资人的风险偏好

2. 在进行货币时间价值计算时,需要使用(　　)模块。
   A. Pandas   B. Datetime

C. Numpy   D. Matplotlib
3. (　　)可以用于将字符串格式的日期转换为 Python 中的 datetime 对象。
   A. pd.to_datetime()   B. datetime.strptime()
   C. datetime.strftime()   D. np.datetime64()
4. 下列选项中,正确描述了复利计算的特点的有(　　)。
   A. 利息产生的利息也会产生利息   B. 只计算本金产生的利息
   C. 随时间的增长,资金增长速度加快   D. 适用于长期投资计算
5. 在金融分析中,日利率的计算通常假设一年有(　　)天。
   A. 360   B. 365
   C. 366   D. 无固定假设
6. 自定义函数在 Python 中定义时可以包含(　　)。
   A. 函数名   B. 参数
   C. 返回值   D. 文档字符串
7. 时间价值的计算适用于评估(　　)的投资。
   A. 股票   B. 债券
   C. 房地产   D. 教育投
8. 在 Python 中处理时间序列数据时,常见的操作有(　　)。
   A. 数据格式转换   B. 计算时间间隔
   C. 生成时间序列的汇总统计 D. 绘制时间序列图
9. 计算货币时间价值时,必要的步骤有(　　)。
   A. 确定未来价值的公式   B. 确定复利计算的频率
   C. 选择合适的利率   D. 计算时间间隔
10. 在进行财务决策时,考虑货币时间价值的原因包括(　　)。
    A. 确定投资的合理性   B. 评估不同投资方案的优劣
    C. 理解资金随时间变化的价值 D. 计算贷款的成本和收益

三、判断题

1. 货币时间价值认为一元钱今天的价值高于未来某天的价值。　(　　)
2. 在 Python 中处理货币时间价值问题时,仅需使用 Pandas 模块。　(　　)
3. 货币时间价值的基本理论假设在合理的投资机会下,资金不能产生正回报。(　　)
4. 现值计算用于确定未来某一金额在当前具有的价值。　(　　)
5. 引入 datetime 模块是为了处理货币数量的时间价值分析。　(　　)
6. 年化投资回报率是影响货币时间价值计算的一个关键因素。　(　　)
7. 目标时点通常指的是从现在开始计算的一段时间之后。　(　　)
8. 将投资情况数据转换为 DataFrame 数据结构是为了便于数据分析。(　　)

9. 在转换时间格式时,目标时点的格式转换不需要使用 datetime 模块。　　（　　）
10. 计算间隔天数是为了评估投资的时间效益。　　（　　）

以工匠精神为中国式现代化强基赋能

项目十 使用 Python 进行本量利分析

知识目标

1. 理解货币时间价值的基本概念,包括未来价值、现值以及复利的原理。
2. 学习使用 Python 进行财务计算的模块,如 Numpy 和 Pandas,以及如何使用这些模块读取和处理财务数据。
3. 掌握在 Python 中进行时间格式转换和计算时间间隔的方法,了解其在财务分析中的应用。
4. 理解复利系数的计算方法,以及如何计算时间价值,包括现值和未来价值的计算。

能力目标

1. 能够熟练使用 Python 读取财务数据,进行必要的数据预处理,包括时间格式的转换和间隔天数的计算。
2. 运用 Python 计算复利系数,以及根据复利原理计算投资的未来价值和现值。
3. 利用 Python 创建和使用自定义函数,以简化和自动化财务计算过程。
4. 熟练应用函数参数传递,优化投资时点和计算方案,提高财务分析的灵活性和准确性。

素养目标

1. 通过学习货币时间价值的计算,提升学生对财务理论和投资分析的理解。
2. 发展学生使用编程技能解决财务问题的能力,提高在财务规划和分析方面的工作效率。
3. 增强学生逻辑思维和问题解决能力,通过编程方法优化财务计算和投资决策。

任务一 基础知识及函数定义

一、本量利分析的基础知识

1. 本量利分析的核心要素

本量利分析(cost-volume-profitAnalysis,CVP)是一种管理会计工具,旨在帮助管理者

本量利分析介绍

理解成本、销售量和利润之间的关系。这种分析对于做出关键的财务和运营决策至关重要。

本量利分析主要涉及以下几个核心要素：

（1）固定成本：这是企业在生产过程中所承担的，不随产量变化而变化的成本，如租金、薪资、保险等。这些成本在短期内相对固定，无论企业的生产活动水平如何，都需要支付。

（2）变动成本：与固定成本不同，变动成本是随着生产量的增加而增加，或随着生产量的减少而减少的成本。这些成本包括原材料费用、直接劳动成本等。

（3）总成本：总成本是固定成本和变动成本的总和。理解企业的总成本对于确定其盈亏平衡点至关重要。

（4）销售收入：销售收入是通过出售产品或服务而获得的收入。管理者需要了解不同的销售水平对企业盈利能力的影响。

（5）盈亏平衡点：盈亏平衡点是销售收入正好覆盖总成本（包括固定成本和变动成本）的点。在盈亏平衡点上，企业既不赚钱也不亏钱。

【例题10-1】 在本量利分析中，不随产量增减而变化的成本是（　　）。
A. 变动成本　　　　　　　　B. 总成本
C. 固定成本　　　　　　　　D. 直接成本

2．本量利分析的目的

本量利分析的主要目的是帮助企业理解销售量变化如何影响利润。通过这种分析，企业可以确定实现不同利润水平所需的销售量，以及在各种成本和价格水平下实现盈亏平衡所需的销售量。这对于制定价格策略、成本控制和财务规划至关重要。

3．盈亏平衡分析

盈亏平衡分析是本量利分析中的一个重要组成部分。它涉及计算达到盈亏平衡所需的销售量或收入水平。这不仅有助于企业确定在不同价格和成本条件下的财务健康状况，而且还可以用于评估潜在的业务风险和决策的财务影响。

4．边际贡献分析

在本量利分析中，边际贡献（contribution margin）是一个关键概念。边际贡献是指销售收入超过变动成本的部分，这一部分收入用于覆盖固定成本，之后的收入则构成利润。边际贡献可以表达为单个产品的边际贡献或总边际贡献。

单个产品的边际贡献：计算公式为单价减去单位变动成本。

总边际贡献：所有销售的总收入减去总变动成本。

通过分析边际贡献，企业可以确定哪些产品或服务为盈利贡献最大，并据此制定相应的生产和销售策略。

【例题10-2】 盈亏平衡点是（　　）。
A. 企业实现最大利润的点
B. 销售收入正好覆盖总成本的点

C. 企业开始产生亏损的点

D. 总成本等于固定成本的点

【例题 10-3】 边际贡献率的计算方式是（　　）。

A. 总收入除以总成本

B. 固定成本除以总收入

C.（销售价格－变动成本）除以销售价格

D. 总利润除以总收入

5. 变动成本和吸收成本

进行本量利分析时，我们需要理解变动成本计算（variable costing）和吸收成本计算（absorption costing）的区别。

变动成本计算：仅将变动成本计入产品成本，不包括固定制造成本。这种方法有助于准确分析产品的边际贡献和盈亏平衡点。

吸收成本计算：包括所有制造成本，无论它们是固定的还是可变的。这种方法符合一般公认会计原则（GAAP），用于外部财务报告。

不同的成本计算方法会影响盈亏平衡分析和利润计算，因此理解这些差异对于管理决策至关重要。

6. 敏感性分析

本量利分析不仅局限于静态的盈亏平衡计算，它还包括对销售价格、成本或销售量变化的敏感性分析。这种分析有助于企业理解市场变化或内部成本变动对盈利能力的影响。

例如，通过模拟不同的销售价格或成本结构，企业可以评估这些变化对盈亏平衡点和最终利润的影响，这种分析对于制定风险管理策略和长期财务规划非常重要。

二、自定义本量利函数

在本量利分析中，构建一个自定义的本量利函数是理解和应用这一分析工具的关键。本量利函数能够帮助我们计算关键的财务指标，如销售额、边际贡献、变动成本和利润等。这些指标对于理解企业在不同销售水平下的盈亏情况至关重要。

自定义本量利函数

1. 本量利函数的定义

本量利（CVP）函数是一个以单价、单位变动成本、销售量和固定成本为参数的函数。通过这个函数，我们可以计算出销售额、单位边际贡献、总边际贡献、变动成本和利润等关键财务指标。

2. 函数参数

（1）单价（p）：每个单位产品的销售价格。

（2）单位变动成本（uvc）：生产每个单位产品所需的变动成本。

（3）销售量（vol）：在特定时期内销售的产品数量。

（4）固定成本（fc）：不随生产量或销售量变化的成本，如租金和设备折旧。

3. 函数实现

以下是自定义本量利 CVP 函数的示范代码：

```
1. #(1)引入 pandas 模块
2. import pandas as pd
3. #(2)自定义本量利 CVP 函数,以单价 p、单位变动成本 uvc、销量 vol、固定成本 fc 为参数
4. def CVP(p,uvc,vol,fc):
5.   #(3)销售额 s＝单价×销售量
6.   s = p*vol
7.   #(4)单位边际贡献 umc＝单价-单位变动成本
8.   umc = p – uvc
9.   #(5)边际贡献 mc＝单位边际贡献×销售量
10.  mc = umc*vol
11.  #(6)变动成本 vc＝单位变动成本×销售量
12.  vc = uvc*vol
13.  #(7)利润 pro＝(单价-单位变动成本)×销售量-固定成本
14.  pro =(p-uvc)*vol-fc
15.  #(8)按列表返回单价,单位变动成本,单位边际贡献,销售量,销售额,变动成本,边际贡献,固定成本,营业利润
16.  return[p,uvc,umc,vol,s,vc,mc,fc,pro]
```

这个函数的每一步都有其特定的目的和意义：

(1) 计算销售额：企业在特定时期内通过销售产品或服务获得的总收入。

(2) 计算单位边际贡献：表示出售每个单位产品后，超过变动成本的收入部分。这是衡量产品盈利能力的关键指标。

(3) 计算边际贡献：在扣除变动成本后，用于覆盖固定成本并产生利润的总收入。

(4) 计算变动成本：与生产或销售相关的成本，随生产量或销售量而变化。

(5) 计算利润：企业在扣除所有成本后的净收益。

通过这个函数，我们可以快速计算出在不同价格、成本和销售量条件下的关键财务指标，从而为管理决策提供重要的数据支持。

【例题 10-4】 在自定义本量利函数中，单位边际贡献的计算公式为(　　)。

A. 单位边际贡献＝销售额－变动成本

B. 单位边际贡献＝销售额－固定成本

C. 单位边际贡献＝单价－变动成本

D. 单位边际贡献＝单价－固定成本

4. 函数的实际应用

利用自定义的本量利(CVP)函数，企业可以进行多种财务分析，从而优化其业务决策。以下是一些关键应用。

(1) 盈亏平衡分析：通过计算在不同销售量下的利润，企业可以确定达到盈亏平衡点所需的销售量。这是评估产品或服务定价策略和成本控制的有效方法。

(2) 利润目标分析：企业可以设置特定的利润目标，并使用本量利函数计算达到这一目

标所需的销售量或定价策略。

（3）敏感性分析：通过调整函数中的参数，如单价、变动成本或固定成本，企业可以分析这些变化对利润的影响，从而更好地理解市场变化或成本波动对业务的影响。

【例题 10-5】 考虑以下代码片段，它是对自定义本量利 CVP 函数的一个调用示例。如果企业想要计算其利润（pro），在给定的参数下，利润是（　　）。

```
1. def CVP(p,uvc,vol,fc):
2.     s = p*vol
3.     umc = p-uvc
4.     mc = umc*vol
5.     vc = uvc*vol
6.     pro =(p-uvc)*vol-fc
7.     return[p,uvc,umc,vol,s,vc,mc,fc,pro]
8. result = CVP(40,20,100,2000)
```

A. 2 000 元　　　　B. 0 元　　　　C. 4 000 元　　　　D. 1 000 元

【例题 10-6】 在进行盈亏平衡分析时，自定义本量利函数主要帮助企业确定（　　）。

A. 达到盈亏平衡点所需的固定成本

B. 达到盈亏平衡点所需的销售量

C. 达到盈亏平衡点所需的总资产

D. 达到盈亏平衡点所需的市场份额

三、调用本量利函数进行分析

在本量利分析的实际应用中，我们不仅需要定义一个有效的分析函数，还需要能够将其应用于实际数据并解释结果。

1. 准备数据

我们需要设定一些基本的财务参数，这些参数将作为我们本量利函数的输入。这包括单价、单位变动成本、销售量和固定成本。这些参数反映了企业的定价策略、成本结构和销售目标。

在示例中，我们设定如表 10-1 所示参数值。

调用本量利函数进行分析

表 10-1　本量利分析参数　　　　　　　　　　　　　　　　　金额单位：元

类别	数值	类别	数值
单价(p)	100	销售量(vol)(双)	3 000
单位变动成本(uvc)	50	固定成本(fc)	100 000

这些参数是进行本量利分析的基础，并将直接影响分析结果。

2. 调用本量利函数

接下来，我们调用之前定义的本量利函数 CVP，传入这些参数进行计算。函数将返回一系列关键财务指标,包括单价、单位边际贡献、销售额、变动成本、边际贡献、固定成本和营业利润等。

```
1. p = 100
2. uvc = 50
3. vol = 3000
4. fc = 100000
5. data = CVP(p,uvc,vol,fc)
```

这一步是将理论与实践相结合的关键环节,它可以帮助我们从财务角度全面了解业务运营的情况。

【例题 10-7】 在本量利分析中,若单价为 100 元,单位变动成本为 50 元,销售量为 3 000 双,固定成本为 100 000 元,计算得到的营业利润是(　　)元。

A. 50 000　　　　　B. 100 000　　　　　C. 150 000　　　　　D. 200 000

3. 数据呈现

为了更好地理解和分析这些计算结果,我们将它们以 DataFrame 的格式展示。DataFrame 是一种表格型的数据结构,非常适合于财务数据的展示和分析。我们将计算得到的数据放入 DataFrame 中,并设置相应的列名和索引名,以便清晰地展示每个财务指标的值。

```
1. dt = pd.DataFrame(data,columns =['实际数'],index =['单价','单位变动成本','单位边际
   贡献','销售量','销售额','变动成本','边际贡献','固定成本','营业利润'])
2. print(dt)
```

这种数据展示方式不仅便于理解和交流,还能作为决策支持的有效工具。

4. 解读财务数据

通过本量利函数计算得到的数据不仅要能够正确展示,更重要的是要进行准确的解读。例如,单位边际贡献反映了每销售一个单位产品后对盈利的贡献程度;而营业利润则显示了在考虑所有成本后企业的净盈利情况。

在本例中,通过 DataFrame 展示的数据可以帮助我们理解以下几点:

(1) 销售额与边际贡献:这两个指标可以显示产品的市场表现和盈利潜力。

(2) 变动成本与固定成本:这些成本指标帮助我们评估成本结构,并可用于识别可能的成本节约领域。

(3) 营业利润:这是评价整体业务表现的关键指标,反映了在当前定价和成本结构下的盈利能力。

【例题 10-8】 在本量利分析的实际应用中,使用 DataFrame 进行数据展示的主要目的是(　　)。

A. 提高计算速度　　　　　　　　　B. 减少数据存储空间
C. 清晰展示和分析财务数据　　　　D. 自动更新财务数据

5. 本部分完整代码

```
1. #(1)变量赋值单价100元、单位变动成本50元、销量3000元、固定成本100000元
2. p = 100
3. uvc = 50
4. vol = 3000
5. fc = 100000
6. #(2)调用本量利函数CVP进行计算
7. data = CVP(p,uvc,vol,fc)
8. #(3)以DataFrame格式输出计算结果,列名为"实际数",索引名为本量利参数对应中文名称
9. dt = pd.DataFrame(data,columns =['实际数'], index =['单价','单位变动成本','单位边际贡献','销售量','销售额','变动成本','边际贡献','固定成本','营业利润'])
10. #(4)查看数据
11. print(dt)
```

代码执行结果如表10-2所示。

表10-2 项目数量　　　　　　　　　　　　　　　　　　　　　单位:元

项目	实际数	项目	实际数
单价	100	变动成本	150 000
单位变动成本	50	边际贡献	150 000
单位边际贡献	50	固定成本	100 000
销售量	3 000	营业利润	50 000
销售额	300 000		

任务二　盈亏平衡及安全边际分析

一、盈亏平衡点分析

1. 盈亏平衡点的概念

盈亏平衡点(break-evenpoint,BEP)是企业总收入等于总成本(包括固定成本和变动成本)的情况。在这个点上,企业既不盈利也不亏损。理解盈亏平衡点对于制定价格策略、预测利润和管理成本非常重要。

盈亏平衡分析

【例题10-9】 盈亏平衡点的定义是(　　)。

A. 企业总收入小于总成本的点

B. 企业总收入等于总成本的点

C. 企业总收入大于总成本的点

D. 企业总成本等于固定成本的点

2. 计算盈亏平衡点

盈亏平衡点的计算可以通过以下公式实现：

$$盈亏平衡销售量 = 固定成本 / (单位销售价格 - 单位变动成本)$$

其中，固定成本是企业在生产过程中承担的、不随产量变化的成本，单价是每单位产品的销售价格，变动成本是随生产量变化的成本。

示范代码：

```
1. #(1)计算盈亏平衡点销量 BEP
2. BEP = fc/(p- uvc)
3. #(2)带入本量利函数 CVP 计算盈亏平衡点销售额、单位边际贡献、边际贡献、变动成本、利润
4. dt['盈亏平衡分析']= CVP(p,uvc,BEP,fc)
5. #(3)输出计算结果
6. print(dt)
```

代码执行结果如表 10-3 所示。

表 10-3 盈亏平衡分析参数表

项目	实际数	盈亏平衡分析
单价	100	100.0
单位变动成本	50	50.0
单位边际贡献	50	50.0
销售量	3 000	2 000.0
销售额	300 000	200 000.0
变动成本	150 000	100 000.0
边际贡献	150 000	100 000.0
固定成本	100 000	100 000.0
营业利润	50 000	0

【例题 10-10】 在计算盈亏平衡点时，下列公式中正确的是（　　）。

A. 盈亏平衡销售量＝固定成本/单位销售价格

B. 盈亏平衡销售量＝固定成本/单位变动成本

C. 盈亏平衡销售量＝固定成本/(单位销售价格－单位变动成本)

D. 盈亏平衡销售量＝(单位销售价格－单位变动成本)/固定成本

3. 盈亏平衡分析的重要性

（1）价格设定：了解盈亏平衡点能帮助企业更合理地设定产品价格，确保覆盖成本并实现利润目标。

（2）风险管理：企业可以利用盈亏平衡分析识别高风险的成本结构和销售目标，从而采

取有效的风险管理措施。

(3) 决策支持:这种分析为企业提供了一个量化的方法来评估不同业务方案的盈利能力,辅助管理层做出更明智的决策。

4. 盈亏平衡分析的实际应用

盈亏平衡分析不仅是理论上的工具,它也在实际商业决策中扮演着关键角色。例如,一个企业在推出新产品前,会使用盈亏平衡分析来估算必须达到的最低销售量,以确保不亏损。同样,这个分析也被用来评估价格变动、成本变化或市场需求波动对利润的影响。

【例题 10-11】 盈亏平衡点对于企业的重要意义是(　　)。

A. 仅用于会计审计

B. 只关注企业的营销策略

C. 帮助企业合理设定产品价格和管理风险

D. 仅用于评估员工绩效

【例题 10-12】 假设一家公司的固定成本为 80 000 元,单位销售价格为 100 元,单位变动成本为 60 元。使用 Python 编写的函数计算该公司的盈亏平衡销售量。该公司销售量是(　　)单位。

```
1. defcalculate_BEP(fc,p,uvc):
2. returnfc/(p-uvc)
3. #调用函数
4. BEP = calculate_BEP(80000,100,60)
```

A. 2 000　　　　B. 1 300　　　　C. 800　　　　D. 500

二、安全边际分析

1. 安全边际的概念

安全边际是指企业当前销售水平高于盈亏平衡点的程度。换句话说,它是指企业当前销售量减去达到盈亏平衡点所需的销售量。这个指标对于评估企业对市场波动的抵御能力非常重要。

安全边际分析

【例题 10-13】 安全边际的概念指的是(　　)。

A. 企业实际销售量与变动成本之差

B. 企业实际销售量与固定成本之差

C. 企业实际销售量与盈亏平衡销售量之差

D. 企业实际销售量与总成本之差

2. 计算安全边际

安全边际的计算公式为:

$$安全边际 = 实际销售量 - 盈亏平衡销售量$$

这个计算显示了企业销售量减少的空间,在不至于造成亏损的情况下,企业可以承受的最大销售量下降。

示范代码:

```
1. #(1)安全边际=现有实际销量-盈亏平衡点销量
2. dt['安全边际分析']= dt['实际数']-dt['盈亏平衡分析']
3. #(2)输出计算结果
4. print(dt)
```

代码执行结果如表10-4所示。

表10-4 安全边际分析表

项目	实际数	盈亏平衡分析	安全边际分析
单价	100	100.0	0
单位变动成本	50	50.0	0
单位边际贡献	50	50.0	0
销售量	3 000	2 000.0	1 000.0
销售额	300 000	200 000.0	100 000.0
变动成本	150 000	100 000.0	50 000.0
边际贡献	150 000	100 000.0	50 000.0
固定成本	100 000	100 000.0	0
营业利润	50 000	0	50 000.0

3. 安全边际分析的应用

(1)风险评估:通过计算安全边际,企业可以评估在销售下降或成本上升的情况下,能承受多大的经济压力而不至于亏损。

(2)策略规划:安全边际分析对于制定长期销售策略和预算计划非常重要,它可以帮助企业确定保守和激进策略的界限。

(3)价格决策:了解安全边际可以帮助企业在制定价格策略时考虑到市场波动的影响,从而做出更有信息支持的决策。

【例题10-14】 安全边际分析在企业管理中的主要应用是(　　)。

A. 预测企业未来的盈利能力

B. 评估企业在销售下降或成本上升情况下的经济压力承受能力

C. 计算企业的总资产价值

D. 确定企业员工的绩效奖励

4. 案例分析:应用安全边际分析

让我们考虑一个制造企业的例子。该企业的固定成本为100万元,单价为10元,变动成本为 6 元。通过计算,我们知道该企业的盈亏平衡销售量是 50 万单位。假设当前实际销量是 60 万单位,我们可以计算出安全边际。

$$安全边际＝60 万单位－50 万单位＝10 万单位$$

这意味着企业的销售量可以下降最多 10 万单位,而不会导致亏损。

【例题 10-15】 假设一家公司的固定成本为 500 000 元,单位销售价格为 200 元,单位变动成本为 150 元,实际销售量为 12 000 单位。使用 Python 编写的函数计算该公司的安全边际销售量。该安全边际销售量是(　　)单位。

```
1. defcalculate_BEP(fc,p,uvc):
2. returnfc/(p-uvc)
3. defcalculate_Safety_Margin(actual_sales,bep_sales):
4. returnactual_sales-bep_sales
5. #调用函数
6. BEP_sales = calculate_BEP(500000,200,150)
7. safety_margin = calculate_Safety_Margin(12000,BEP_sales)
```

A. 1 000　　　　　　　　　　　B. 2 000
C. 3 000　　　　　　　　　　　D. 4 000

【例题 10-16】 根据以下代码片段,如果一家企业的实际销售量是 8 000 单位,盈亏平衡销售量是 5 000 单位,那么该企业的安全边际是(　　)单位。

```
1. defcalculate_Safety_Margin(actual_sales,bep_sales):
2. returnactual_sales-bep_sales
3. #调用函数
4. safety_margin = calculate_Safety_Margin(8000,5000)
```

A. 3 000　　　　　　　　　　　B. 5 000
C. 8 000　　　　　　　　　　　D. 13 000

5. 策略调整:优化安全边际

(1) 成本控制:企业可以通过降低固定成本或变动成本来提高安全边际。

(2) 价格策略:调整销售价格可以影响盈亏平衡点和安全边际。提高价格可能会降低销量,但可以增加单位利润。

(3) 销售推广:增加销售量是提高安全边际的直接方法,企业可以通过营销和销售策略来实现这一目标。

【例题 10-17】 在下列情况中,提高安全边际的有效策略是(　　)。

A. 增加固定成本　　　　　　　B. 降低销售价格
C. 减少销售量　　　　　　　　D. 降低变动成本

任务三　目标预估

一、目标销量的概念

目标预估

目标销量是指为了达到预定的利润目标,企业需要实现的销售量。这不仅包括覆盖所有成本的销售量,还包括实现额外利润目标所需的销售量。

【例题 10-18】　目标销量的定义是(　　)。
A. 为了覆盖固定成本所需的最小销售量
B. 为了达到预定的利润目标所需的销售量
C. 实现市场最大占有率所需的销售量
D. 维持当前运营状态所需的销售量

二、计算目标销量

目标销量的计算可以通过以下公式实现:

$$目标销量 = (固定成本 + 目标利润) / (单位销售价格 - 单位变动成本)$$

这个公式帮助企业确定为了达到特定的利润目标,它们需要销售多少单位的产品或服务。

【例题 10-19】　企业为实现特定利润目标,其目标销量的计算公式是(　　)。
A. 目标销量＝固定成本/(单位销售价格－单位变动成本)
B. 目标销量＝(固定成本＋目标利润)/单位销售价格
C. 目标销量＝(固定成本＋目标利润)/(单位销售价格－单位变动成本)
D. 目标销量＝目标利润/(单位销售价格－单位变动成本)

三、目标预估在企业决策中的应用

(1) 战略规划:设定明确的财务目标对于企业的长期战略规划至关重要。通过目标预估,企业可以更好地理解为了实现这些目标需要做出哪些销售和成本上的调整。

(2) 价格策略:目标销量的计算可以帮助企业确定其产品或服务的最佳定价策略,以实现利润最大化。

(3) 资源分配:了解为了达到特定利润目标所需的销售量,可以帮助企业合理地分配其营销和生产资源。

【例题 10-20】　目标预估在企业中的主要作用是(　　)。
A. 提供精确的财务审计报告

B. 评估企业的市场份额
C. 制定长期战略规划和销售目标
D. 计算企业的资产负债率

四、实际案例分析：应用目标预估

假设一家制造业公司，其固定成本为 200 000 元，目标利润为 100 000 元，单价为 50 元，单位变动成本为 30 元。计算目标销量：

$$目标销量 = (200\,000 + 100\,000)/(50 - 30) = 15\,000$$

这意味着为了实现 100 000 元的利润，公司需要销售 15 000 单位的产品。

```
1. #使用示范代码计算目标销量
2. top =(100000+ 200000)/(50- 30)
3. dt['目标分析']= CVP(50,30,top,200000)
4. print(dt)
```

代码执行结果如表 10-5 所示。

表 10-5 目标产量表

项目	实际数	盈亏平衡分析	安全边际分析	目标分析
单价	100	100.0	0	100.0
单位变动成本	50	50.0	0	50.0
单位边际贡献	50	50.0	0	50.0
销售量	3 000	2 000.0	1 000.0	4 000.0
销售额	300 000	200 000.0	100 000.0	400 000.0
变动成本	150 000	100 000.0	50 000.0	200 000.0
边际贡献	150 000	100 000.0	50 000.0	200 000.0
固定成本	100 000	100 000.0	0	100 000.0
营业利润	50 000	0	50 000.0	100 000.0

【例题 10-21】 给定以下 Python 代码，它用于计算达到特定利润目标所需的目标销量。如果一家公司的固定成本为 300 000 元，目标利润为 200 000 元，单价为 100 元，单位变动成本为 70 元，那么该公司的目标销量是（　　）单位。

```
1. defcalculate_Target_Sales(fc,target_profit,p,uvc):
2.   return(fc+target_profit)/(p- uvc)
3. #调用函数
4. target_sales = calculate_Target_Sales(300000,200000,100,70)
```

A. 5 000　　　　B. 10 000　　　　C. 16 667　　　　D. 25 000

【例题10-22】 根据以下代码片段,如果一家企业的固定成本是200 000元,单价是50元,单位变动成本是30元,企业希望实现的利润目标是150 000元,那么该企业的目标销量是(　　)单位。

```
1. deftarget_sales_calculation(fc,p,uvc,profit_goal):
2. return(fc+profit_goal)/(p-uvc)
3. #调用函数
4. target_sales = target_sales_calculation(200000,50,30,150000)
```

A. 17 500　　　　B. 25 000　　　　C. 35 000　　　　D. 50 000

五、不同市场和经营情境下的目标预估

(1) 市场变化:在竞争激烈或市场不稳定的情况下,企业需要频繁地重新评估和调整其目标销量,以适应市场条件的变化。

(2) 成本控制:降低固定成本或单位变动成本可以降低目标销量,使得利润目标更容易实现。

(3) 产品组合:在拥有多种产品的情况下,企业需要考虑各个产品对总目标销量的贡献,并据此调整产品组合和销售策略。

任务四　敏感性分析

一、敏感性分析的概述

敏感性分析(一)

1. 概念

敏感性分析涉及计算和评估当一个或多个输入变量发生变化时,对企业财务结果(如利润、收入)的影响。这种分析使企业能够识别哪些因素对其财务表现最为关键,并据此做出相应的战略调整。

2. 敏感性分析的重要性

(1) 风险管理:通过敏感性分析,企业可以识别和量化特定变量的变化对利润的影响,帮助管理层更好地了解和管理风险。

(2) 决策支持:这种分析为制定价格策略、成本控制和其他重要商业决策提供了数据支持。

(3) 预测和规划:敏感性分析有助于企业在制定财务预测和预算时考虑不同变量的潜在波动。

【例题10-23】 敏感性分析在企业管理中主要用于(　　)。

A. 评估员工绩效

B. 计算年度税收

C. 评估不同变量变化对利润的影响

D. 确定企业的市场份额

【例题 10-24】 敏感性分析对企业进行风险管理的作用是（　　）。

A. 增加企业的市场风险

B. 帮助企业识别和量化特定变量变化对利润的影响

C. 减少企业的操作风险

D. 无助于风险管理

3. 敏感性分析的关键变量

进行敏感性分析时，通常会考虑以下几个关键变量：单价、单位变动成本、销售量和固定成本。分析这些变量的变化如何影响利润。

```
1. #(1)自定义变化率函数 sens,参数为 ratio_p,ratio_uvc,ratio_vol,ratio_fc
2. defsens(ratio_p,ratio_uvc,ratio_vol,ratio_fc):
3. #(2)变动后单价=单价*(1+变化率)
4. p2 = p*(1+ratio_p/100)
5. #(3)变动后单位变动成本=单位变动成本*(1+变化率)
6. uvc2 = uvc*(1+ratio_uvc/100)
7. #(4)变动后销售量=销售量*(1+变化率)
8. vol2 = vol*(1+ratio_vol/100)
9. #(5)变动后固定成本=固定成本*(1+变化率)
10. fc2 = fc*(1+ratio_fc/100)
11. #(6)变动前利润=(单价-单位变动成本)*销量-固定成本
12. pro =(p- uvc)*vol- fc
13. #(7)变动后利润=(变动后单价-变动后单位变动成本)*变动后销量-变动后固定成本
14. pro2 =(p2- uvc2)*vol2- fc2
15. #(8)返回利润变动百分比,利润变动百分比=变动后利润/变动前利润- 1
16. returnpro2/pro- 1
```

【例题 10-25】 假设一家公司的当前单价为 100 元，单位变动成本为 50 元，年销售量为 10 000 单位，固定成本为 300 000 元。如果单价上升 5%，单位变动成本上升 3%，销售量和固定成本保持不变，利润的变化是（　　）。

```
1. #使用上述提供的 sens 函数
2. p = 100
3. uvc = 50
4. vol = 10000
5. fc = 300000
6. #调用 sens 函数
7. profit_change_percentage = sens(5,3,0,0)
```

A. 增加 17.5%　　　B. 减少 17.5%　　　C. 增加 35%　　　D. 减少 35%

【例题 10-26】 一家公司的当前单价是 150 元，单位变动成本是 70 元，年销售量是

8 000 单位,固定成本是 200 000 元。如果销售量增加 10%,单价、单位变动成本和固定成本保持不变,利润的变化是(　　)。

```
1. #使用上述提供的 sens 函数
2. p = 150
3. uvc = 70
4. vol = 8000
5. fc = 200000
6. #调用 sens 函数
7. profit_change_percentage = sens(0,0,10,0)
```

A. 增加 15%　　　B. 减少 15%　　　C. 增加 30%　　　D. 减少 30%

4. 在实际商业环境中应用敏感性分析

(1) 价格调整:企业可以使用敏感性分析来评估不同的价格策略对利润的潜在影响,帮助决定是否调整价格及调整的幅度。

(2) 成本控制:通过分析成本变化对利润的影响,企业可以更有效地管理其成本结构,特别是在成本上升的情况下。

(3) 销售策略:敏感性分析有助于理解销售量变化对利润的影响,指导企业如何调整其销售策略来优化利润。

二、敏感性分析的模型构建

1. 构建变动百分比分析模型

为了深入理解不同变量对利润的影响,我们可以构建一个模型来模拟这些变量在不同变化幅度下的影响。这种模型可以帮助企业预测在各种可能的市场条件下的财务表现。

敏感性分析
(二)

2. 使用 DataFrame 进行敏感性分析

(1) 创建变动百分比列表:我们需要创建一个包含不同变动百分比的列表,这将作为我们分析的基础。

(2) 转换为 DataFrame 格式:将这个列表转换为 DataFrame 格式,以便进行更复杂的数据分析和可视化。

(3) 数据预览:查看如表 10-6 所示的 DataFrame,以确保我们的数据正确。

```
1. import pandas as pd
2. #(9)用 range 函数构建变动百分比列表 blow_list
3. blow_list = pd.Series(range(-100,110,10))
4. #(10)将 blow_list 转换为 DataFrame 格式,列名为"变动百分比"
5. dt_sens = pd.DataFrame(blow_list,columns =['变动百分比'])
6. #(11)预览 dt_sens 数据
7. print(dt_sens)
```

表 10-6 变动百分比表

行数	变动百分比	行数	变动百分比
0	−100%	11	10%
1	−90%	12	20%
2	−80%	13	30%
3	−70%	14	40%
4	−60%	15	50%
5	−50%	16	60%
6	−40%	17	70%
7	−30%	18	80%
8	−20%	19	90%
9	−10%	20	100%
10	0		

【例题 10-27】 在进行敏感性分析时使用 DataFrame 格式是有益的,其原因是(　　)。

A. 它可以自动计算企业的税收

B. 它提供了一种方便的方式来进行复杂的数据分析和可视化

C. 它直接提高了企业的销售额

D. 它减少了企业的操作成本

3. 模型应用的重要性

这种模型的应用对于企业来说非常重要,因为它:

(1) 提供了全面的视角:能够从多个角度和不同程度上考察变量的变化,提供更全面的风险评估。

(2) 增强决策质量:通过展示不同情景下的潜在结果,帮助管理层做出更加信息丰富的决策。

(3) 提高灵活性和适应性:使企业能够快速适应市场和环境的变化,并据此调整其策略。

4. 深入分析:利用模型预测不同情景

在构建了变动百分比的 DataFrame 之后,我们可以进一步分析这些变化如何影响利润。例如,我们可以模拟不同的价格、成本和销量变化情况,来观察利润的变动。

(1) 模拟不同价格变化:考虑价格上升或下降的不同百分比,评估对利润的影响。

(2) 模拟成本变化情况:分析成本上升或下降对总利润的潜在影响。

(3) 考虑销量的波动:评估销量增减对企业财务的影响。

【例题 10-28】 在敏感性分析中,构建一个变动百分比分析模型的主要目的是(　　)。

A. 预测不同变量变化对企业财务表现的影响

B. 确定员工的最佳绩效奖励方案
C. 计算企业的市场份额
D. 评估企业的资产负债情况

三、敏感性分析的高级应用

敏感性分析(三)

在此阶段,我们将利用更复杂的数据分析方法来单独评估不同财务变量的敏感性。这种分析可以帮助企业深入理解每个变量对利润的具体影响。

1. 单独评估各财务变量的影响

(1) 单价敏感性分析:评估单价变化对利润的影响。

(2) 单位变动成本敏感性分析:分析单位变动成本的变化如何影响企业的利润。

(3) 销售量敏感性分析:探讨销售量的增减对利润的潜在影响。

(4) 固定成本敏感性分析:评估固定成本变化对企业利润的影响。

```
1. import pandas as pd
2. #使用之前定义的sens函数
3. #(12)利用map函数和lambda表达式,计算单价对利润的敏感性
4. dt_sens['利润-单价']= dt_sens['变动百分比'].map(ambda:sens(x,0,0,0))
5. #(13)计算单位变动成本对利润的敏感性
6. dt_sens['利润-单位变动成本']= dt_sens['变动百分比'].map(ambda:sens(0,x,0,0))
7. #(14)计算销售量对利润的敏感性
8. dt_sens['利润-销售量']= dt_sens['变动百分比'].map(ambda:sens(0,0,x,0))
9. #(15)计算固定成本对利润的敏感性
10. dt_sens['利润-固定成本']= dt_sens['变动百分比'].map(ambda:sens(0,0,0,x))
11. #(16)输出结果
12. print(dt_sens)
```

代码执行结果如表10-7所示。

表10-7 各财务变量影响表

序号	变动百分比	利润-单价	利润-单位变动成本	利润-销售量	利润-固定成本
0	−100%	−6.0	3.0	−3.0	2.0
1	−90%	−5.4	2.7	−2.7	1.8
2	−80%	−4.8	2.4	−2.4	1.6
3	−70%	−4.2	2.1	−2.1	1.4
4	−60%	−3.6	1.8	−1.8	1.2
5	−50%	−3.0	1.5	−1.5	1.0
6	−40%	−2.4	1.2	−1.2	0.8
7	−30%	−1.8	0.9	−0.9	0.6
8	−20%	−1.2	0.6	−0.6	0.4

(续表)

序号	变动百分比	利润—单价	利润—单位变动成本	利润—销售量	利润—固定成本
9	−10%	−0.6	0.3	−0.3	0.2
10	0%	0.0	0.0	0.0	0.0
11	10%	0.6	−0.3	0.3	−0.2
12	20%	1.2	−0.6	0.6	−0.4
13	30%	1.8	−0.9	0.9	−0.6
14	40%	2.4	−1.2	1.2	−0.8
15	50%	3.0	−1.5	1.5	−1.0
16	60%	3.6	−1.8	1.8	−1.2
17	70%	4.2	−2.1	2.1	−1.4
18	80%	4.8	−2.4	2.4	−1.6
19	90%	5.4	−2.7	2.7	−1.8
20	100%	6.0	−3.0	3.0	−2.0

2. 敏感性分析的实际应用

通过单独评估这些变量，企业能够更精确地识别影响其财务表现的关键因素。这种分析对于制定价格策略、成本控制、销售规划和预算设定尤为重要。

【例题10-29】 在敏感性分析中，对单价进行单独评估的目的是（　　）。

A. 预测市场份额的变化

B. 评估单价变化对企业利润的影响

C. 测量员工生产率的变化

D. 确定产品的生产成本

【例题10-30】 为什么敏感性分析对于企业的战略规划和日常管理至关重要？

A. 因为它可以减轻企业的税务负担

B. 因为它帮助企业量化不同财务变量的影响，为决策提供数据支持

C. 因为它直接增加企业的销售额

D. 因为它可以自动化企业的运营流程

3. 案例应用：综合运用敏感性分析

假设一家公司正在考虑调整其产品定价策略。通过敏感性分析，该公司可以单独评估价格上调或下调对利润的具体影响，同时考虑单位变动成本的变化、销售量的预期波动，以及固定成本的任何潜在调整。

（1）价格调整的影响：通过模拟不同的价格调整幅度，企业可以评估在保持其他因素不变的情况下，价格变化对利润的直接影响。

（2）成本变化的影响：企业可以分析成本变化（既包括单位变动成本，也包括固定成本）

对利润的影响,帮助决策者制定成本控制策略。

(3) 销售量变化的影响:评估销售量的潜在波动对企业整体利润的影响,辅助销售策略的制定。

4. 利用敏感性分析进行战略规划

敏感性分析不仅能帮助企业应对当前的挑战,还能辅助进行长期的战略规划。通过预测不同变量的长期趋势及其对利润的影响,企业可以更加有策略地规划其未来的发展方向。

(1) 长期价格策略:考虑市场变化、竞争环境和成本结构的变动,企业可以利用敏感性分析来制定长期的价格策略。

(2) 成本管理:通过长期预测固定和变动成本的变化,企业可以更有效地管理成本和资源。

(3) 销售和市场规划:基于销售量对利润的影响分析,企业可以制定更为有效的销售和市场进入策略。

案例背景:

近年来,大量国内消费者喜爱国内鞋服品牌,长期从事鞋服贸易的小李敏锐地嗅到了商机,准备和朋友建设生产线生产平价运动鞋。经过初步市场调研,运动鞋市场售价大约为100元/双,预估每双运动鞋原材料、人工成本等变动成本为50元,预估房租、机器设备等固定成本为100 000元/月,根据电商贸易数据推算运动鞋销售量为3 000双/月。问题:

(1) 如果小李上述市场预测完全准确,根据本量利公式,运动鞋的单位边际贡献、月销售额、月边际贡献、月营业利润分别是多少?

(2) 每个月销售量达到多少,小李和他的朋友才能够不亏本?

(3) 每个月实际利润最多偏离预测利润多少,小李和他的朋友能够不亏本?

(4) 小李和他的朋友希望每个月可以盈利100 000元,则月销量要达到多少才能保证盈利目标的实现?

(5) 小李的朋友不满足于预期市场获取的月营业利润,希望通过调整售价、成本、销量等因素来提高每个月的营业利润,则营业利润对单价、变动成本、销量、固定成本的敏感性系数分别为多少?

一、案例分析

为解决案例背景中的问题,我们需要运用之前学习的知识和代码。这涉及对于运动鞋销售案例的具体财务分析,包括计算单位边际贡献、月销售额、月边际贡献、月营业利润,确定盈亏平衡点,以及进行利润最大偏差分析和特定利润目标所需销量的计算。同时,我们还将进行价格、变动成本、销量和固定成本对营业利润影响的敏感性分析。

二、代码实现

```
1.  #(1)引入 pandas 模块
2.  import pandas as pd
3.  #(1)自定义本量利 CVP 函数,以单价 p、单位变动成本 uvc、销量 vol、固定成本 fc 为参数
4.  def CVP(p,uvc,vol,fc):
5.      #(2)销售额 s = 单价×销售量
6.      s = p*vol
7.      #(3)单位边际贡献 umc = 单价-单位变动成本
8.      umc = p-uvc
9.      #(4)边际贡献 mc = 单位边际贡献×销售量
10.     mc = umc*vol
11.     #(5)变动成本 vc = 单位变动成本×销售量
12.     vc = uvc*vol
13.     #(6)利润 pro =(单价-单位变动成本)×销售量-固定成本
14.     pro =(p-uvc)*vol-fc
15.     #(7)以列表形式返回单价,单位变动成本,单位边际贡献,销售量,销售额,变动成本,边际贡献,固定成本,营业利润
16.     return [p,uvc,umc,vol,s,vc,mc,fc,pro]
17. #(1)变量赋值单价 100 元、单位变动成本 50 元、销量 3000 元、固定成本 100000 元
18. p = 100
19. uvc = 50
20. vol = 3000
21. fc = 100000
22. #(2)调用本量利函数 CVP 进行计算
23. data = CVP(p,uvc,vol,fc)
24. #(3)以 DataFrame 格式输出计算结果,列名为"实际数",索引名为本量利参数对应中文名称
25. dt = pd.DataFrame(data,columns =['实际数'],index =['单价','单位变动成本','单位边际贡献','销售量','销售额','变动成本','边际贡献','固定成本','营业利润'])
26. #(4)查看数据
27. print(dt)
28. #(1)计算盈亏平衡点销量 BEP
29. BEP = fc/(p-uvc)
30. #(2)带入本量利函数 CVP 计算盈亏平衡点销售额、单位边际贡献、边际贡献、变动成本、利润
31. dt['盈亏平衡分析']= CVP(p,uvc,BEP,fc)
32. #(3)输出计算结果
33. print(dt)
34. #(1)安全边际=现有实际销量-盈亏平衡点销量
35. dt['安全边际分析']= dt['实际数']-dt['盈亏平衡分析']
36. #(2)输出计算结果
37. print(dt)
38. #(1)计算目标销量,目标销量=(目标利润 100000+固定成本)/(单价-单位变动成本)
39. top =(100000+fc)/(p-uvc)
40. #(2)调用本量利 CVP 函数生成"目标分析"项
41. dt['目标分析']= CVP(p,uvc,top,fc)
42. #(3)输出计算结果
43. print(dt)
44. #(1)自定义变化率函数 sens,参数为 ratio_p,ratio_uvc,ratio_vol,ratio_fc
45. def sens(ratio_p,ratio_uvc,ratio_vol,ratio_fc):
```

```
46. #(2)变动后单价=单价*(1+变化率)
47. p2 = p*(1+ratio_p/100)
48. #(3)变动后单位变动成本=单位变动成本*(1+变化率)
49. uvc2 = uvc*(1+ratio_uvc/100)
50. #(4)变动后销售量=销售量*(1+变化率)
51. vol2 = vol*(1+ratio_vol/100)
52. #(5)变动后固定成本=固定成本*(1+变化率)
53. fc2 = fc*(1+ratio_fc/100)
54. #(6)变动前利润=(单价-单位变动成本)*销量-固定成本
55. pro =(p- uvc)*vol- fc
56. #(7)变动后利润=(变动后单价-变动后单位变动成本)*变动后销量-变动后固定成本
57. pro2 =(p2-uvc2)*vol2- fc2
58. #(8)返回利润变动百分比,利润变动百分比=变动后利润/变动前利润-1
59. returnpro2/pro- 1
60. #(9)用 range 函数构建变动百分比列表 blow_list
61. blow_list = pd.Series(range(-100,110,10))
62. #(10)将 blow_list 转换为 DataFrame 格式,列名为"变动百分比"
63. dt_sens = pd.DataFrame(blow_list,columns =['变动百分比'])
64. #(11)预览 dt_sens 数据
65. print(dt_sens)
66. #(12)用 map 函数调用 lambda 定义函数,计算利润单价敏感性
67. dt_sens['利润-单价']= dt_sens['变动百分比'].map(lambdax:sens(x,0,0,0))
68. #(13)用 map 函数调用 lambda 定义函数,计算利润单位变动成本敏感性
69. dt_sens['利润-单位变动成本']= dt_sens['变动百分比'].map(lambdax:sens(0,x,0,0))
70. #(14)用 map 函数调用 lambda 定义函数,计算利润销售量敏感性
71. dt_sens['利润-销售量']= dt_sens['变动百分比'].map(lambdax:sens(0,0,x,0))
72. #(15)用 map 函数调用 lambda 定义函数,计算利润固定成本敏感性
73. dt_sens['利润-固定成本']= dt_sens['变动百分比'].map(lambdax:sens(0,0,0,x))
74. #(16)输出结果
75. print(dt_sens)
```

三、结果分析

单位边际贡献(unit contribution margin):每双鞋的售价(100 元)减去变动成本(50 元),单位边际贡献为 50 元。

月销售额(monthly sales revenue):预期销量(3 000 双)乘以每双鞋的售价(100 元),月销售额为 300 000 元。

月边际贡献(monthly contribution margin):单位边际贡献(50 元)乘以预期销量(3 000 双),月边际贡献为 150 000 元。

月营业利润(monthly operating profit):月边际贡献(150 000 元)减去固定成本(100 000 元),月营业利润为 50 000 元。

盈亏平衡销量(break-even sales volume):固定成本(100 000 元)除以单位边际贡献(50 元),盈亏平衡销量为 2 000 双。

实现盈亏平衡的最大利润偏差:即月营业利润,为 50 000 元。

实现 100 000 元利润所需的销量:要实现的利润(100 000 元)加上固定成本(100 000 元)后,除以单位边际贡献(50 元),所需销量为 4 000 双。

营业利润对单价、变动成本、销量、固定成本的敏感性系数:略。

拓展阅读

提升全民数字素养与技能